Dieter Boris
Zur Politischen Ökonomie Lateinamerikas

*Für Ekkehard –
damit Du über Osteuropa, Thüringen und Kirchhain/Stadtallendorf/etc. Lateinamerika nicht ganz vergißt!*

Herzliche Grüße

24/11/2000

Dieter Boris ist Professor am Institut für Soziologie der Philipps-Universität Marburg.

Im VSA-Verlag erschien von ihm 1998 das Buch »Soziale Bewegungen in Lateinamerika«.

Dieter Boris
Zur Politischen Ökonomie Lateinamerikas
Der Kontinent in der Weltwirtschaft des 20. Jahrhunderts

VSA-Verlag Hamburg

© VSA-Verlag 2001, St. Georgs Kirchhof 6, 20099 Hamburg
Alle Rechte vorbehalten
Druck und Buchbindearbeiten: Digitaldruck Walther, Schwerin/Bremen
ISBN 3-87975-795-X

Inhalt

Vorwort 7

1. Tragödie und Farce:
Lateinamerikas ambivalente Entwicklung
und die Rolle des Liberalismus 9

2. Primäre Einbindung in den Weltmarkt:
das exportgeleitete Entwicklungsmodell (1870-1930) 17

3. Nach der Weltwirtschaftskrise:
die erste Phase der Importsubstitution
(ca. 1930-1955) 27
3.1. Wirtschaftliche Aspekte 27
3.2. Gesellschaftliche und politische Aspekte 36

4. Selbstblockaden und Widersprüche:
die »zweite, schwierige« Phase der Importsubstitution
(ca. 1955 bis 1982/85) 47
4.1. Wirtschaftliche Aspekte 47
4.2. Gesellschaftliche und politische Aspekte 57

5. Die Schuldenkrise (1982-1990) 69

6. Die Etablierung des neoliberalen Projekts
(ca. 1985 bis heute) 80
6.1. Wirtschaftliche Aspekte 80
6.2. Gesellschaftliche und politische Aspekte 94

7. Die CEPAL und die weltwirtschaftliche Integration 110

8. Regionale, wirtschaftliche Integrationsprojekte
(MERCOSUR, NAFTA) 128

9. Perspektiven für das 21. Jahrhundert 144

Abkürzungen 156
Literatur 157

Vorwort

Die vorliegende Studie über die weltwirtschaftliche Integration Lateinamerikas vor allem während des 20. Jahrhunderts steht im Kontext der vielen Jahrhundert-Betrachtungen. Jeder Rückblick und jede Reflexion historischer Verlaufsformen geht vom aktuellen Stand der Entwicklung und vom erreichten Wissensniveau aus und misst nicht selten die Vergangenheit auch an den möglichen Perspektiven der Zukunft. Hier liegt ein besonderer Ansatzpunkt dieser Studie: Wie ist es zu erklären, dass eine weitgehende Integration Lateinamerikas unter liberalen Formen, die zunächst in einer großen Krise endete (1929ff.), ca. 50 Jahre später im Gefolge einer weiteren tiefen Krise (1982ff.) wieder aufgenommen werden konnte und bis auf den heutigen Tag von praktisch allen Regierungen Lateinamerikas (außer der kubanischen) mit erheblichem Eifer verfolgt wird? Dies ist der rote Faden, der sich durch die Untersuchung hindurchzieht, und mit dem natürlich eine Fülle von Einzelfragen und Problemen verbunden ist: z.B. die Frage nach Kontinuität und Diskontinuität der kapitalistischen Gesellschaftsverhältnisse in Lateinamerika, das Problem der Unterschiede und Gemeinsamkeiten zwischen dem alten und neuen Liberalismus, die These von der Vergleichbarkeit der weltwirtschaftlichen Situation und der internen Konstellation damals und heute; natürlich sind die Fragen nach den jeweiligen Handlungsspielräumen der einzelnen Länder bzw. der Hauptakteure in den betroffenen Gesellschaften gegenüber den weltwirtschaftlichen Zwängen (den objektiven und mitverursachten) und nach dem Widerstandspotential, das eventuell zu einer Richtungsänderung hätte führen können, zentrale und interessante Problemstellungen. Das Verhältnis von ökonomischen Bewegungsgesetzen zu den gesellschaftlichen Institutionen und strategischen Handlungsentwürfen der dominanten Akteure, das eine Fülle von Schwierigkeiten in sich birgt, wie sie in den verschiedenen Varianten der Regulationstheorien diskutiert werden, kann hier nur grob umrissen werden; vielleicht sind in dem einen oder anderen Fall die entsprechenden Fragen genauer und aus heutiger Sicht zu formulieren und einige Hinweise für weitere Forschungen möglich.

Besondere Aufmerksamkeit gilt den wichtigsten »Wendepunkten« der Entwicklung: ca. 1860/70, 1930/40 und 1982/85, von denen an jeweils ein neues wirtschaftspolitisches Paradigma und Entwicklungsmodell ins Leben gerufen wurde. Das diesen Bruchstellen und Knotenpunkten zugrundeliegende Ineinandergreifen von externen (weltwirtschaftlichen) und internen (binnenökonomischen) Faktoren und deren Einbindung in die sich verändernden gesellschaftlichen und politischen Kontexte stehen im Vordergrund der Analyse. Im Wechsel der wirtschaftspolitischen Strategien während der Etappen der wirtschaftlichen Entwicklung drückt sich die jeweilige mehr oder minder kohärente Zusammenfassung und das Gewicht dieser Bestimmungsfaktoren aus. Jede besondere Hauptphase der jüngsten lateinamerikanischen Geschichte hat mit ihrem besonderen Akkumulations- und Regulationsregime spezifische Widersprüche produziert, die zu einer Schwächung und schließlichen Ablösung dieses Modus von Entwicklung, Herrschaft und Weltmarktbezug führten. Aus einer solchen Perspektive, die hier freilich nur andeutungsweise durchgehalten wird, sind Bausteine einer »Logik der Entwicklung« zusammenzutragen, die durch große materielle Fortschritte einerseits und Ausdehnung von Armut/Elend andererseits gleichermaßen gekennzeichnet ist und die man als »Metamorphosen von Entwicklung und Unterentwicklung« begreifen könnte.

Selbstverständlich kann ein Essay nicht mit den entsprechenden Spezialstudien, enzyklopädischen Werken oder Handbüchern konkurrieren. Auch kann er nicht die einschlägigen Jahrhundertüberblicke aus der Feder prominenter Sozialhistoriker und Ökonomen ersetzen: von diesen sei zur vertiefenden Lektüre vor allem auf die Arbeiten von Tulio Halperin Donghi (1991), Victor Bulmer-Thomas (1994) und Rosemary Thorp (1998) verwiesen.

Auch kleine Bücher sind häufig nicht ohne den Beistand einer Helferschar zu produzieren. Zu danken ist an dieser Stelle: Alvaro Berriel, Steffen Dörhöfer, Mark Seeger, Peter Hiedl und insbesondere Bettina Wallon und meiner Frau Anita, der ich diese Studie widme.

Marburg, Oktober 2000   *Dieter Boris*

1. Tragödie und Farce: Lateinamerikas ambivalente Entwicklung und die Rolle des Liberalismus

Lateinamerika trat ins 20. Jahrhundert in einer ökonomischen Epoche, die durch einen langanhaltenden expansiven Grundton und kleinere, nur zeitweise Rückschläge gekennzeichnet war. Diese »lange Welle« dynamischer Entwicklung der Weltwirtschaft (und damit auch Lateinamerikas) begann schon im letzten Drittel des 19. Jahrhunderts und dauerte – mit dem Einschnitt des Ersten Weltkriegs (1914-1918) – bis zur Weltwirtschaftskrise (1930) an. Insofern war der Jahrhundertbeginn für Lateinamerika sowohl ökonomisch wie auch politisch kein Einschnitt, sondern ein Datum, das mitten in einer langen Wachstumsperiode lag.

Lateinamerika beendet dieses Jahrhundert in einer Phase, die seit fast 20 Jahren (seit der Schuldenkrise von 1982) durch eine strukturell stagnative Konstellation zu charakterisieren ist, welche nur von kurzen konjunkturellen Aufschwüngen unterbrochen wird. Ein neues, solideres Entwicklungsmodell wird zwar verbal angestrebt, teilweise als auf dem Weg befindlich propagiert, aber ein grundlegender Transformationsprozess, der dieses tragen könnte, hat bislang – trotz vielerlei »Reform«-Geredes – nirgendwo stattgefunden.

Gemäß den unterschiedlichen, ja entgegengesetzten Befunden der ökonomischen Leistungskraft, die am Anfang des Jahrhunderts weitverbreiteten Optimismus erzeugt hatten, steht am Ende eher ein gewisser Pessimismus und eine skeptische Haltung darüber, ob die seit den 80er Jahren geltenden Maximen neoliberaler Politik wirklich Erfolg versprechen. Unabhängig von diesen großen Diskrepanzen bezüglich der realen ökonomischen Entwicklung und der allgemeinen Stimmung ist ein wirtschaftspolitischer und ideologischer Gleichklang zwischen damals und heute nicht zu übersehen. Man fühlt sich aber an das (Hegel zugeschriebene) Wort erinnert, dass alle großen weltgeschichtlichen Ereignisse sich sozusagen zweimal ereignen: das eine Mal als Tragödie, das andere Mal als Farce.

Der Liberalismus im ökonomischen und politischen Sinne war bekanntlich die zentrale Legitimationsideologie des aufsteigenden Bürgertums in Europa, das wie selbstverständlich diese Botschaft mit seinem epochalen Sieg während des 19. Jahrhunderts über den ganzen

Globus – soweit er zugänglich war – trug. Für den internationalen Raum galten entsprechend die Theorien des Freihandels und der möglichst schrankenlosen internationalen Arbeitsteilung zwischen den – mit unterschiedlichen Ressourcen ausgestatteten – Ländern als der Weisheit letzter Schluss. Nur durch die anonymen Gesetze des Weltmarktes, die – wie im Landesinneren – durch Angebot und Nachfrage das Wechselspiel der Marktkräfte bestimmen, könne nicht nur eine optimale Lenkung der Kapitale und der Arbeitskräfte, sondern auch in der Konsequenz eine maximale Wohlfahrt für alle marktbeteiligten Wirtschaftsakteure erzielt werden. Die liberalistische Außenhandels- und Außenwirtschaftstheorie war die dominante geistig-ideologische Orientierungsinstanz für die zweite Hälfte des 19. Jahrhunderts und galt als unerschütterlich bis zur Weltwirtschaftskrise. Obzwar nur bestimmte, kleine Teile der ökonomisch-gesellschaftlichen Wirklichkeit in ihre theoretische Wahrnehmung eingegangen waren, sollte die wirtschaftliche Entwicklung doch nach den aus ihr abgeleiteten Maximen verlaufen.

Die Weltwirtschaftskrise führte daher nicht nur zur erheblichen Relativierung und Einflussminderung des freihändlerisch-liberalistischen Denkens. Auch die diesen Ideen am meisten anhängenden und von ihnen am stärksten profitierenden Segmente der Gesellschaft, nämlich die jeweiligen Exportoligarchien in der Landwirtschaft oder im Rohstoffsektor Lateinamerikas wurden durch diese Erschütterung nicht selten von der politischen Bühne verdrängt.

Der durch diese Krise und die weltwirtschaftlichen Zwänge aufgenötigte, mehr oder minder radikale wirtschaftspolitische Kurswechsel führte seit Beginn der 30er Jahre in den meisten Ländern Lateinamerikas auch zu bedeutenden gesellschaftlich-politischen Veränderungsprozessen. Die Strategie der staatlich gestützten Importsubstitution, die zugleich eine durch hohe Schutzzölle protegierte Industrialisierung implizierte, führte zu einem Strukturwandel, in dem die primären Sektoren zugunsten des sekundären und tertiären Sektors an Relevanz verloren. Verstärkte Binnenwanderungen vom Land in die Städte, Urbanisierungsschübe, Wachstum der städtischen Lohnabhängigen etc. deuteten auf eine erstmals aus internen Quellen gespeiste Erweiterung des jeweiligen nationalen Binnenmarktes hin.

Die wieder ansteigenden Wachstumsraten des BIP seit der zweiten Hälfte der 30er Jahre, vor allem der Industrieproduktion, hielten – unter dem »natürlichen Schutz« der Wirkungen des Zweiten Weltkriegs – bis in die erste Nachkriegsperiode an und erfuhren in der allgemeinen Pro-

Tabelle 1.1.: Wachstum des Bruttoinlandsprodukts nach Perioden
(in Prozent)

	1900-13	1913-29	1929-45	1945-72	1972-81	1981-96
Argentinien	6,3	4,1	3,4	3,8	2,5	1,9
Brasilien	4,1	5,1	4,4	6,9	6,6	2,4
Chile	3,6	3,7	3,0	4,1	3,6	5,4
Kolumbien	4,4	4,9	3,8	5,1	5,0	4,0
Ekuador	5,0	4,1	3,3	5,3	7,0	2,6
Mexiko	3,4	1,4 a)	4,2	6,5	5,5	1,5
Peru	4,5	5,3	2,8	5,3	3,4	0,4
Venezuela	2,3	9,2	4,2	5,7	4,7	2,2
LA-8	4,3	3,3	3,8	5,6	5,2	2,3
Zentralamerika		3,8 b)	2,9	5,4	3,8	2,7
Lateinamerika				5,3	3,7	2,2

Bemerkung: LA-8 beinhaltet die obengenannten Länder. Zentralamerika beinhaltet Costa Rica, Guatemala, Honduras, El Salvador und Nikaragua.
a) Die Zahlen für Mexiko während dieser Periode schließen die Jahre der Revolution (1911-1920) aus.
b) Die Datenerhebungen beginnen im Jahre 1920.
Quelle: Thorp, 1998: 15

speritätsphase der 50er und 60er Jahre noch eine deutliche Steigerung (vgl. Tabelle 1.1.).

Dieser »ersten Phase der Importsubstitution« von ca. 1930-1955 entsprachen auf politischer Ebene in den fortgeschrittenen Ländern Lateinamerikas populistische Bewegungen und Herrschaftsregimes. Mit der Beendigung des »Wachstums nach außen« und dem notgedrungenen Beginn einer stärker binnenzentrierten Entwicklung wurden die traditionellen Exportoligarchien und die mit ihnen verbundenen Kräfte des »Export-Import-Systems« (Handel, Versicherung, bestimmte freie Berufe etc.) zeitweise in den Hintergrund gedrängt. Es bildeten sich Allianzen von Repräsentanten linksnationalistischer Militärs, von Vertretern des kleinen und mittleren, auf den Binnenmarkt ausgerichteten Bürgertums und von großen Teilen der neu in die Städte geströmten Arbeiter, die im sekundären und tertiären Sektor der städtischen Wirtschaft Fuß gefasst hatten. Diese populistischen Regimes in Argentinien, Brasilien, teilweise Mexiko und Chile etc. prägten sich tief und überwiegend positiv in das kollektive Gedächtnis der jeweiligen Gesellschaften ein, da in dieser Periode ökonomisches Wachstum, eine gewisse Umverteilung zugunsten der städtischen Massen mit einer nationalistisch-antiimperialistischen Politik zusammenflossen.

Doch mit dem Wegfall der diese »leichte Phase« der Importsubstitution begünstigenden internen und internationalen Rahmenbedingungen gerieten diese Regimes in die Krise und wurden gestürzt. Dies war – verstärkt noch durch die zunehmende Bipolarisierung der Welt infolge des nun einsetzenden Kalten Kriegs – die Periode von Ende der 40er bis Mitte der 50er Jahre. Mit der Wiederherstellung des Weltmarkts gewannen die traditionellen Exportsektoren abermals an Gewicht, es bildeten sich neue Herrschaftsallianzen, die teilweise auch Sektoren der gestärkten einheimischen Industriebourgeoisie und Fürsprecher des ausländischen Kapitals miteinschlossen. Den der Importsubstitutionsstrategie – unter den obwaltenden machtpolitischen Bedingungen – innewohnenden Widersprüchen und Schwierigkeiten sollte nun – seit etwa Mitte der 50er Jahre – mit unterschiedlichen wirtschaftspolitischen Strategieakzentuierungen begegnet werden, ohne indes Grundelemente der Importsubstitutionspolitik völlig aufzugeben.

Als Dynamisierungsfaktor wurde seit den 50er Jahren von vielen Regierungen der Zustrom von Auslandskapital, das nun mehr oder minder stark umworben wurde, betrachtet. Seit Anfang der 60er Jahre versuchte man – sicherlich auch animiert durch das europäische Beispiel – die notorische Binnenmarktenge in den einzelnen Staaten durch regionale Integrationsprojekte (die lateinamerikanische Freihandelszone, ALALC, den Gemeinsamen Mittelamerikanischen Markt, MCCA, später den Andenpakt etc.) zu überwinden. Auch begannen einige Staaten seit Ende der 60er Jahre eine exportorientierte Industriepolitik ins Werk zu setzen, allerdings ohne langen Atem und ohne allzu große Emphase. Schließlich glaubten viele Regierungen seit Mitte der 70er Jahre – unter der Gunst der finanziellen Bedingungen – die Defizite und Widersprüche der wirtschaftlichen Entwicklung zumindestens zeitweise durch eine enorme Steigerung der Kreditaufnahme im Ausland überdecken zu können.

Aber auch dadurch konnten in nahezu allen Ländern Lateinamerikas die anstehenden ökonomischen Hauptprobleme nicht gelöst oder dauerhaft abgemildert werden. Das langsame Wachstum der Exporte (die in den 70er Jahren immer noch zu ca. 70% aus Rohstoffen und Mineralien bestanden) kontrastierte mit einem bedeutend schnelleren Importwachstum, was fast überall zu einer strukturell negativen Handelsbilanz führte; die chronisch defizitären Staatshaushalte, die damit partiell zusammenhängenden hohen Inflationsraten sowie die extrem ungleiche Einkommens-, Vermögens- und Machtverteilung waren in den meisten lateinamerikanischen Ländern charakteristische Merkmale der ökonomischen Grundstruktur. Die überwiegend niedrigen Investitionsquoten, der geringe Produktivitätszuwachs sowie die – abgesehen von einigen Exportenklaven – schwache Entwicklung der Landwirtschaft sind weitere Strukturprobleme, die allesamt durch die jeweiligen wirtschaftspolitischen Akzentsetzungen nicht ernsthaft bewältigt werden konnten.

Ein Indikator des relativen Niedergangs der lateinamerikanischen Ökonomien kann beispielsweise in dem Umstand gesehen werden, dass ihr Anteil an den Weltexporten 1950 noch bei 12% lag, 1980 dagegen auf einen Wert von ca. 5% abgesunken war.[1]

Die seit den 50er Jahren sich entfaltenden und kumulierenden wirtschaftlichen Probleme erhöhten das soziale Konfliktpotential, nicht zuletzt dadurch, dass vielfach abgegebene Reformversprechen (wie z.b. die unter Präsident Kennedy verkündete »Allianz für den Fortschritt«) nicht eingehalten wurden. Die Bildung und Stärkung sozialer Bewegungen und linker Parteien während der 60er Jahre führten in einigen Staaten (Brasilien, Argentinien) zu Militärdiktaturen, da die herrschenden Kräfte zu keinerlei Konzessionen bereit waren. Diese Entwicklungstendenz verallgemeinerte sich in den 70er Jahren fast auf dem ganzen Kontinent. Aber auch diese Regimes fanden trotz hoher Repression gegenüber den urbanen und ländlichen Unterschichten keinen dauerhaften Ausweg aus der ökonomischen Misere. Unter einigen Militärregierungen beschleunigte sich der Verschuldungsprozess.

Als 1982 infolge der international gewandelten Bedingungen (starker Zinsanstieg, Rohstoffpreisverfall) und nur geringfügiger interner Veränderung der Produktionsstrukturen die Zahlungsunfähigkeit gegenüber den internationalen Gläubigern erklärt werden musste, begann die Verschuldungskrise, die praktisch ganz Lateinamerika erfasste. Die überall implementierte Austeritäts- und Strukturanpassungspolitik, auf die sich die national führenden Politiker mit den internationalen Institutionen (vor allem IWF, Pariser Gläubigerclub etc.) geeinigt hatten, brachte einen wirtschaftlichen Rückgang und eine Verschärfung der Armut auf allen Ebenen mit sich. Die 80er Jahre gingen infolgedessen als die »verlorene Dekade« in die jüngste Wirtschaftsgeschichtsschreibung ein. Die Frage, ob dieser enorme ökonomisch-soziale Rückschlag primär der vorherigen Wirtschaftspolitik (auch: versäumten Reformen) anzulasten, oder dem Konto der auf die Krise reagierenden Austeritäts- und Struk-

---

[1] Auch wenn zugegeben werden muss, dass die Basisperiode 1945-50 infolge der einmaligen Nachkriegskonstellation für Lateinamerika außergewöhnlich hohe Weltmarktanteile ausweist, ist die langfristige Tendenz sich verringernder Weltmarktpräsenz kaum bezweifelbar.

turanpassungspolitik zuzuschreiben ist, wurde in Lateinamerika heftig diskutiert.

Im Laufe der 80er Jahre setzte sich, nach den kurzfristig angelegten Austeritätsmaßnahmen, eine grundsätzlich angelegte Veränderung der Wirtschaftspolitik durch; als neue herrschende Lehre, als neues Paradigma wird das wirtschaftspolitische Konzept der neoliberalen Orientierung von fast allen lateinamerikanischen Regierungen mehr oder minder intensiv verfolgt.

Dieses Konzept, das u.a. eine rigorose Öffnung der lateinamerikanischen Ökonomien nach außen (weitgehende Zollsenkung, Abbau der Zugangsschranken für das Auslandskapital, keine Restriktionen für das international mobile Geldkapital etc.) vorsieht und das mit einer weitgehenden Privatisierung vormals staatlicher Unternehmen verbunden ist, bedeutet einen tiefgreifenden Einschnitt in die ökonomische Entwicklung der lateinamerikanischen Länder. Die vielfältige »Deregulierung« der Arbeitsverhältnisse, die Liberalisierung von Preisen sowie die Privatisierung von Sozialleistungen und der sozialen Infrastruktur impliziert nicht weniger bedeutsame gesellschaftliche Strukturveränderungen. In vielen Staaten ging im übrigen die Einführung und Durchsetzung der neoliberalen Orientierung mit der Rückkehr zur politischen Demokratie einher.

Einige Erfolge des neoliberalen Konzepts verschafften ihren Repräsentanten sogar eine gewisse Popularität, so dass diese im Laufe der 90er Jahre als Präsidenten mit überwältigender Mehrheit wiedergewählt wurden (z.B. in Argentinien 1995; in Peru 1995). Als größtes Positivum dieser Politik wurde die erfolgreiche Bekämpfung der Inflation empfunden und entsprechend in Wahlen »honoriert«. Die Sanierung der Staatsfinanzen und die Möglichkeit, billige Importgüter erwerben zu können, müssen gleichfalls als Pluspunkte notiert werden. Sogar die Wachstumsraten der Gesamtwirtschaften zeigten für ein paar Jahre in einigen Ländern wieder – manchmal nach jahrzehntelanger Stagnation – steil nach oben. In einigen Ländern erhöhten sich die Exportzuwachsraten, der Kapitalzufluss stieg an. Indes sind andere Defizite und ökonomische Disproportionen aus dem oben genannten Katalog – vor allem die tiefe soziale Polarisierung, das Armutsproblem, die mangelhafte interne ökonomische Vernetzung etc. – nicht nur kaum angegangen worden, sondern haben sich im Verlaufe der neoliberalen Politikdurchsetzung verschlimmert. Die höhere Verletzlichkeit der lateinamerikanischen Wirtschaften gegenüber externen Vorgängen war meistens mit einer die Binnenwirtschaft vernachlässigenden Strategie verbunden. Dies machte sich negativ fühlbar in verschiedenen scharfen Rezessionen, so z.B. in der »Peso-Krise« in Mexiko 1994/95, die den so genannten »Tequila-Effekt« (1995) in vielen südamerikanischen Ländern auslöste. Auch gegenwärtig hat Lateinamerika nach den vorliegenden Zahlen für 1998 und 1999 gesamtwirtschaftlich stagniert oder sogar ein »Minuswachstum« hinnehmen müssen.

So schließt sich in gewisser Weise der Kreis, wenn auch – wie angedeutet – auf eher karikaturhafte Weise. Der schmerzhaft wiedergeborene Liberalismus, dessen offiziös kodifizierte Form im so genannten »Washington Consensus« Ende der 80er Jahre niedergelegt worden war und der als »Neoliberalismus« seinen Charme zu verbreiten suchte, hat nur noch einige theoretische Konstrukte mit dem alten Liberalismus gemein. Die global veränderten Bedingungen und die sehr stark gewandelten internen Konstellationen haben es mit sich gebracht, dass der heutige Neoliberalismus ganz andere ökonomisch-soziale und politische Begleiterscheinungen als sein historischer Vorgänger aufweist. Statt Dynamik und Prosperität sind unter heutigen Bedingungen eher mäßiges Wachstum oder relative Stagnation zu verzeichnen. Die Armutsquote in Lateinamerika ist gegenüber der Zeit vor der Verschuldungskrise (1980) immer noch höher, das durchschnittliche Pro-Kopf-Einkommen hat auch heute noch nicht das Niveau von 1980 wieder erreicht.

Dies gilt in ähnlicher Weise auch für andere ökonomische und soziale Indikatoren. Alles in allem: Keine sehr beeindruckenden Ergebnisse für eine wirtschaftspolitische Strategie, die seit 10 bis 15 Jahren verfolgt wird. Statt der Ausweitung der Mittelschichten – wie zwischen 1870 und 1930 – kommt es gegenwärtig eher zu Schrumpfungs- und internen Polarisierungsprozessen innerhalb der städtischen Mittelschichten. Statt bedeutender Immigration ist nun massenweise Auswanderung aus vielen Ländern Lateinamerikas der aktuelle Trend; vor allem aus Mexiko, den zentralamerikanischen und karibischen Staaten, aber auch aus Ekuador, Argentinien und Uruguay haben die Emigrationsströme in den letzten Jahren markant zugenommen. Statt Ausweitung und qualitativer Verbesserung des Erziehungs-, Bildungswesens und der gesamten sozialen Infrastrukturen überwiegen bis heute Kürzungen, Restriktionen und Qualitätsverfall in all diesen Bereichen; es sei denn, man denkt an die privaten Enklaven, die vorzügliche Dienstleistungen anbieten, die aber freilich nur sehr wenige in Anspruch nehmen können.

Der alte Liberalismus hat in Lateinamerika stark die Zentralisierungstendenzen befördert, der neue zeichnet sich eher durch Maßnahmen der Dezentralisierung aus, wobei diese vor allem eine Entlastung von finanziellen Verpflichtungen der Zentralstaaten (bezüglich der Erziehung, des Gesundheitswesens, der Verwaltung etc.) intendieren. Mit dem »klassischen Liberalismus« in Lateinamerika ging nicht nur eine Laizisierung und Säkularisierung des öffentlichen Lebens einher, es wurden generell Rechtsreformen, Strafrechtsreformen etc. eingeführt, die Einhaltung von Gesetz und Recht machten unverkennbar große Fortschritte. Im Zeitalter des Neoliberalismus dagegen sind die Bewohner Lateinamerikas Opfer einer zunehmenden Unterminierung der Rechtsverhältnisse: Die tendenzielle Auflösung der öffentlichen Ordnung und der Wirksamkeit staatlicher und politischer Schutzgewalt im Zeichen eines weitgehenden Normenzerfalls; eine öffentlich geförderte Straflosigkeit («impunidad«), das immer dreistere Auftreten von Drogenmafias, einer ins Kraut schießenden »Entführungsindustrie«, die klar sich steigernde alltägliche Gewaltkriminalität etc. – all dies ist offenbar fast zu einer »Normalerscheinung« in nicht wenigen Staaten Lateinamerikas geworden.

Auch der weitverbreitete Reformdiskurs, der im letzten Drittel des 19. Jahrhunderts noch seine Berechtigung hatte, wirkt angesichts der aktuellen realen Tendenzen in Lateinamerika überaus hohl; die zweite Phase der »neoliberalen Reformen«, die starke soziale Akzente tragen und die erwähnten Gebrechen der neoliberalen Orientierung beheben soll, wird zwar seit Beginn der 90er Jahre proklamiert und propagiert, aber faktisch ändert sich kaum etwas, schon gar nicht zum Besseren.

Die »Farce« des ungezügelten und destruktiven Neoliberalismus (mit allen seinen negativen Implikationen) zu überwinden, dürfte eine zentrale Aufgabe des 21. Jahrhunderts werden.[2]

---

[2] Die hier knapp vorgenommene typisierende Entgegensetzung des »alten« und des »neuen« Liberalismus darf nicht missverstanden werden. Eine idealistische Glorifizierung der harten und brutalen Klassenrealitäten unter dem Liberalismus des 19. und frühen 20. Jahrhunderts (in Lateinamerika und anderswo) entspricht ebensowenig den Auffassungen des Verfassers wie eine Unterschätzung der historischen Wirkungsmächtigkeit des neoliberalen Wirtschafts- und Gesellschaftsmodells heute. Vielmehr war mit der – in der Realität vielleicht weniger scharfen – Dichotomisierung zweier Perioden (unter ähnlichen ideologischen Vorzeichen) intendiert, die relative Fortschrittlichkeit des »alten Liberalismus« und die überwiegend restaurativ-reaktionäre Stoßrichtung des Neoliberalismus anzudeuten, vor allem bezüglich seines Bestrebens, eine uneingeschränkte Kapitalherrschaft wieder herzustellen.

2. Primäre Einbindung in den Weltmarkt: das exportgeleitete Entwicklungsmodell (1870-1930)

Lateinamerika war schon während der Kolonialzeit mehr oder weniger in die insgesamt noch schwachen weltwirtschaftlichen Zusammenhänge einbezogen. In mancherlei Hinsicht haben sich diese Spuren als prägend erwiesen. Doch mit der Phase der Unabhängigkeit (von ca. 1807-1825) und der unmittelbar darauf folgenden Periode bis etwa zur Jahrhundertmitte wurden in den jungen Staaten Lateinamerikas die alten Wirtschaftsbeziehungen zu Europa und auch den USA schwer erschüttert und erlebten in den meisten Fällen eine klare Rückentwicklung.

Erst auf der Basis des Siegeszugs des industriellen Kapitalismus, seiner neuen Transport- und Kommunikationsmittel, des ökonomischen Strukturwandels in Europa, wurden Veränderungen begonnen, die – auch gegenüber den früheren Epochen – eine ganz andere quantitative und qualitative Dimension weltwirtschaftlicher Integration mit sich brachten.

Im letzten Drittel des 19. Jahrhunderts beschleunigte sich in fast allen Staaten Lateinamerikas der Wachstumsprozess, am deutlichsten stiegen die Exporte von Jahr zu Jahr und entsprechend die Importe aus Europa und den USA. Dieses rapide sich steigernde Exportwachstum von wenig verarbeiteten Rohstoffen und des Imports von Industriewaren war sogar Grundlage dafür, dass diese Periode als die des »Export-Import-Systems« in Lateinamerika in die Wirtschaftsgeschichtsschreibung eingegangen ist.

Angestoßen und maßgeblich getragen wurde diese neuartige Entwicklung vor allem von Europa und (damals noch in wesentlich geringerem Umfang) von den USA. Der Wunsch oder der Zwang, auch im außereuropäischen Raum die industriellen Waren abzusetzen, die Möglichkeit oder auch die wachsende Notwendigkeit, Rohstoffe für den industriellen Prozess importieren zu können, waren auf der realwirtschaftlichen Ebene zweifellos die bedeutendsten Antriebsfaktoren dieses – in solchem Ausmaß – neuen Austauschverhältnisses. Die Geldkapitalströme in Form von Anleihen, Direktinvestitionen, Aktienerwerb etc. von Europa nach Lateinamerika bildeten eine weitere wichtige Dimension der neuen Beziehungen. Dadurch wurden einerseits aus europäischer (vor allem britisch-französischer) Sicht die Anlagemöglichkeiten von Geldkapital bedeutend und lukrativ erweitert, und andererseits konnten die Regierungen in Lateinamerika mit diesen Kapitalzuflüssen das Infrastrukturnetz (vor allem Eisenbahnen, Häfen, Straßen, Beleuchtungssysteme etc.) im Sinne der Intensivierung des »Export-Import-Systems« einsetzen. Es liegt auf der Hand, dass durch die Kapitalbeziehungen und den Kapitaltransfer der Güteraustausch ebenso wie das dazugehörende Geflecht von Versicherungs-, Makler-, Handelsgesellschaften und -büros einen entsprechenden Aufschwung erfuhren.

Eine zentrale Bedingung für die Ingangsetzung der genannten Veränderungen war die Metamorphose der herrschenden Klassen in vielen Ländern Lateinamerikas und ein entsprechender ideologischer Kurswechsel. Der die Entwicklung seit der Unabhängigkeit bestimmende Konflikt zwischen klerikalen Konservativen und liberalen Laizisten wurde in dieser Zeit (ca. 1850-1880) in den meisten Ländern Lateinamerikas zugunsten der Liberalen und der mit ihnen liierten exportorientierten Oligarchiefraktionen – mehr oder minder dauerhaft – entschieden. Ohne dieses gesellschaftliche und machtpolitische »Unterpfand« wäre die rasche Einbindung in die Weltwirtschaft nicht möglich gewesen. Dies bedeutete vor allem eine erhebliche Zentralisierung und den Ausbau einer entsprechenden Verwaltung und Bürokratie, später auch des Militärs und seiner so genannten Professionalisierung. Diese Entwicklung hatte ein erhöhtes Steueraufkommen und damit in zentraler Hand befindliche Ressourcen zur Voraussetzung. Gerade die Ausweitung des Außenhandels und die damit verbundene Erhöhung der Export- und Import-Steuereinnahmen waren wesentliche Elemente der Steigerung der Machtpotentiale der Zentralgewalt – gegenüber den notorisch starken lokalen/regionalen Caudillos/Latifundisten-Gruppierungen.

Dieser Prozess der zentralstaatlichen Formierung wurde weiterhin dadurch unterstützt, dass die Anleihen in europäischen Ländern die Abhängigkeit von den eventuellen Steuerzahlungen regionaler Hacendados oder anderer gesellschaftlicher Segmente deutlich verminderten. »Das Kapital (aus den Metropolen) floss in Investitionen und Regierungskredite, die auch politisch relevant waren, da sie einzelne Regierungen unabhängiger von ihren üblichen steuerlichen Einnahmequellen in den ländlichen Regionen machte und sie über umfangreichere Mittel gebieten ließ. Dieser Kapitalfluss wirkte ergänzend zur Expansion des Handels und der Bergbauindustrien; in einigen Ländern, so in

Peru, sollte im Zuge dieser Entwicklung das Steuersystem, das auf die Beiträge der subsistenzwirtschaftlichen Regionen gegründet war, durch ein System ersetzt werden, das seine Grundlage in den expandierenden Sektoren fand. Diese Entwicklung zeitigte zahlreiche politische Folgen, und trug mit zur Konsolidierung des Staates bei, eines der dominierenden Merkmale in dieser Phase.« (Halperin Donghi, 1991: 244).

Eine weitere wichtige Begleiterscheinung der liberalen, zentralstaatlichen Formierungsprozesse war die (mehr oder minder weitgehende) Enteignung der Kirchen- und Klösterländereien und der indianischen Gemeinschaften. Die Möglichkeit, beträchtliche Landressourcen neu umzuverteilen, Arbeitskräfte von ihren Subsistenzmitteln zu trennen und »freizusetzen«, schien den sich einrichtenden liberalen Regierungen aus mehreren Gründen besonders vorteilhaft. Einmal konnten damit Anhänger »belohnt« bzw. konservativ-klerikale Landherren »bestraft« werden, zweitens konnten die Produktions- und Exportmöglichkeiten besser, »wirtschaftlicher« umgesetzt, drittens die freigesetzten Arbeitskräfte mobiler gemacht und für die neuen weltwirtschaftlich orientierten Produktionsbereiche eingesetzt werden. Die bürgerliche Rechtsauffassung, dass es nur strikt personengebundenes Privateigentum geben dürfe, also Gemeineigentum, Gruppen- oder Kollektiveigentumsformen eigentlich unstatthaft – im Sinne der Rechtsklarheit und der »Zivilisation« – seien, war dabei nur das ideologische Instrument, um diese Prozesse der ökonomischen Restrukturierung besser und scheinbar legitimer umsetzen zu können. Diese – im übrigen auch für das alte Europa typischen – Prozesse der ursprünglichen Akkumulation des Kapitals produzierten auch in Lateinamerika eine wachsende Zahl von Vagabunden, Bettlern, heimatlos gewordener Menschen, die nun die liberalen Regierungen zur Aufnahme von Arbeit zu nötigen suchten. Es wurden »Arbeitspässe« mit Stempelzwang eingeführt, Zuwiderhandelnde mussten mit harten Strafen rechnen. Man sieht, dass der »ökonomische Liberalismus« nicht immer mit dem »politischen Liberalismus« und der Einhaltung individueller Menschenrechte einherzugehen braucht. Der Liberalismus brachte in vielen Ländern Lateinamerikas eine Laizisierung und Säkularisierung des gesamten öffentlichen und privaten Lebens, der Einflussminderung der Kirche auf Familie, Ehe, Erziehung und Bildung mit sich. Es begann auch die Einführung und Rezeption des bürgerlichen Zivilrechts, der Rechtsreformen im Prozessrecht, in der Strafprozessordnung, des Strafrechts etc. Freilich waren die rhetorisch-verbalen Erklärungen und Intentionen schon damals oft meilenweit von der realen Umsetzung und Praktizierung entfernt. Jedenfalls wurde durch das System liberaler Reformen die Berechenbarkeit und juristische Absicherung der geschäftlichen Abläufe und die Sicherheit von Investitionen bedeutend erhöht.

Ohne diese Veränderungen wäre es nicht in diesem Ausmaß zu einem Kapitalzufluss von außen seit den letzten beiden Jahrzehnten im 19. Jahrhundert gekommen. Lateinamerika wurde zur wichtigsten Anlageregion außerhalb Europas; allein Großbritannien hatte bis 1914 dort ca. 2 Milliarden Pfund Sterling investiert.

Neben dem Ausbau von Verwaltung, Rechtssystemen und anderen genannten Reformen war häufig die Arbeitskräfteknappheit ein bedeutendes Problem für die weitere Dynamisierung des »Export-Import-Systems«. Infolgedessen wurden große Einwanderungsströme begünstigt und von den einzelnen Regierungen gefördert; dies betrifft vor allen Dingen solche Länder, in denen die Bevölkerungsdichte gering und eine indigene bzw. mestizische Bevölkerung nur sehr schwach vertreten war. Argentinien, Uruguay, Chile und Südbrasilien waren in dieser Periode die wichtigsten Aufnahmeländer für europäische, zunehmend auch osteuropäische Immigranten.

Absolut gesehen war zwar die Zahl der Einwanderer nach Nordamerika, vor allem in die USA, größer als in Südamerika, aber bezogen auf die Ausgangsbevölkerung der Aufnahmeländer waren die Quoten von Immigranten in Ländern wie Argentinien und Uruguay häufig wesentlich höher als in den USA.

Parallel zu dem hohen Bevölkerungszuwachs war in den meisten Ländern ein starker Urbanisierungsprozess und eine Differenzierung der Sozialstrukturen zu beobachten. Vor allem wuchsen die städtischen Mittelschichten, aber auch die in Minensektoren und Infrastruktureinrichtungen tätigen Angehörigen der Arbeiterschaft in dieser Periode stark an. Freilich konnte dies perspektivisch nicht ohne Auswirkungen auf das politische System bleiben. Diese Implikationen der komplexer werdenden Sozialstruktur deuteten sich aber in den meisten Ländern erst während des Ersten Weltkrieges oder in den 20er Jahren an.

Da der Exportsektor der entscheidende Motor der gesamten Ökonomie war, bestimmten seine Anforderungen und Auswirkungen in hohem Maße die gesamte nationale Wirtschafts- und Gesellschaftsstruktur. Eine für die zukünftige Entwicklung zentrale Frage war, ob und wie der Exportsektor auf die übrige Ökonomie Sekundäreffekte ausüben konnte und dadurch auch einen Beitrag zur Industrialisierung zu lei-

sten vermochte. Diese allgemeine Frage kann wiederum in drei Unterfragen spezifiziert werden:
1. »Die Frage, wer die Eigentümer der Produktionsmittel waren, eine nationale Oligarchie, kleine und mittlere Produzenten oder das ausländische Kapital,
2. die Frage, ob der Exportsektor eine Nachfrage nach Arbeitskräften entwickelte und wie diese befriedigt werden konnte, durch das Heer der nationalen Arbeitslosen oder durch die Einwanderer und
3. die Frage, welches der Bedarf des Exportsektors an Produktionsanlagen, Verarbeitungsindustrien, sowie an Infrastruktur- und Transporteinrichtungen war.« (Guldimann, 1975: 66).

Ad 1.: Kontrollierte eine kleine nationale Oberschicht den Exportsektor (Exportoligarchie), dann blieben die Gewinne zwar in nationalen Händen, flossen aber für den Import von Luxusgütern, für die Anlage des Kapitals im Ausland etc. zum Teil wieder ins Ausland zurück. Ihre Verwendung auf dem Binnenmarkt beschränkte sich auf einige wenige gewerbliche Produkte, auf die Bautätigkeit sowie persönliche Dienstleistungen; diese Nachfrage war aber in der Regel nicht imstande, eine Entwicklung der nationalen Industrie wesentlich voranzutreiben. Als Beispiele hierfür können Peru, Kolumbien (außer der Kaffeeproduktion um Medellín), Venezuela, Ekuador, Mexiko (Landwirtschaft), der Nordosten von Brasilien, Bolivien, Argentinien (der wichtigste Teil der Landwirtschaft) und Zentralamerika (Kaffeeproduktion) gelten.

War der Exportsektor in den Händen kleinerer oder mittlerer Produzenten, dann wurden die Exportgewinne hauptsächlich für Ausgaben auf dem Binnenmarkt verwendet und bewirkten einen Aufschwung des einheimischen Handwerks, des Gewerbes und der Industrie. Dies gilt z.B. für einen Teil der argentinischen Landwirtschaft (um Santa Fé), für den südlichen Teil Brasiliens (Kaffeeproduktion in São Paulo und landwirtschaftliche Zulieferbetriebe im Süden), Teile von Kolumbien (in gewissem Umfang um Medellín) und Costa Rica.

Beherrschte das ausländische Kapital den Exportsektor, so flossen in der Regel die Gewinne direkt ins Ausland ab und trugen nichts zur Bildung des Binnenmarktes bei. In diesem Fall war der Enklavencharakter des Exportsektors überaus deutlich und hatte zur Folge, dass eine Beziehung zur übrigen Binnenökonomie nur minimal zustandekam, vor allem über – meistens geringe – Exportsteuern und die Lohnzahlungen an die heimischen Arbeitskräfte. Für diesen Typus waren weite Gebiete von Zentralamerika (Bananenproduktion, Baumwollanbau etc.), Kuba (Zucker) und Mexiko (Minengebiete) charakteristisch.

»Einen positiven Einfluss auf die nationale Entwicklung hatte der ausländisch beherrschte Exportsektor nur dort, wo der Staat als Ergebnis der früheren Wirtschaftsentwicklung stark genug war, um einen Teil der Gewinne der ausländischen Gesellschaften in Form von Steuern und Zöllen zurückzubehalten und durch den Beamtenapparat und durch staatliche Investionen auf den nationalen Markt zu leiten.« (Guldimann, 1975: 67). In gewisser Hinsicht sind für diesen Fall Chile sowie Venezuela seit den 30er Jahren typisch.

Ad 2.: Diejenigen Gebiete, in denen das Wachstum des Exportsektors (Produktion, Verarbeitung, Transport, Absatz) das ursprüngliche lokale Angebot an Arbeitskräften ausschöpfte und die Löhne tendenziell ansteigen ließ, zogen Einwanderer aus Europa an. Dadurch entstand eine breite Schicht von einfachen Warenproduzenten (Kleinbürgern) und Proletariern, die als Käufer und Produzenten auf dem Binnenmarkt auftraten und den Aufbau kleinerer und mittlerer Industriebetriebe förderten. Dies war in der Regel eine günstige Ausgangslage für spätere Industrialisierungsprozesse. Beispielhaft hierfür sind Argentinien (vor allem Buenos Aires und die Provinz Buenos Aires), Uruguay und der südliche Teil Brasiliens. In anderen Ländern mit einem relativ großen indianischen Bevölkerungsanteil reichten normalerweise die lokalen Arbeitskräfte aus, die durch die erwähnten »Reformen« der Indianergemeinschaften proletarisiert worden waren. Da diese freigesetzten Segmente indigener Bevölkerung nur selten – mit minimalen Lohngelten – als Lohnarbeitskräfte in Erscheinung traten, waren sie nicht in der Lage, eine nennenswerte Binnenmarktnachfrage zu repräsentieren. Dies war für große Teile Mexikos, Perus, des Nordostens Brasiliens, Venezuelas, Zentralamerikas, Ekuadors und Kolumbiens der Fall.

Ad 3.: Benötigte der Exportsektor große Vorleistungen für die Produktion, die Verarbeitungs- und Transportanlagen, so wirkte sich dies positiv auf den Bausektor sowie das Gewerbe bzw. eine entstehende Industrie als Zuliefererbranche aus, zunächst beim Bau der Anlagen und später dann bei ihrem Unterhalt. In den Enklaven der ausländischen Gesellschaften (Erdölindustrie, Kupfer, Bergbau, Eisenerzabbau etc.) wurden die hochtechnologischen Anlagen in der Regel importiert, und die Transporteinrichtungen bestanden meistens nur in einer kurzen

Stichbahn vom Produktionspunkt zum nächsten Hafen. Dabei gingen sehr wenige sekundäre Impulse und Effekte auf mögliche vorgelagerte Produktionsbereiche aus. Auch erforderten die Küstenplantagen in Peru, Ekuador, Kolumbien, Venezuela und in Zentralamerika in der Regel nur unbedeutende Transportsysteme. Dagegen verlangten die auf große Gebiete ausgedehnte Bereiche der zur Exportproduktion gehörenden Territorien in Argentinien, Uruguay und Brasilien ein relativ dichtes und verzweigtes Eisenbahnnetz. Für die Fleischverarbeitung in den großen Fleischfabriken Montevideos und Buenos Aires' sowie für die dazu gehörende Kühltechnik wurden Vorleistungen gebraucht, die sich ihrerseits als Kristallisationskerne für eine spätere Industrialisierung erwiesen. Auch die Verschiffung der landwirtschaftlichen Produkte verlangte einen größeren Arbeitsaufwand und größere Anlagen als dies bei den Minenprodukten der Fall war. Diese und andere Spezifika in den einzelnen Ländern modifizierten das allgemeine Schema des Export-Import-Systems, was die Unterschiede in den Wachstumsraten, dem Ausbau der Infrastrukturen, aber auch im Grad der Verletzlichkeit gegenüber »äußeren Einflussfaktoren« begründete. Das bedeutet aber wiederum, dass keineswegs diejenigen Länder, die die stärksten und längsten Exportbooms verzeichneten, auch die wirtschaftlich und gesellschaftlich am meisten begünstigten waren. Vielfach war das Gegenteil der Fall, da durch einen nachhaltigen Exportboom das interne Steuersystem, die einheimischen Technologiegenerierung, die Importsubstitutionskapazitäten etc. vernachlässigt wurden, und eine künstliche Aufwertung der jeweiligen Währung noch mehr (gefährliches) Auslandskapital anzog (Thorp, 1998: 91f.).

Alles in allem lässt sich die These vertreten, dass positive und sekundäre Auswirkungen in bezug auf die Bildung eines nationalen Binnenmarktes und einer Industrialisierungschance in einigen Ländern, in denen das Export-Import-System herrschte, durchaus vorhanden waren. Dies gilt insbesondere für Argentinien, das südliche Brasilien und Uruguay, in geringerem Ausmaß auch für Chile und Kolumbien. Es sind zugleich auch Länderfälle, in denen sich die günstigen Faktoren am stärksten kumulierten.[1]

Mit diesem Hinweis wird auch gleichzeitig deutlich, dass die These der älteren Dependenzliteratur (z.B. A.G. Frank), wonach erst unter dem

---

[1] Siehe für einen ähnlichen Typologisierungsvorschlag die Arbeit von Cardoso und Faletto über die Abhängigkeit Lateinamerikas, 1976.

Schock der Weltwirtschaftskrise der 30er Jahre sich eine lateinamerikanische Industrie auf breiter Basis entfaltet habe, zumindestens für bestimmte Länder korrigiert werden muss. Obwohl die industriellen Wachstumsraten während der ersten drei Jahrzehnte des 20. Jahrhunderts in den einzelnen Staaten durchaus unterschiedlich waren, »blockierte das allgemeine Exportwachstum die Expansion industrieller Produktion keineswegs. Gerade die Entwicklung in Argentinien und Brasilien mit dem – neben Mexiko – höchsten Anteil der Industrieproduktion am Bruttoinlandprodukt belegt den Zusammenhang zwischen Exportwachstum und industrieller Expansion, wobei in diesen Staaten auch die starke europäische Einwanderung eine stimulierende Rolle spielte.« (Bernecker/Tobler, 1996: 19). Ende der 20er Jahre war die Industrie in diesen Ländern bereits zu einem nennenswerten Faktor geworden, und ihr Anteil am Bruttosozialprodukt betrug zwischen 12,5% (Brasilien), 14,2% (Mexiko) und 20% (Argentinien).

Dennoch scheint es zutreffend, bloß von einem Wachstumsschub der Industrie, sei es im Windschatten der Ereignisse des Ersten Weltkrieges oder eines starken Exportwachstums zu sprechen, ohne zugleich von einer breitenwirksamen Industrialisierung auszugehen. Der entscheidende Grund, weshalb bis in die 30er Jahre die Industrie relativ vernachlässigt blieb und keine staatliche und systematische Förderung erfuhr, besteht einfach darin, dass das vorhandene Export-Import-System bis 1930 eine hohe Attraktivität und Effizienz demonstrierte und gegenüber diesem exportorientierten Wachstumsmodell keine Alternative eine ernsthafte Chance hatte. Gerade der große Erfolg dieses Wirtschaftsmodells und die anscheinend unmittelbare Plausibilität der Freihandelstheorien, die gewissermaßen die natürliche Ressourcenverteilung exakt widerspiegelte, führte dazu, dass der ideologische Wirkungsgrad dieser Orientierung alle Gesellschaftsschichten ähnlich stark durchdrang. Das heißt, dass nicht nur die unmittelbar am meisten von diesem Wirtschaftsboom profitierenden Segmente der Exportoligarchie und ihre einheimischen und ausländischen Verbündeten das Export-Import-System priesen und vehement verteidigten, sondern dass auch die gewachsenen Mittelschichten und sogar die urbanen Arbeiter im wesentlichen ideologisch Gefangene dieses Systems blieben. Ein schwacher Reflex dieses Umstands kann in der Tatsache gesehen werden, dass anarchistische und anarchosyndikalistische Organisationen der frühen Arbeiterbewegung in Argentinien und Uruguay, teilweise in Chile und Südbrasilien sich explizit gegen nationale und staatliche Autoritäten abgrenzten und damit in gewisser Hinsicht auch der kosmopolitischen Freihandelstheorie verhaftet waren. Aus diesem Grund fehlten auch in der wirtschaftlichen Entwicklung Lateinamerikas die typischen Konflikte zwischen Agrarelite und Industriebürgertum, wie sie z.B. für die englische, teilweise französische und deutsche Wirtschaftsgeschichte im 18. oder 19. Jahrhundert charakteristisch waren. »Die lateinamerikanischen Industriellen vor den 30er Jahren (waren) noch zu schwach, um das vorherrschende Modell eines ›Wachstums nach außen‹ grundsätzlich infrage zu stellen, andererseits waren Landwirtschafts-, Handels-, Finanz- und Industrieinteressen häufig innerhalb desselben Familienclans vertreten, was mögliche Interessenkonflikte abschwächte.« (Bernecker/Tobler, 1996: 16).

Mit dem Ersten Weltkrieg mehrten sich die Anzeichen der Erschütterung dieses bislang so erfolgreichen Systems. Der Niedergang der Salpeter-/Nitratpreise nach dem Krieg bewirkte einen Kollaps in Chile, die tendenzielle Exportstagnation und die Preislabilität beim Kaffee war für die Kaffeestaaten Kolumbien, Brasilien sowie die mittelamerikanischen Staaten ein spürbares Warnsignal, die Verringerung des Fleischexports nach Großbritannien traf die argentinischen und uruguayischen Exporteure empfindlich. Dennoch stieg der Kaufkraftindex der Exporte für die meisten Länder Lateinamerikas gegenüber 1913, aber auch im Vergleich zu den schlechten Kriegsjahren von 1917/18 bedeutend an, bei manchen sogar um das Doppelte oder Dreifache (Cardoso/Helwege, 1995: 46). In mancherlei Hinsicht ähnelten die 20er Jahre den 70er Jahren: hohes, aber unregelmäßiges Wachstum, erheblicher Anstieg der Auslandsverschuldung, volatile Preisbewegungen – Faktoren, die die sich ankündigenden Widersprüche überdecken halfen (Thorp, 1998: 104). Auch die Tatsache, dass die ökonomische Hegemonie zwischen 1914 und 1930 von Großbritannien auf die USA überging, hat zu einer Schwächung der ökonomischen Aussichten für Lateinamerika beigetragen. Denn nunmehr war die hegemoniale Macht nicht mehr in dem Maße auf Komplementärbeziehungen im ökonomischen Austausch eingestellt, sondern es handelte sich um eine Wirtschaftsmacht, die bezüglich vieler Rohstoffe, die aus Lateinamerika kamen, selbstversorgend war bzw. diese selbst exportierte. Diese Warnzeichen für das herrschende liberale Export-Import-System[2] führten aber keines-

---

[2] Es versteht sich von selbst, dass viele wichtige Elemente des so genannten »Export-Import-Systems« in dieser Überblicksdarstellung kaum angesprochen werden können: z.B.

wegs dazu, dass bis zum Jahre 1930 ein nennenswerter Rückgang des Einflusses der liberalen Ideologie in Lateinamerika zu verzeichnen war.

Bezeichnend ist, dass sich innerhalb des für alle lateinamerikanischen Ökonomien paradigmatischen exportgesteuerten Wachstumspfads neben Gemeinsamkeiten gleichzeitig wachsende Differenzierungen zwischen den Ländern geltend machten. Die ökonomischen und gesellschaftlichen Unterschiede zwischen einzelnen Ländern bzw. Regionen waren zu Beginn des 20. Jahrhunderts deutlich größer geworden. So lag z.B. 1913 – gegenüber einem relativ ähnlichen Ausgangsstand 100 Jahre zuvor – das Pro-Kopf-Einkommen in Argentinien fast fünfmal höher als in Brasilien (Bulmer-Thomas, 1994: 149f.).

---

die Bedeutung des Wechsels des Hauptexportprodukts für bestimmte Länder während dieserPhase, die regionale Struktur der Exporte und Importe, die unterschiedlichen zyklischen Bewegungen, die »Terms-of-Trade«-Problematik (wert- und preismäßige Austauschrelation), die große Spannbreite in der Intensität der Einbindung in den Weltmarkt und der Relevanz des exportgesteuerten Wachstumsprozesses zwischen den einzelnen Ländern des Subkontinents u.v.a.m. Siehe hierzu weiterführend: Bulmer-Thomas, 1994: 46-154.

3. Nach der Weltwirtschaftskrise: die erste Phase der Importsubstitution (ca. 1930-1955)

Die Weltwirtschaftskrise von 1929 hatte auch für Lateinamerika weitreichende Folgen. Ökonomisch leitete sie einen tiefgreifenden Paradigmenwechsel in der Wirtschaftspolitik und eine bedeutende Veränderung in den materiellen Produktionsverhältnissen ein. Der durch sie angestoßene gesellschaftliche und politische Wandlungsprozess stand in seiner Relevanz den ökonomischen Strukturveränderungen kaum nach.

3.1. Wirtschaftliche Aspekte

Infolge der tiefen Rezession, die der »Börsenkrach« in New York im Oktober 1929 in fast allen Industrieländern auslöste, sank schon bald die Nachfrage nach den Exporten Lateinamerikas. Dies führte, in dem Maße, wie sich die Rezession im Laufe der Jahre 1930 und 1931 zur tiefsten Krise der Weltwirtschaft seit Bestehen des kapitalistischen Weltmarktes auswuchs, zu großen Preisstürzen und Mengenreduktionen der lateinamerikanischen Exporte. Gegenüber 1928 (= 100) fiel das durchschnittliche Preisniveau der Exporte insgesamt auf 36, das Exportvolumen auf 78 Punkte im Jahr 1932. Die durchschnittliche Kaufkraft der Exporte sank um mehr als die Hälfte (Bulmer-Thomas, 1994: 197, Tab. 7.2). Je nach Angebots- und/oder Nachfrageelastizität des jeweils im Exportsortiment hauptsächlich offerierten Rohstoffprodukts, war die Betroffenheit der einzelnen Länder Lateinamerikas unterschiedlich hoch. Dem starken Rückgang der Exporte bzw. Exporterlöse entsprach in noch größerem Umfang die Komprimierung der Importe, denn »Schuldendienst und Kapitalflucht reduzierten die für den Import zur Verfügung stehenden Mittel zusätzlich« (Rothermund, 1993: 81). Im übrigen fielen die Exportpreise Lateinamerikas in Dollar wesentlich stärker als die entsprechenden Importpreise, was eine Verschlechterung der Terms of Trade zwischen 1929 und 1933 um 21 bis 45% für die lateinamerikanischen Länder bedeutete. (Díaz Alejandro, 1984: 19). Zu den am meisten betroffenen Ländern zählte Chile, dessen Pro-Kopf-Produktion von 1929-1932 um mehr als 30% sank (Cardoso/Helwege, 1995: 50). Die

Exporterlöse und die Importkapazität gingen in diesem Zeitraum sogar um ca. 80% zurück (Rothermund, 1993: 88). Ähnlich stark traf die Krise Mexiko sowie Peru, wobei Peru allerdings seine Außenkontakte über Enklaven im Besitz ausländischen Kapitals gesteuert hatte und insofern von diesen Polen keine sehr starke Breitenwirkung auf die übrige Ökonomie ausging. Generell bedeutet dies, dass Art und Grad der Betroffenheit der einzelnen Länder vom Typus der Weltmarkteinbindung (siehe oben) sowie von der Beschaffenheit des jeweiligen Hauptexportprodukts abhing.

Die Krise implizierte in vielen Fällen eine Kumulierung der negativen Effekte, weil der Motor der ökonomischen Entwicklung ja ausgefallen oder erheblich geschwächt war. Die interne Nachfrage nach Konsumgütern und Investitionsgütern fiel rapide, Massenentlassungen waren an der Tagesordnung; Deflationsprozesse und Währungsabwertungen (im Zusammenhang mit dem Abgehen vom Goldstandard) waren in den meisten Ländern weitere Krisenfolgen. Es versteht sich, dass eine derartig tiefe ökonomische Krise zu vielfältigen und scharfen politischen Reaktionen bzw. Turbulenzen führen musste (siehe unten).

Natürlich war – entsprechend der ökonomischen und politischen Konstellation – auch die Art der Reaktion der jeweiligen Regierung sehr unterschiedlich. Neben der Differenzierung in »reaktive« und »passive« Staaten (Díaz Alejandro) kann bei den »reaktiven« Staaten weiter zwischen solchen unterschieden werden, die die gesamte Palette von möglichen Maßnahmen ergriffen, und solchen, die nur auf einige wenige rekurrierten. Als Beispiel für den ersten Fall wird häufig Brasilien angeführt, wo ein breites Spektrum von Maßnahmen zur Krisenbewältigung und -eindämmung zur Anwendung gelangte: »Erklärung der Zahlungsunfähigkeit gegenüber den ausländischen Schuldnern, krasse Abwertung, Devisenbewirtschaftung, expansive Geldpolitik, Förderung der einheimischen Industrie, Stützung und Diversifizierung der Hauptexportprodukte.« (Rothermund, 1993: 85). Verallgemeinernd lässt sich sagen, dass die Fähigkeiten und Möglichkeiten zur Veränderung bei jenen Ländern mit großen Märkten und/oder einem autonomen öffentlichen Sektor größer waren als bei Ländern, auf die diese Kriterien nicht zutrafen. In der Regel waren die transformationsfähigeren Länder auch diejenigen, in denen schon Ansätze einer verarbeitenden Industrie bereits vor der Weltwirtschaftskrise bestanden, und insofern war bei diesen die Neuorientierung nach 1930 nicht mit einer völligen wirtschaftspolitischen Restrukturierung verbunden. Andererseits bedeutete dies auch, dass die Importsubstitution und die Industrialisierung in manchen Fällen in Lateinamerika gar nicht oder nur verzögert als Antwort auf die Weltwirtschaftskrise einsetzte. Die Neuorientierung der Wirtschaftspolitik erfolgte überwiegend als pragmatische Reaktion auf objektive Zwänge, als Reflex – zumeist daher ohne theoretische und strategische Begründung. Diese wurde erst Jahre später erarbeitet und nachgeliefert – von seiten der Ökonomen der CEPAL (zwischen 1945 und 1950).

Vor allem die Abwertung der einheimischen Währungen und die damit einhergehende Verteuerung von Importwaren, führte zur Neuorientierung der Investitionen in Branchen und Sektoren, in denen die bisherigen Importe durch eigene Produktion mit relativ hohem Gewinn ersetzt werden konnten. Verstärkt wurde diese Tendenz noch durch Zollerhöhungen und quantitative Importrestriktionen, die vor allem aus Gründen des Leistungsbilanzausgleichs eingeführt wurden. Die Fiskal- und Geldpolitik folgte, auch nach der Abkehr vom Goldstandard, zunächst der orthodoxen Linie, um dann zu Beginn der 30er Jahre zu einer weniger orthodoxen Linie (bezüglich des Haushaltsdefizits, der Verringerung des Geldangebots, der Leitzinssenkung etc.) überzugehen. Hinsichtlich der Ausweitung der Ausgaben für öffentliche Arbeiten (z.B. Straßenbau) kam es im Laufe der 30er Jahre zu einer charakteristischen Veränderung, weil die Anteile für Zinsendienste stark abnahmen und umgekehrt die Anteile für öffentliche Ausgaben und Investitionen bedeutend zunahmen (Díaz Alejandro, 1984: 34). Eine keynesianische Politik des »deficit spending«, eine fiskalische Kompensationspolitik wurde am deutlichsten in Brasilien (als Tradition des Ausgleichs für Kaffeepreisschwankungen) verfolgt. In den meisten Ländern hielt sich aber die expansive Geld- und Fiskalpolitik in relativ engen Grenzen, wobei die Diversifizierung und Verbreiterung des Steuereinnahmesystems eine wichtige Rolle spielten (Díaz Alejandro, 1984: 35). Dadurch lockerte sich in manchen Ländern die bis 1929/30 relativ enge Korrelation zwischen Exporterlösen/Exportsteuern einerseits und Regierungseinnahmen andererseits (Bulmer-Thomas, 1994: 234). Der Ausbau des öffentlichen Sektors, von staatlichen Institutionen zum Auf- und Verkauf bestimmter Güter, z.B. von landwirtschaftlichen Produkten, stützte im Verein mit einer häufig eingeschlagenen expansiven Lohnpolitik, die mit einer Begünstigung der Gewerkschaften einherging, die auf den Binnenmarkt hin orientierte Kaufkraft, deren Entwicklung und Steigerung wiederum Voraussetzung für die Fortsetzung der Importsubstitution war.

Sektoral bezog sich die Importsubstitution naturgemäß vor allem auf den Industriesektor, obwohl mittelfristig auch bestimmte Dienstleistungen (z.b. im Bank- und Versicherungsgewerbe), die bisher von Ausländern erbracht worden waren, durch Angebote seitens der Inländer substituiert worden sind.[1] Die am stärksten von der Importsubstitution erfassten Industriezweige waren die Textilindustrie (vor allem Woll- und Baumwollindustrie), die Bekleidungsindustrie, die Nahrungsmittelindustrie, die Baumaterialindustrie (vor allem Zement!), Möbelindustrie, aber auch innerhalb gewisser Grenzen die Gummiindustrie, die pharmazeutische Industrie, also überwiegend die Hersteller von Artikeln des täglichen Gebrauchs der breiten Massen. Auffallend ist, dass sich diese Importersatzproduktion vor allem in kleineren und mittleren Betrieben abspielte und dass sie recht arbeitsintensiv ausgelegt war. Zum Beispiel stieg zwischen 1930 und 1937 die industrielle Beschäftigung in São Paulo jährlich um 11%! Die Output-Elastizität der Beschäftigung betrug in Argentinien und Brasilien während der 30er Jahre nahezu eins, d.h. mit einer Einheit Produktionswachstum ging fast im selben Maße das Wachstum des Arbeitsvolumens einher. Dies war zwar unter dem Gesichtspunkt der Arbeitsproduktivitätssteigerung ein schwaches Ergebnis, unter dem Gesichtspunkt der Arbeitskraftabsorption und der Binnenmarktausweitung aber zweifellos ein beachtliches Resultat (vgl. Díaz Alejandro, 1984: 42). Es gibt viele Anzeichen dafür, dass die Importsubstitution vor allem auf neuen nationalen Unternehmerfiguren, die teilweise im Ausland geboren waren, basierte. Gerade aus Europa vertriebene Immigranten, die vor Hitler oder Franco flüchten mussten oder wollten, bedeuteten ein wichtiges Gewinnelement an »humanem« und finanziellem Kapital für Lateinamerika. Im übrigen stiegen auch die ausländischen Direktinvestitionen seit der zweiten Hälfte der 30er Jahre wieder an. Dies geschah nicht zuletzt, um die Zollschranken, die inzwischen errichtet worden waren, zu unterlaufen und die Ausdehnung der jeweiligen nationalen Binnenmärkte zu begleiten. Diese Tendenz der Umorientierung ausländischer Direktinvestitionen von Rohstoff- und Minensektoren hin zu gewerblicher Produktion hatte sich bereits wäh-

---

[1] Dies gilt insbesondere für die großen Flächenstaaten. In den zentralamerikanischen Ländern und auf den Karibikinseln war Substitution von Agrar- und Nahrungsmitteln, die zuvor importiert worden waren, eine sehr wichtige Wachstumsquelle und bedeutende wirtschaftspolitische Leitlinie. Die Substitution von Industriewarenimporten in nennenswertem Umfang begann in dieser Region erst in den 50er und 60er Jahren (Bulmer-Thomas, 1994: 229f.).

rend der 20er Jahre, vor allem in Gestalt neuer US-amerikanischer Direktinvestitionen, abgezeichnet. Für bestimmte Branchen wie die Gummiindustrie, die Gummireifen- und die Zementproduktion waren diese Investitionen mit einer Technologie verbunden, die dem Binnenmarkt bedeutende Anstöße verlieh. Es ist nicht ganz klar, worauf die Finanzierung dieser gewerblich-industriellen Investitionen während der 30er Jahre beruhte. Man kann vermuten, dass traditionelle Quellen, z.b. die Reinvestierung von Bruttoprofiten und die kurzfristig und auf informellen Geldmärkten ausgeliehenen Kredite die Finanzbasis für nationale Unternehmer bildeten, da die Beiträge öffentlicher Kreditinstitutionen für die Industriekapitalbildung während der 30er Jahre noch sehr bescheiden war. Ein wichtiger Aspekt darf nicht übersehen werden: In einigen Ländern mit Industrialisierungsansätzen bereits vor der Weltwirtschaftskrise konnte auf Kapazitäten (z.b. in der Textilindustrie) zurückgegriffen werden, die in den 20er Jahren, vor allem in Jahren überschäumender Konjunktur, installiert worden waren.

Schon Ende der 30er Jahre zeichnete sich ab, dass der Anteil der Importe an den Konsumgütern und Halbfabrikaten (z.B. Textilien und Zement) deutlich rückläufig war, während die Importe aus dem metallverarbeitenden Bereich oder bei anderen Zwischenprodukten sogar stiegen. Die Maschinen- und Ausrüstungsimporte, die mit Exportsektoren und mit Infrastruktureinrichtungen, die während der 20er Jahre expandierten, verbunden waren, fielen zurück, während die, die mit zur Importsubstitution beitrugen, anstiegen.

Insgesamt kann nach der Krise eine mehr oder minder klare Erholung für die meisten Länder Lateinamerikas konstatiert werden. Die größten Länder (Argentinien, Brasilien, Mexiko, Kolumbien) konnten von 1929 bis 1939 immerhin eine höhere durchschnittliche jährliche Wachstumsrate des BIP registrieren als beispielsweise Kanada oder die USA. Für Mexiko und Argentinien werden in der Dekade der 30er Jahre ein jährliches Durchschnittswachstum von 2%, für Brasilien und Kolumbien von 4% angegeben. Auch wenn die entsprechenden Werte teilweise in dem vorangegangenen Jahrzehnt und dann in den nachfolgenden 40er Jahren höher gelegen haben mögen, stellen sie doch eine erstaunliche Stabilisierung nach der tiefen Krise dar. Vor allem die jahresdurchschnittlichen Zuwachsraten des industriellen Sektors, die von 3% (Argentinien) bis 8% (Kolumbien) während der 30er Jahre reichen, sind als wichtige Veränderungs- und Dynamisierungsfaktoren der jeweiligen Wirtschaften anzusehen. Gerade in bezug auf diese industriellen Zuwachsraten sind die Unterschiede zwischen den so genannten »reaktiven« und den »passiven« Staaten Lateinamerikas besonders bemerkenswert (z.B. Chile/Uruguay einerseits versus Kuba andererseits, siehe Díaz Alejandro, 1984: 40).

Die Frage, inwieweit mit der Ausweitung des jeweiligen Binnenmarktes auch eine Einkommens- und Vermögensumverteilung einhergegangen ist, bleibt umstritten. Zwar ist die politische und teilweise auch ökonomische Macht der Exportoligarchien bzw. der entsprechenden ausländischen Kapitale durch den Schock der Krise geschwächt worden, aber sie behielten doch im großen und ganzen ihre strategisch wichtige Rolle im gesamten Reproduktionsprozess der lateinamerikanischen Ökonomien.

Die Gewinne in den importsubstituierenden Unternehmen/Branchen dürften im allgemeinen ansehnlich gewesen sein. Die Reallohnhöhe der industriellen und ländlichen Arbeiter wird als in etwa gleich hoch wie in den 20er Jahren eingeschätzt (Díaz Alejandro, 1984: 45). Allerdings haben sich die Strukturen der relativen Preise insofern stark verändert, als die von den Masseneinkommensempfängern nachgefragten Produkte des täglichen Bedarfs, die nun im Lande selbst hergestellt wurden, im Vergleich zu den importierten Waren und Warenteilen deutlich billiger geworden waren. Auch die größere Arbeitsplatzsicherheit, die Zugewinne gewerkschaftlicher Rechte und partiell auch die steuerlichen Vorteile, die manche Steuerrechtsveränderungen mit sich brachten, haben die Position vor allem der urbanen Arbeitnehmer wohl insgesamt eher verbessert.

In jüngster Zeit sind Studien erschienen, die der Importsubstitutionsphase jenseits einer völlig positiven Verklärung oder einer absoluten Verteufelung (wie sie augenblicklich beliebt ist) eine differenziertere Beurteilung zuteil werden lassen. Beispielsweise argumentiert Rosemary Thorp (im Anschluss an Bulmer-Thomas), dass in der Dekade der 30er Jahre die Außenabhängigkeit Lateinamerikas (gemessen durch den Anteil der Exporte am jeweiligen BIP) mehr oder minder stark zurückgegangen sei und zudem in der klaren Anteilsvergrößerung des Industriesektors von 1929 bis 1939 (und mehr noch bis 1945) die wesentlich stärkere Binnenzentriertheit der lateinamerikanischen Ökonomien zum Ausdruck kommt. Dennoch, so ihre These, sei eine wirkliche Erholung der Ökonomie zumeist erst infolge des Wiederaufschwungs der Exporte während der 30er Jahre erfolgt. Diese wiederum basierten auf einer starken Abwertung der nationalen Währungen und einer deutlichen Verbesserung der Terms of Trade zwischen 1933 und 1939 um ca. 36% (Thorp, 1992: 185).

Während des Zweiten Weltkriegs hat sich diese positive Kombination von Exportforcierung und Fortsetzung der Importsubstitution noch intensiviert. Lateinamerika wurde zunehmend zu einer wichtigen Rohstoffbezugsregion, was sogar zu einem stärkeren Wachstum der Exporte führte. Auf der anderen Seite ergab sich aus den Problemen bei den Importangeboten (aus den kriegführenden Ländern) ein starker unabhängiger Stimulus zur Fortsetzung der Importsubstitution. Die Knappheit der Importmöglichkeiten stimulierte zwar in gewisser Hinsicht die Importsubstitution, stellte sie aber andererseits bezüglich bestimmter Investitionsgüter und Halbfabrikate vor fast unlösbare Aufgaben.

Die während des Krieges kumulierten Exportüberschüsse führten zu großen Reserven der meisten Länder in der Nachkriegszeit, so dass vor Ende des Weltkriegs oder kurz danach die meisten Länder Lateinamerikas ihre äußere Schuld zurückzahlen konnten.

Die USA verstärkten ihren Einfluss in Lateinamerika während des Zweiten Weltkrieges noch mehr als im Gefolge des Ersten Weltkriegs. Verschiedene Beobachtermissionen der US-Regierung rieten zum Aufbau von Grundindustrien während des Zweiten Weltkriegs. In einigen Ländern wie Mexiko und Brasilien kam es auch zu Exporten verarbeiteter Produkte. Dort machten z.B. die Textilexporte um 1945 ca. 20% ihrer gesamten Exporte aus, wobei diese vor allem in andere lateinamerikanische Länder gingen.

Insgesamt hat der Weltkrieg für Lateinamerika auf der Ebene der politischen Ökonomie insofern positive Wirkungen gezeitigt, »als er dem export-geleiteten Entwicklungsmodell einen weiteren Schlag versetzte, nämlich dadurch, dass er dieses Mal dessen Verletzlichkeit in Bezug auf die Verfügbarkeit von Importen, von Schiffskapazität und die Instabilität der Rohstoffmärkte angesichts der weltweiten politischen Wirren deutlich zum Ausdruck brachte.« (Thorp, 1992: 188).*

Die Nachkriegsentwicklung war stark von den Gedanken der UN-Regionalbehörde für Lateinamerika (CEPAL) bestimmt. Eine Fortsetzung der staatlich geförderten Industrialisierung unter gemäßigt protektionistischen Bedingungen, die sich zusätzlich auf öffentliche aus-

---

* Alle fremdsprachigen Zitate sind, wenn nicht anders vermerkt, vom Verfasser übersetzt worden.

ländische Kredite etc. stützte – dies gehörte zu den wichtigsten Leitmaximen dieser Ökonomieschule. Obwohl der Binnenmarkt in ihrer Sichtweise wichtig war, kann das Modell, das ihnen vorschwebte, keineswegs als ausschließlich binnenzentriert bezeichnet werden. Zeitweise Schutzmaßnahmen würden zu neuen Exporten führen, und vor allem auf interne Quellen des Produktivitätswachstums abstellen, um dadurch eine Kompatibilität zwischen Autonomie und langfristigen komparativen Vorteilen zu ermöglichen.»Der Ausdruck ›Entwicklung von innen‹ (›desarrollo *desde* adentro‹) kommt in Prebischs frühen Schriften vor, er steht im Kontrast zur späteren Beschreibung der Realität als ›Entwicklung nach innen‹ (›desarrollo *hacia* adentro‹) und deutet die Vorstellung an, dass die lateinamerikanischen Wirtschaften in die Weltwirtschaft integriert sein sollten, aber in einer Weise, die interne Fähigkeiten verstärkt, die Autonomie respektiert und in der langfristige komparative Vorteile aufgebaut werden können.« (Thorp, 1992: 189).

Allerdings wurde dieses Modell von Importsubstitution, kombiniert mit Exportwachstum, nicht realisiert, vielmehr kam es zu einem »unhappy mix« dieser beiden entgegengesetzten Modelle, in welchem wichtige Entwicklungsbarrieren eingebaut waren. Überbewertung der Währung, kumulierte Reserven und Inflationstendenzen auf der einen Seite und Ausbau der protektionistischen Zollschranken für Konsumgüterproduktion auf der anderen Seite wurden wesentliche Elemente dieses wenig aussichtsreichen Typus von Importsubstitution. Ausländische Kredite blieben fast vollständig aus und die USA übten Druck aus, die privaten Kapitalflüsse ohne einschränkende Bedingungen in die jeweiligen Länder ziehen zu lassen. Fast alle Regierungen in Lateinamerika machten in dieser Hinsicht beträchtliche Konzessionen und folgten auch teilweise den US-Empfehlungen bezüglich des Abbaus des staatlichen Einflusses auf die Wirtschaft. Dadurch wurde zum Beispiel eine weitere Gestaltung der Industriepolitik in Richtung auf den Ausbau eines Investitionsgüter- und Halbfabrikatesektors ebenso erschwert wie auch die Förderung der sich während des Krieges abzeichnenden Tendenz einer intraregionalen Exportausdehnung hinsichtlich industrieller Produkte. Die während des Krieges häufig betonte Akzentuierung der Grundindustrien verschwand bald hinter dem Interesse am Aufbau von langlebigen Konsumgüterzweigen. Nicht in Rechnung gestellt wurde dabei, was die anwachsenden Zahlungen für den Import einer unangemessenen Technologie und für die hohen Importe ausmachten. Gleichfalls außerhalb der ökonomischen Kalkulation blieben die Kosten einer starken Diskriminierung der Landwirtschaft zugunsten des Industriesektors. Die einheimische Landwirtschaft, selbst die exportorientierte, litt unter protektionistischer Politik und der Überbewertung der nationalen Währung. Die implizite Diskriminierung der Landwirtschaft wie auch der Exporte wurde lange Zeit nicht zur Kenntnis genommen und blieb ohne Gegenproteste, da das Wirtschaftswachstum ausreichend erschien und sich anscheinend immer wieder neue Möglichkeiten eröffneten. Der Tag der Abrechnung sollte erst später kommen.»Die besonders unglückliche Kombination von hohen Zöllen, Überbewertung und starken Anreizen für Auslandskapital verursachte eine ungesunde Konsolidierung – nämlich das Modell von ausländischen Direktinvestitionen, durch die Zollmauern übersprungen werden können und das einen Investitionsboom in der Industrie auslöste, um dadurch auf dem langlebigen Konsumgütermarkt und bei der profitablen Ausnutzung von Technologie, die im Stammhaus bereits benutzt wurde, dabei zu sein. Dies verfestigte schnell eine Schutzzollstruktur, die die Entfaltung einer Industrie intermediärer Güter und von Kapitalgütern verhinderte. Häufig verboten Klauseln im ursprünglichen Vertrag insbesondere den Export – ein weiterer Widerspruch zum ursprünglichen Verständnis der ECLAC von importsubstituierender Industrialisierung, wonach eindeutig intendiert war, nach einer relativ kurzen Lernphase zu neuen Exporten zu gelangen.« (Thorp, 1992: 193).

Der Höhepunkt der Importsubstitutionspolitik lag wahrscheinlich im Nachkriegsjahrfünft. Nach Ende des Korea-Booms (1951/52) setzten mit dem starken Preisverfall für viele Rohstoffe und mit dem Anstieg der Industriewarenpreise die ersten gravierenden Schwächeanzeichen für die bis dahin so erfolgreiche Importsubstitutionsindustrialisierung ein. Die verstärkte Konkurrenz von Industriewaren aus Europa und den USA auf den inneren Märkten der lateinamerikanischen Staaten setzte ihre Ökonomien noch weiter unter Druck. Zollerhöhungen, Aufwertungstendenzen und der Anstieg der Inflationsraten drückten die wachsenden Disproportionen aus. Der Übergang zu anderen Produktionsarten und höherwertigen, technologiehaltigeren Produkten (Investitionsgüter, Halbfabrikate, Grundstoffindustrie etc.) wäre in der »normalen Industrialisierungssequenz« – nach dem Vorgang der Massenkonsumgüter – logisch und zwingend gewesen. Die hohen Investitionskosten für die Produktion von Investitionsgütern, die notwendigen Technologie- und Know-how-Anforderungen dabei sowie die nach wie vor bescheidenen nationalen Binnenmärkte für diese Produkte machten allerdings den

Übergang auf diese Stufe der Industrialisierung besonders schwer; man begann von einer »zweiten, schwierigen Phase der Importsubstitution« zu sprechen. Sofern seit den 50er und 60er Jahren Investitionen in den genannten Bereichen, aber auch den traditionellen Importsubstitutionsbranchen vorgenommen wurden (Argentinien, Chile, Uruguay, Mexiko und Brasilien), waren damit in viel geringerem Maße als zuvor in den 30er und 40er Jahren entsprechende Expansionsprozesse der urbanen bzw. industriellen Beschäftigung verbunden. Die höheren Technologiegehalte, die größere Kapitalintensität der Investitionen, die häufigeren Rationalisierungsinvestitionen (gegenüber den Erweiterungsinvestitionen) und das Ausscheiden von kleineren Unternehmen aus dem Markt drückte die Beschäftigungseffekte von Investitionen und Industrieproduktionswachstum auf schätzungsweise die Hälfte des Werts, der in den 30er und 40er Jahren vorherrschte. Die relative Stagnation der Landwirtschaft (sogar der exportorientierten Teile) bildeten weitere Hemmnisse für eine eventuelle Ausdehnung und Vertiefung der nationalen Binnenmärkte. Immer deutlicher wurde, dass die Importsubstitutionsstrategie weniger grundlegende Veränderungen mit sich gebracht hatte als es auf den ersten Blick hin schien. Die große Rolle der agrarischen und mineralischen Exportsektoren blieb weitgehend bestehen, die Grundlagen des Steuersystems änderten sich kaum (Boeckh/Rubiolo, 1999: 64), die Einkommens-, Vermögens- und Machtverteilung wurde, wenn überhaupt, kaum nennenswert modifiziert.

Viele Maßnahmen, die zeitweise dynamisch innerhalb dieser Strategie wirkten, erwiesen sich zunehmend als Bremsklötze einer schnelleren und egalitäreren Wirtschaftsentwicklung. Die Importsubstitutionsstrategie wurde in vieler Hinsicht kontraproduktiv durch den Wandel der externen und internen Bedingungen, unter denen sie sich vollzog. Aus interessensmässigen Gründen und Fixierungen sowie machtpolitischen Blockaden war es in den meisten Fällen unmöglich, dieser Strategie vermittels schmerzhafter Korrekturen eine neue Dynamik und zukunftsgerichtete Perspektive zu verleihen.

3.2. Gesellschaftliche und politische Aspekte

Die Weltwirtschaftskrise gilt als Zäsur der Entwicklung Lateinamerikas, nicht nur in ökonomischer und gesellschaftlicher Hinsicht, sondern vielfach auch bezüglich des politischen Systems. »Zwischen 1930 und

1933 brachen die meisten politischen Konstellationen zusammen, die sich während der vergangenen Wohlstandsära konsolidiert hatten.« (Halperin Donghi, 1991: 411).

Ob sich allerdings auf all diesen Ebenen sogleich und gleichzeitig nach 1930 etwas veränderte bzw. in welchem Umfang, hing natürlich von den jeweiligen vorgefundenen Entwicklungstypen und Differenzierungen der Klassenverhältnisse ab. Grundlegende Wandlungsprozesse waren zurückzuführen auf den Druck, den die neuen sozialen Schichten auf das politische System auszuüben vermochten sowie auf die Reaktion der mit dem Exportsektor verbundenen Gruppen in den jeweiligen Konflikten. »Die politischen Folgen der Weltwirtschaftskrise hingen ... davon ab, welches Herrschaftssystem in einem Land jeweils bestimmend war.« (Cardoso/Faletto, 1976: 120). Unterschiedliche Bedingungen gab es zunächst zwischen den Gesellschaften des »Enklave-Typus«, in denen der Exportsektor von ausländischem Kapital kontrolliert war und dieser kaum Verbindungen zur restlichen, internen Ökonomie aufwies und andererseits Gesellschaften mit »nationaler Kontrolle der Produktion«, wo erhebliche Teile der Reichtumserzeugung in den Händen nationaler Großgrundeigentümer oder Minenbesitzer lagen und der ausländische Einfluss sich im wesentlichen auf die Zirkulations- und infrastrukturelle Ebene bezog. Aber auch innerhalb dieser Haupttypen gab es durchaus unterschiedliche Reaktionsformen auf die Krise, was beweist, dass zwischen Grundstrukturen und politischen Reaktionsweisen keinerlei Automatismus besteht, sondern vielmehr die Vermittlungsstrukturen in Form von politischen und gesellschaftlichen Organisationen, Institutionen, Mentalitäten und Mobilisierungsbereitschaften eine überaus wichtige Rolle spielen.

In manchen Ländern gelang es der Oligarchie ihre Macht auf diktatorisch-repressive Weise zu erhalten bzw. zuzuspitzen, ohne eine ökonomische Kursänderung anzustreben (dies war vor allem in Zentralamerika, teilweise auch in Peru der Fall). In anderen Ländern gelang es zwar der Oligarchie, sich an der Macht zu halten, aber gleichzeitig sah sie sich genötigt, eine neue Wirtschaftspolitik in Richtung auf Industrialisierung einzuschlagen (z.B. in Argentinien). In anderen Ländern wiederum demokratisierten sich die politischen Herrschaftssysteme in gewissem Umfang, und es kam zugleich zu begrenzten Umverteilungsprozessen und einem Industrialisierungsschub auf der Basis der Binnenmarktvertiefung (Chile, Mexiko). Zutreffend resümiert Tim Guldimann die unterschiedlichen Entwicklungsstränge folgendermaßen: »Die

Voraussetzungen in der Wirtschafts- und Gesellschaftsstruktur der einzelnen Länder bestimmten, wie ihre Wirtschaft auf die Krise reagieren konnte. In denjenigen Ländern, wo im Zuge der Prosperität des Exportsektors ein nationaler Markt entstanden war, erlebte die Industrialisierung einen starken Aufschwung: in Argentinien, Brasilien, Mexiko, Chile, Uruguay und zum Teil in Kolumbien. In den übrigen Ländern setzten sich die oligarchischen Kräfte in diktatorialen Regierungsformen gegen die durch die Krise aufgebrachten Massen durch, die beschränkte Industrialisierung nahm ihren Anfang erst in der relativen Isolation während des Zweiten Weltkriegs.« (Guldimann, 1975: 80).

Wie immer der Ausgang der Auseinandersetzungen gewesen sein mag, sicher ist, dass die 30er Jahre eine Periode zugespitzter sozialer Kämpfe gewesen sind.»Die von der Weltwirtschaftskrise verursachte Arbeitslosigkeit provozierte politische Konfrontationen unter verschärften sozialen Bedingungen. Die 30er Jahre waren durch steigenden sozialen Druck, unzählige Streiks und immer radikalere politische Maßnahmen gekennzeichnet. Ausdruck dieser Lage waren: der »Cardenismus« in Mexiko, d.h. die radikale Politik des Generals Lazaro Cárdenas, der von 1934 bis 1940 mexikanischer Präsident war, der »Aprismus« in Peru, d.h. die Bewegung der APRA in ihrer revolutionären Phase (Trujillo-Aufstand von 1934); die Gründung der »Partei der Demokratischen Aktion« in Venezuela, der Bauernaufstand in El Salvador; die Einbeziehung zahlreicher Bauern in die bewaffnete Rebellion unter Führung des Generals Sandino in Nikaragua, schließlich die »Sozialisierungs«-Versuche in Bolivien und Ekuador. Die Oligarchie und die Enklave antworteten auf den Druck der Volksmassen, die von Teilen der Mittelschicht gelenkt wurden, mit Waffengewalt.« (Cardoso/Faletto, 1976: 149f.). Natürlich lassen sich auch wichtige Ereignisse in anderen Staaten aufführen, z.B. die zugespitzten Kämpfe in Chile, die 1932 zur kurzzeitigen Errichtung einer »Sozialistischen Republik« geführt hatten.

Entscheidend scheint an diesen Vorgängen zu sein, dass das Auftreten neuer sozialer Schichten und Segmente in der Politik erstmals deutlich zu registrieren war und sich diese Erscheinung im Laufe der 30er, 40er und 50er Jahre zunächst noch steigerte. Die Erschütterungen des bisherigen Export-Import-Systems und die damit verbundenen ökonomischen und gesellschaftlichen Strukturwandlungen hatten zu einer neuen »Präsenz der Massen« (Cardoso/Faletto) geführt. Als stärker sichtbar werdende Akteure traten zum einen die sich quantitativ schnell ausweitende städtische Arbeiterklasse und ihre Repräsentanten in Erscheinung, zum anderen beteiligten sich nun die urbanen Mittelschichten und Studenten in größerem Umfang an den politischen Auseinandersetzungen; schließlich führte eine gewisse Politisierung von Teilen des Militärs, die in vielen Fällen ihre Professionalisierungsphase längst abgeschlossen hatten, zu einem erneuten, häufigeren Auftreten von höheren Offizieren auf der politischen Bühne.

Bei allen politischen Konstellationen ging es in den meisten Ländern letztendlich darum, wie und wann diese neuen Faktoren politisch aktiv wirksam wurden. Aus der Fülle der unterschiedlichen Entwicklungsformen lassen sich im Prinzip zwei Hauptsequenzen herauspräparieren, die mit der Grundtypologie »Gesellschaften mit nationaler Produktionskontrolle« und »Gesellschaften des Enklave-Typs mit ausländischer Produktionskontrolle« parallel laufen bzw. einhergehen. In den zuletzt genannten Gesellschaften (vor allem Zentralamerikas), die keine grundlegenden Veränderungen in der wirtschaftspolitischen Orientierung während der 30er und 40er Jahre in Angriff nahmen, wurde die Artikulation von Unzufriedenheit seitens der Unterschichten und Mittelklassen blutig unterdrückt und diktatorische Herrschaftsformen errichtet bzw. neu konsolidiert. »Ihre wirtschaftliche Schwäche zwang die nationalen Machtgruppen ... dazu, eine exklusivere Herrschaftsform zu bewahren, denn sie konnten nur über ihre Verbindungen zum Enklaven-Sektor an der Macht bleiben, und die Festigkeit dieser Verbindung hing davon ab, inwieweit sie in der Lage waren, eine innere Ordnung aufrechtzuerhalten, die der Enklave die Versorgung mit den zur wirtschaftlichen Ausbeutung benötigten Arbeitskräften und natürlichen Ressourcen garantierte.« (Cardoso/Faletto, 1976: 123).

In diesen Fällen waren die in den 30er und 40er Jahren entstehenden bzw. sich vergrössernden städtischen Mittelschichten diejenigen, die die sozialen Proteste gegen die Diktatoren anführten. Allerdings zeigten sich Ansätze von Erfolg erst Mitte der 40er Jahre (Guatemala, El Salvador) bzw. Anfang der 50er Jahre (Bolivien). Im Gefolge sozialrevolutionärer Prozesse, bei denen Agrarreformen, Arbeiterrechte, Gleichstellung indigener Bevölkerungsteile etc. im Vordergrund standen, sind antioligarchische und populistisch-nationalistische Politikformen (mit wechselndem Erfolg) gewissermaßen nachgeholt worden, die in dem anderen Grundtyp von Gesellschaften teilweise schon in den 30er und 40er Jahren begonnen hatten.

In den populistischen Bewegungen und Herrschaftsregimes, wie sie sich in Argentinien, Brasilien, Mexiko, Chile, Uruguay und Peru während der 30er und 40er Jahre herausbildeten und die auch teilweise die Regierungsmacht übernahmen, müssen a) ein Wechsel der Politikformen und b) die Zusammensetzung der Träger von Politik bzw. der sozialen Basis von Politik als die entscheidenden Merkmale dieses neuen Phänomens wahrgenommen werden.

Sozialstrukturell kann von einer Klassenallianz zwischen industriebürgerlichen Kräften, urbanen Mittelschichten und Teilen der städtischindustriellen Arbeiterklasse, die mehr oder minder energisch gegen die traditionellen Oligarchien und den imperialistischen ausländischen Einfluss gerichtet waren, gesprochen werden. Innerhalb dieser populistischen Bewegungen wiederum ist zwischen vielen Varianten zu unterscheiden, die allesamt mit der Spezifik der Länder zu tun haben, in denen sie aufgetreten sind.

Nicht selten spielen Teile der Militärs eine aktive Rolle bei der Entfaltung solcher populistischer Allianzen. Eine quasi Schiedsrichterrolle in Situationen des Machtgleichgewichts (zwischen unterschiedlichen Teilen der Oligarchie) oder eines Machtvakuums führte diese Gruppen von Militärs an die Politik heran. Die wirtschaftlich begründete Sorge um Unabhängigkeit der Nation (die Versorgung mit wichtigen Rüstungsgütern), aber auch die Furcht vor tiefen sozialen Auseinandersetzungen (Gefahr des Kommunismus!) trieb in einigen Ländern Gruppen von Militärs in die Politik. In Gesellschaften, in denen die Figur des Caudillos, des starken Mannes, immer noch – trotz aller Professionalisierungsübungen – mehr wog als programmatische Festlegungen konnten Militärs eine gewisse Popularität gewinnen, zumal dann, wenn sie halfen, Diktatoren zu vertreiben (so in Guatemala 1944 und in Venezuela 1945) oder wenn »anti-nationale« Kräfte der traditionellen Oligarchie bekämpft werden sollten. Die gelegentliche Affinität zu faschistischen Diktatoren in Europa konnte dieser Popularität kaum Abbruch tun. Sozialstrukturell können gerade diese Teile des Militärs als Söhne der urbanen Mittelschichten qualifiziert werden.

Die städtischen Mittelschichten waren in den einzelnen Ländern des Typus »Gesellschaften mit nationaler Produktionskontrolle« zwar stärker als beim Enklave-Typus entwickelt, hatten aber infolge der stark schwankenden ökonomischen Konjunkturen und der mittelfristig schlechten Aussichten weder als Einzelne noch als Gruppe eine besonders günstige Perspektive. Die Signale der Unruhe darüber kamen schon mit der lateinamerikanischen Studentenbewegung auf, die ihren Ausgang bekanntlich von Córdoba in Argentinien (1918) nahm und die während der gesamten 20er Jahre erstmals eine zunehmend wichtige Rolle in der Politik spielte. In manchen Ländern haben sich bestimmte Studentenbewegungen und studentische Anführer/Ideologen in den 30er Jahren direkt in populistische Bewegungen und Parteien transformiert (Peru, Uruguay) (Beyhaut, 1965: 246ff.; 276f.).

Die Ausweitung der Staatsfunktionen im Kontext der importsubstituierenden Industrialisierung lag durchaus im Interesse vor allem der neuen Teile der Mittelschichten (Whitehead, 1994: 33ff.). Im übrigen trat diese Gruppierung aufgrund ihrer besonders hohen sozialen Heterogenität noch weniger als andere soziale Segmente einheitlich in der Politik auf. Dennoch müssen zumindestens Teile der urbanen Mittelschichten ebenfalls als Elemente der populistischen Klassenallianz genannt werden.

Kern der populistischen Allianzen waren aber die Beziehungen zwischen der nun entstehenden kleinen und mittleren industriellen Bourgeoisie einerseits und den (in großen Teilen) neu in die Städte strömenden Arbeitern. Die alten Antagonismen zwischen Kapital und Arbeit schienen in dieser Situation der Herausbildung industriekapitalistischer Strukturen stillgestellt bzw. in den Hintergrund gerückt zu sein. Dies gilt für beide Seiten in dieser Beziehung. »Sehr bald lernten es die Industriellen, die Lohnforderungen der Arbeiter nicht mehr abzulehnen, sondern zuweilen sogar indirekt zu unterstützen, um günstige Regierungsmaßnahmen zu erzwingen oder um die Preise in viel stärkerem Maße zu erhöhen, als die gewährten Lohnerhöhungen es rechtfertigten. In Mexiko (während des Industrialisierungsprozesses nach der Revolution), in Brasilien (nach dem Staatsstreich vom Jahre 1930), im Argentinien Peróns, in Uruguay und auch in anderen Ländern befürworteten schließlich sowohl die Industriellen als auch die Arbeiter den staatlichen Interventionismus, den wirtschaftlichen Nationalismus, die allgemeine Förderung der Wirtschaft und auch eine Ausweitung des heimischen Konsums.« (Beyhaut, 1965: 280).

Bei der Betrachtung des Phänomens Populismus in Lateinamerika muss man mindestens drei Vorsichtsmaßregeln beachten: *Einmal* ist die Gefahr zu reflektieren, dass eine personalistisch-charismatische Erscheinung in der Analyse nochmals personalisiert bzw. ein offenbar irrationales Phänomen als nicht rational zu begreifen hingestellt wird.

Zum zweiten darf man sich eine Klassenallianz nicht allzu schematisch und simplifizierend vorstellen, so als ob sich Vertreter unterschiedlicher Klassensegmente an einen Tisch gesetzt und einen Koalitionsvertrag ausgehandelt hätten.

Und *zum dritten* ist nicht zu übersehen, dass die jeweiligen nationalen Ausprägungen von Populismus unterschiedliche Akzentuierungen und Anteile der einen oder anderen Politikstile enthalten, ja sogar die beteiligten Klassen- und Schichtensegmente von Land zu Land variieren können.

Ad 1.: Als Beispiel für die erstgenannte Fehldeutung (einer gewissen Personalisierung und Irrationalisierung des Phänomens) kann die Beurteilung des Peronismus als quasi klassische Populismusvariante von Gustavo Beyhaut gelten: »Der Peronismus legte ein wenig rationales, grundsätzlich empirisches Verhalten an den Tag, schuf Mythen und suchte die Massen zu Begeisterungsstürmen hinzureissen. Da er sich in radikalen und heftigen Angriffen gegen die Intellektuellen und gleichzeitig gegen die ›Fremdherrschaft‹ und gegen die ›Macht der Oligarchien‹ erging, ist er zuweilen auch als Linksfaschismus bezeichnet worden. Diese Bezeichnung mag übertrieben sein, aber unbestreitbar versuchten diese neuen Massenbewegungen ihren Führern einen charismatischen Nimbus zu verleihen, und sie stützten sich dabei auf einen Parteiapparat, in dem den einfachen Parteimitgliedern eine rein passive Rolle zufiel ... Der Peronismus hat, ebenso wie andere Formen der so genannten gelenkten Massenbewegungen kollektive Gefühle eigennützig ausgeschlachtet und versucht, sie unter Kontrolle zu halten, ohne die Massen wirklich am politischen Leben zu beteiligen; es handelte sich um nichts anderes als politische Demagogie, die unfähig war, eine wirksame planvolle Arbeit zu leisten.« (Beyhaut, 1965: 284).

Dies ist sicherlich nicht ganz falsch, aber unzureichend, denn es lässt die Frage offen, wie z.B. Perón und seine Bewegung eine so deutlich hegemoniale Rolle erringen konnten und warum man die Arbeiter in Argentinien zu jener Zeit so gut hatte »lenken« können. Zahlreiche Beiträge zu diesem Komplex übersehen, dass die Eingriffe Peróns in die Arbeitswelt und später sein diesbezügliches Regierungsprogramm den unmittelbaren, ökonomischen Interessen eines großen Teils (vor allem) der »neuen« Arbeiter durchaus entsprach und ihnen entgegenkam. Neben der deutlichen ökonomischen Besserstellung, der nun immer stärker gewährleisteten sozialen Absicherung, der Förderung der gewerkschaftlichen Organisierung war es insbesondere auch der für die argentinische Politik neue Umstand, Industriearbeiter als vollwertige

Menschen und Staatsbürger anzuerkennen, was natürlich die Sympathie der überwiegenden Teile der Arbeiterschaft für Perón auch miterklärte. Unter diesen Bedingungen hatten die bis zu Beginn der 40er Jahre in der Arbeiterbewegung verankerten Sozialisten und Kommunisten erstens machtpolitisch einen schweren Stand gegenüber der sich entfaltenden peronistischen Bewegung und späteren Regierung, und zweitens orientierten sie sich teilweise an übergeordneten, politischen Kriterien, die durch die faschistische Gefahr in Europa bzw. die Weltkriegssituation vorgegeben waren. Letzteres war nicht immer für »neue« Arbeiter nachzuvollziehen. Daher schwankte der sozialistisch-kommunistische Einfluss in der argentinischen Gewerkschaftsbewegung seit Mitte der 40er Jahre zusehends, da auch »alte« Teile der Arbeiter- und Gewerkschaftsbewegung sich mit Perón verbündeten. Die liberale Argumentation des Bürgertums, der intellektuellen und auch urbanen Mittelschichten konnte die Arbeiter in der fleischverarbeitenden Industrie und andere wenig qualifizierte Massenarbeiter in Argentinien kaum überzeugen. Liberale, individuelle Freiheitsrechte, wie z.B. die Pressefreiheit, das Postgeheimnis, die Versammlungsfreiheit etc. hatten für sie, die vor allem um das tägliche Überleben zu kämpfen hatten, keine so hohe Bedeutung. So stieß der anti-liberale und auf unmittelbare ökonomisch-soziale Verbesserungen abstellende Diskurs bei großen Teilen der Arbeiterschaft Argentiniens auf erhebliche Resonanz. Die Komponenten der Fremdbestimmung und mangelnden Autonomie der nun immer stärker von Arbeitern getragenen peronistischen Bewegung schien ihnen zumindestens in der Anfangsperiode nicht übermäßig wichtig zu sein. Bei der »Massenmobilisierung durch Massenkontrolle«, wie es die Kurzformel des Schweizer Historikers Tobler für korporatistisch-populistische Herrschaftsformen zusammengefasst hat, war die Komponente der Massenmobilisierung wesentlich gewichtiger für die Arbeiterschaft. Dies gilt vor allem für die erste Phase des Peronismus bis zu dem Zeitpunkt, von dem an sich die Schwierigkeiten mit der Regierung häufen sollten, also von 1951 bis 1955.

Ad 2.: Eine Klassenallianz kann – ohne einen hohen Grad von subjektiver Bewusstheit der Beteiligten einzuschließen – auch objektiver Natur sein und daher interessensmässig auch Elemente enthalten, die faktisch kaum auf der politischen Bühne in Erscheinung treten. So ist es zumindestens anfänglich beim industriellen Bürgertum, das im Entstehungs- und Ausdehnungsprozess begriffen war, gewesen; es war in mehrere

Fraktionen zerfallen, die unterschiedliche Positionen zur Politik der Importsubstitutions-Industrialisierung und zur Agraroligarchie einnahmen. Die vom Importsubstitutionsprozess am meisten begünstigten Segmente, die kleinen und mittleren Industrieunternehmer, waren allerdings zu sehr zersplittert, um sich politisch einheitlich artikulieren zu können. Die relative Abwesenheit dieser Gruppe in der Politik bedeutet aber nicht, dass sie die peronistische Orientierung und Ideologie nicht unterstützt hätte (Boris/Hiedl, 1978: 54, 60f.).

Die Tatsache, dass eine Gruppe von Offizieren (keineswegs das gesamte Offizierskorps oder das Militär als solches) unter Oberst Perón die Initiative ergriff und die Rolle eines Bindeglieds innerhalb der neuen Klassenallianz spielte, kann durch mehrere Faktoren erklärt werden. Einmal war diese Gruppe der unmittelbaren sozio-ökonomischen Auseinandersetzungsebene entrückt und damit in der Lage, längerfristige und strategische Interessen zu reflektieren; eine gewisse Neutralität und Integrität schien für diese Fraktion des Militärs ebenfalls Gültigkeit zu haben. Die Eigeninteressen und spezifischen Vorstellungen von größerer nationaler Unabhängigkeit koinzidierten mit den Erfordernissen eines Industrialisierungsprojekts. Die Einbindung der industriellen Arbeiter schien darüber hinaus – außer in ihrer humanitären und ökonomisch-sozialen Dimension – ebenfalls als politisch notwendige Integrationsleistung begriffen zu werden, die ihrerseits das politisch-militärische Potential der Nation zu steigern vermochte. Es ist davon auszugehen, dass diese Faktoren und Überlegungen nicht in das Bewusstsein der meisten maßgeblich Handelnden in der damaligen Situation getreten sind. Dennoch trieb die Entwicklung und die Artikulation auch partikularer Interessen zur Formierung dieser Klassenallianz.

Ad 3.: Bei aller Ähnlichkeit der Grundkonstellation hat es doch auch recht unterschiedliche Spielarten des Populismus in Lateinamerika gegeben. Je nach dominanter Parteienkombination, nach Beteiligung unterschiedlicher Klassensegmente und je nach Grad der Autonomie und des Eigengewichts der urbanen Arbeiterklasse sowie nach der »Form, in der der Staat als Herrschaftsinstrument dem Handeln der verschiedenen Gruppen, die ihn trugen, Ausdruck verlieh« (Cardoso/Faletto, 1976: 156) – sind differierende Typen von Populismus in Lateinamerika festzustellen. In parteipolitischer Hinsicht reicht das Spektrum vom chilenischen bis zum argentinischen und brasilianischen Fall: Während die chilenische Volksfront von 1939 bis 1946 ein breites Parteienbündnis, unter Einschluss der sozialistischen und kommunistischen Parteien, gewesen ist, steht auf der anderen Seite des Spektrums die Konstellation in Argentinien und Brasilien, wo politische Herrschaftsformen, teilweise getragen von ganz neuen Parteien – wie der »Partido Justicialista« (PJ) in Argentinien – die jeweiligen kommunistischen Parteien illegalisierten und verfolgten.

Die Unterschiede gelten auch bezüglich der an der Klassenallianz teilnehmenden Klassensegmente: Während in Argentinien beispielsweise die urbanen Mittelschichten, die überwiegend der Radikalen Partei anhingen, sich nur in geringem Umfang dem Peronismus näherten, waren in Brasilien gerade die urbanen Mittelschichten ein wesentlicher Teil der Herrschaftskoalition unter Vargas. Bezüglich des Grades der Autonomie der Gewerkschafts- und Arbeiterbewegung unter populistischen Regimes lassen sich ebenfalls bedeutende Differenzen ausmachen. In Argentinien, dem klassischen Land des Populismus (in Gestalt des Peronismus) waren die gewerkschaftlichen Elemente dieser Bewegung immer sehr stark und teilweise durchaus autonom (vor allem auf Betriebsebene). Dies hängt damit zusammen, dass schon vor Wirksamwerden des Populismus die argentinische Arbeiter- und Gewerkschaftsbewegung eine längere Tradition aufwies. Die Tatsache des relativ hohen Autonomiegrades der Arbeiterbewegung in der populistischen Herrschaftsallianz scheint dafür verantwortlich zu sein, dass auch nach Abtritt des populistischen Führers bzw. Regimes die positive kollektive Erinnerung an diese Zeiten und die Identifizierung des Peronismus mit der argentinischen Gewerkschaftsbewegung noch viele Jahrzehnte (im Grunde genommen teilweise bis auf den heutigen Tag) überdauert hat. Dagegen sind in den Fällen, in denen die Arbeitermassen relativ neu in organisatorische Formen überführt wurden, wie z.b. in Brasilien und auch in Mexiko die Autonomiegrade der Gewerkschaftsbewegung eindeutig geringer zu veranschlagen.

Dies wiederum ist der entscheidende Grund dafür, dass beim Wechsel der politischen Konstellation oder dem Verschwinden des populistischen Herrschaftsregimes die so inkorporierte Arbeiter- und Gewerkschaftsbewegung weniger stark an die populistische Periode gebunden ist und diese nicht unbedingt mit einem Schritt zur teilweisen Emanzipation verbindet.

Cardoso/Faletto präsentieren ein weiteres Unterscheidungskriterium in dieser Diskussion, wenn sie auf das unterschiedliche Verhältnis zwischen Industriebourgeoisie und Staat unter den jeweiligen populistischen

Herrschaftskoalitionen in verschiedenen Fällen hinweisen. Auch hier bietet ihnen die grundlegende Unterscheidung zwischen Ländern mit »Enklavenwirtschaft« und »Wirtschaften nationaler Produktionskontrolle«, die entscheidende Grundlage. Demzufolge differenzieren sie: eine »a) ›liberale‹ – d.h. vom Privatunternehmertum bestimmte – Industrialisierung; Voraussetzung hierfür war, dass es bereits einen starken und hegemonialen Agro-Exportsektor gab, der in gewisser Weise auch mit dem Binnenmarkt verknüpft war (Beispiel: Argentinien);
b) national-populistische ›Industrialisierung‹, d.h. eine Industrialisierung, die politisch von sozialen Kräften wie Bourgeoisie, Mittelschichten und (gewerkschaftlich organisierten) Arbeitern vorangetrieben wurde, Kräften, die mit dem Staatsapparat verbunden waren, der seinerseits mit den Agro-Exportgruppen – auch wenn diese im Gegensatz zu ihm standen oder sogar untereinander in Konflikt lagen – bis zu einem gewissen Grade gemeinsame Sache bei der Orientierung des Entwicklungsprozesses machte (Beispiel: Brasilien);
c) Industrialisierung, die von einem ›entwicklungsorientierten Staat‹ gelenkt wurde, ein Prozess, in dem die Schwäche des nationalen kapitalistischen Export-Import-Sektors durch ein Programm des Staates ausgeglichen wurde, der über Steuern die Investitionen lenkte und die Grundlagen für eine industrielle Ökonomie schuf; dieser Fall trat besonders häufig in der Enklaven-Situation auf (Beispiel: Mexiko, Chile).« (Cardoso/Faletto, 1976: 156f.).

Wenngleich diese Unterschiede zweifellos zu bestimmten Perioden bestanden haben mögen, wäre allerdings zu prüfen, ob der argentinische Fall, gerade ab 1946 bis 1955 unter der Präsidentschaft Peróns, wirklich noch als staatsenthaltsame, liberale Variante von Industrialisierungsstrategie zu begreifen ist. Die erste Phase der Importsubstitution entfaltete sich überwiegend »im Windschatten« ökonomischer und politischer Katastrophen (Weltwirtschaftskrise/Weltkrieg) und kam zu einem gewissen Ende, als sich der kapitalistische Weltmarkt wieder voll re-etabliert hatte. Sowohl in politischer wie in wirtschaftlicher Hinsicht geriet das in Lateinamerika aus der Not geborene Entwicklungsmodell zunehmend unter Druck. Doch ein wirklich neuer Modus von weltmarktintegrierter Entwicklung sollte erst während der 80er Jahre gefunden werden. Dazwischen liegt eine Periode, die – sowohl auf weltwirtschaftlicher Ebene, wie auch auf der Ebene der lateinamerikanischen Regionalentwicklung – durch Momente des Niedergangs und solche des Neubeginns gleichermaßen gekennzeichnet ist.

4. Selbstblockaden und Widersprüche: die »zweite, schwierige« Phase der Importsubstitution (ca. 1955 bis 1982/85)

Der genaue Zeitpunkt des Beginns der so genannten »zweiten, schwierigen Phase« der Importsubstitution ist schwer zu bestimmen. Im allgemeinen wird er für die Mitte der 50er Jahre angegeben, weil in diesem Zeitraum a) der kapitalistische Weltmarkt weitgehend wieder hergestellt war, und b) die Krisenprozesse und Rückschläge für die fortgeschrittenen Länder der Importsubstitutions-Industrialisierung (Argentinien, Chile, Uruguay, teilweise Brasilien) sich nun zu häufen begannen. Dieser Umstand darf aber nicht verdecken, dass insgesamt das makroökonomische Wachstum der Region als ganzer durchaus erheblich gewesen ist. Zwischen 1950 und 1980 wuchs gesamtregional das Bruttoinlandsprodukt um durchschnittlich 5,5% pro Jahr, was einem Pro-Kopf-Einkommenszuwachs von jährlich 2,7% entsprach. Damit befand sich Lateinamerika nicht nur in der Spitzengruppe der Länder der Dritten Welt, sondern wies auch eindeutig höhere Werte auf als sie vergleichsweise in Europa nach der Industriellen Revolution registriert worden waren (vgl. Cardoso/Fishlow, 1992: 197f.). Politisch gesehen, war dieser Abschnitt durch eine Zunahme sozialer Auseinandersetzungen charakterisiert, die seit den 60er und vor allem den 70er Jahren mittels autoritärer oder diktatorischer Regimes einzudämmen versucht wurden.

4.1. Wirtschaftliche Aspekte

Bemerkenswert ist, dass innerhalb Lateinamerikas sich die wirtschaftlichen Wachstumsschwerpunkte in dieser Periode deutlich verschoben. Generell kann gesagt werden, dass die Anteile Mexikos und Brasiliens an der gesamten lateinamerikanischen Wirtschaftsleistung in diesen drei Jahrzehnten stark zunahmen, während die Anteile von Argentinien, Chile und Uruguay deutlich geringer wurden.[1] Vergessen werden die

---

[1] Dies hängt natürlich mit der ganz unterschiedlichen Bevölkerungsgröße und den entsprechenden Binnenmärkten dieser Ländergruppen sowie mit vielen institutionellen und wirtschaftsstrukturellen Faktoren zusammen, die hier nicht thematisiert werden können (vgl. hierzu z.B. Hofman, 1993: 241-266).

relativ beachtlichen Erfolge der wirtschaftlichen Entwicklung Lateinamerikas während dieser drei Jahrzehnte vor allem in der gegenwärtigen marktradikalen Euphorie, welche dazu neigt, die Importsubstitutionsphase gänzlich zu verteufeln und nur in den dunkelsten Farben zu malen. Dies wird vor allem dadurch erleichtert, dass während der 80er Jahre bekanntlich ein sehr schwerer Rückfall der meisten lateinamerikanischen Wirtschaften eintrat. Viele Verbesserungen des Lebensstandards gingen fast schlagartig durch eine annähernd 10-prozentige Reduktion des Pro-Kopf-Einkommens Ende der 80er Jahre (gegenüber Anfang der 80er Jahre) wieder verloren. Der Aufstieg der südostasiatischen Schwellenländer und »Tigerstaaten« war ein weiterer Grund, die Erfolge lateinamerikanischer Ökonomien etwas in den Schatten zu stellen. So kann man zunächst ganz allgemein diese Phase in ihren wirtschaftlichen Dimensionen als ambivalent charakterisieren, weil auf der einen Seite durchaus hohe Wachstumsraten registriert werden konnten, auf der anderen Seite aber eine Reihe von Verzerrungen, Problemen und Blockaden zu Enttäuschungen und Zweifeln gegenüber der Importsubstitutionsstrategie führten.

Dennoch war bezeichnend, dass bis zur Verschuldungskrise und bis in die Mitte der 80er Jahre hinein im Prinzip (mit der Ausnahme Chiles) an dieser wirtschaftspolitischen Strategie festgehalten wurde. Die Ambivalenz der Beurteilung äußert sich auch darin, dass zwar relativ hohe Wachstumsraten des Bruttoinlandprodukts erzielt werden konnten, andererseits aber die weltwirtschaftliche Verflechtung Lateinamerikas in einer Phase besonderer Dynamik des Weltmarktes eindeutig abnahm. Während Lateinamerika 1950 einen Anteil an den Weltexporten von 12,5% aufwies, betrug dieser Anteil Ende der 70er Jahre nur noch 5%. Der Wachstumsprozess ist also überwiegend über den Binnenmarkt abgelaufen.

Was bedeutet der Ausdruck »zweite, schwierige Phase« der Importsubstitution? Gemeint wird damit von vielen Ökonomen die besondere Problematik der Fortsetzung der Importsubstitution nach dem Erreichen eines bestimmten Entwicklungspunktes in der Verfolgung dieser Strategie. Wie bereits ausgeführt, waren die durch die Importsubstitution geschaffenen oder ausgeweiteten Branchen vor allem solche der Konsumgüterindustrie, insbesondere der Massenkonsumgüter. Güter dieser Art konnten auch in bedeutendem Umfang substituiert werden. Deutlich wurde aber schon bald, dass gerade die Importabhängigkeit von Halbfabrikaten, Grundstoffen und vor allem Investitionsgütern durch die Ausdehnung der Konsumgüterindustrie immer größer wurde. Daher drängte sich die Frage auf, wann eine Fortsetzung der Importsubstitution in Richtung auf diese Produktionszweige erfolgen würde. Dabei trat aber das Problem hinzu, dass diese Branchen überwiegend relativ hohe Investitionen erforderten, zum Teil lange Anlaufzeiten benötigten und zum dritten einen höheren technologischen Kenntnisstand zur Herstellung und auch zur Bedienung dieser Anlagen erforderten. Im übrigen musste bedacht werden, dass in einigen Ländern die effektive Nachfrage nach derartigen Produkten, d.h. also die zwischenunternehmerische Nachfrage insgesamt gesehen zu klein war, um eine Produktionslinie für bestimmte Produkte in einzelnen Ländern zu eröffnen.

Dies wäre nur möglich gewesen durch Inkaufnahme hoher Kosten, geringer Qualitätsanforderungen und höherer Verkaufspreise. Das heißt, dass hier wieder auf anderer Ebene die alte Problematik der so genannten komparativen Kostenvorteile auftrat und viele potenzielle Investoren in Lateinamerika davon abhielt, in diese Branchen zu investieren. Wie wir sehen werden, kam es zu einer gewissen Fortsetzung der Importsubstitution, allerdings in Richtung auf hochwertige, manchmal als Luxuskonsumgüter zu bezeichnende Produkte, die auch in Antwort auf die hohe Einkommens- und Vermögenskonzentration vor allem die oberen 20% der jeweiligen Bevölkerungen bediente. Nicht selten waren gerade in diesen neu entstandenen Branchen der Importsubstitution ausländische Kapitale und ihre Filialen in den Investitionsländern tätig und in der Lage, grosse Marktanteile zu besetzen.

Die Alternative in dieser Situation wäre gewesen, dass der Staat einspringt und die langfristig ausgerichteten Investitionen übernimmt, um damit die Basis für eine breite Industrialisierungsstruktur zu schaffen. Dies geschah auch in einigen Ländern in der Eisen- und Stahlproduktion und bei einigen chemischen Grundprodukten, aber eben nicht in der erforderlichen Breite in den Sektoren der Investitionsgüterindustrie.

Im übrigen waren die öffentlichen Investitionskapazitäten vor allem dadurch beschränkt, dass der Staat zunehmend in haushaltsdefizitäre Lagen hineingeriet, die ihrerseits Ausdruck gewachsener Verzerrungen und Ungleichgewichte waren.

Die in der »zweiten, schwierigen Phase« der Importsubstitution auftretenden Ungleichgewichte, Spannungen und Verzerrungen der Wirtschaftsstruktur waren im wesentlichen auf drei Ebenen angesiedelt:

1. der außenwirtschaftlichen Ebene (unter Einschluss der Währungssituation, der Zollentwicklung etc.),

2. der Ebene des intersektoralen Austausches und der Austauschbedingungen zwischen Stadt/Industrie einerseits und Land/Agrarwirtschaft andererseits, und
3. der Ebene des Staatshaushaltes, der tendenziell chronisch defizitären Haushaltssituation, die ihrerseits wiederum zu einem bestimmten Geld- und Kreditschöpfungsmechanismus seitens des Staates führte und damit auch zu einer besonders wichtigen Quelle der Steigerung des Inflationstempos wurde.

Ad 1: Zentrales Problem der »zweiten, schwierigen Phase« der Importsubstitution war die Tendenz zu einem chronischen Handelsbilanz- bzw. Leistungsbilanzdefizit, welches durch eine Reihe von Umständen und Faktoren determiniert wurde. Zum einen ist sicherlich die Preisentwicklung für die typischen Export- und Importprodukte Lateinamerikas zu beachten. Seit Ende des Korea-Booms waren die meisten Rohstoffpreise stark zurückgegangen, während umgekehrt die Importpreise für Industriegüter aus Europa und den USA langsam, aber beständig anstiegen. Das heißt, dass durch eine längerfristige Tendenz der Verschlechterung der »Terms of Trade« die Kaufkraft der lateinamerikanischen Exporte zunehmend geringer wurde. Dies musste so lange bleiben, bis die lateinamerikanischen Wirtschaften so weit waren, selbst bestimmte Industrieprodukte zu exportieren. Das außenwirtschaftliche Ungleichgewicht wurde auch durch die Währungspolitik verstärkt, denn der Protektionismus plus inflationärer Tendenzen plus relativ fixiertem Wechselkurs führten insgesamt in der Regel zu einer Überbewertung der einheimischen Währungen. Diese wiederum erleichterten Importe und erschwerten die Exporte. Um die währungsmäßig bedingten Importerleichterungen wieder zu kompensieren, mussten in manchen Fällen – vor allem im Hinblick auf industrielle Konsumgüter – die Schutzzölle noch stärker erhöht werden; in anderen Fällen, z.B. bei notwendigen Halbfabrikaten oder Investitionsgütern, wurde der Zustand der Überbewertung und damit der Begünstigung der Importe belassen, so dass häufig ein System »multipler Wechselkurse« in Lateinamerika in den 50er und 60er Jahren praktiziert wurde.

Allerdings muss gefragt werden, warum die meisten Regierungen jeweils lange Zeit an der Überbewertung der nationalen Währungen festhielten, obwohl dies die außenwirtschaftlichen Ungleichgewichte verschärfte. Diese wirtschaftspolitisch scheinbar unsinnige Handlungsweise hat mindestens drei Gründe. Zum einen fürchteten die Regierungen, dass bei Abwertungen die importierten Waren teurer werden und damit sowohl industrielle Kapitalisten wie auch die Endkonsumenten davon negativ betroffen sein würden, was Proteste hervorrufen könnte. »Industrien, die sich auf importierte Inputs stützen, sehen ihre Kosten steigen und entlassen Arbeiter. Als die importabhängigen Industrien unter ISI Einfluss gewannen, wurde der Widerstand gegen eine Abwertung beträchtlich.« (Cardoso/Helwege, 1995: 80). Zum zweiten wurde die währungsbedingte Importerleichterung in gewissem Umfang auch als Disziplinierungsmittel gegen ungerechtfertigte weitere inländische Preissteigerungsschübe begriffen. Und drittens konnte das außenwirtschaftliche Ungleichgewicht mehr oder minder leicht dadurch abgemildert werden, dass man ausländisches Kapital in das Land lockte, um die Zahlungsbilanz auszugleichen und zudem in Branchen zu investieren, in denen hochwertige Konsumgüterimporte substituiert werden konnten. So wurde mit einer gewissen Logik ab einem bestimmten Punkt der so vollzogenen Importsubstitution das Werben um den Zufluss ausländischen Kapitals für Direktinvestitionen eine Notwendigkeit zur Fortsetzung der Importsubstitutionsstrategie.

Es ist absehbar, dass damit ein erheblicher Teil der nationalistischen Rhetorik der ersten Phase der Importsubstitutionsstrategie ad acta gelegt werden musste. »Als sich die Handelsdefizite vergrößerten, wurden Auslandsinvestitionen ein kritisches Erfordernis, nicht nur bezüglich der modernen Technologie, sondern auch in Hinsicht auf Versorgung mit Devisen. Dies war eine ironische und unvorhersehbare Konsequenz der Strategie, die ihre politische Anziehungskraft aus der Betonung der nationalen produktiven Fähigkeiten herleitete.« (Cardoso/Fishlow, 1992: 200f.). Das Auslandskapital konnte sich in zollgeschützten Binnenmärkten niederlassen, mit zum Teil veralteten, arbeitsintensiveren Technologien produzieren und erhebliche Marktanteile erobern und quasi monopolartig gesicherte Gewinne einstreichen. In großen Ländern mit einem entsprechenden Binnenmarkt, der von den obersten 20% der Bevölkerung gestellt wurde, waren diese Gelegenheiten durchaus attraktiv; ein Zwang oder ein Anreiz, zum Export des Gastlandes beizutragen, bestand in dieser Periode der 50er bis 70er Jahre für die in Lateinamerika tätigen multinationalen Unternehmen in der Regel nicht.

Die große Stabilität dieses Modells – trotz seiner Schwächemomente – wird vor allem auch durch die mehr oder minder unausgesprochen anhaltende urbane Koalition zwischen industriellen Kapitaleignern/Unternehmern und industriellen Arbeitern erklärlich. »Die binnenorientierte Wirtschaft prägte Staat und Gesellschaft. Die unterforderten, jedoch zugleich blockierten Unternehmen organisierten sich, weil die Binnenmarktenge ihre Wachstumschancen zunehmend einschränkte, in Wirtschaftsverbänden, die hauptsächlich auf Umverteilung durch den Staat gerichtet waren: auf niedrige Steuern, niedrige Preise für Vorprodukte aus den Staatsunternehmen oder die Ausweitung der öffentlichen Beschaffungspolitik. Auch die Gewerkschaften richteten ihre Forderungen vor allem an den Staat. Ein auf die Erlangung staatlicher Vorteile bedachter Verbandskorporatismus entstand, der an dem traditionellen Klientelismus anknüpfte. Zugleich blockierte die Binnenorientierung die gesellschaftliche Entwicklung. Das niedrige Produktivitätsniveau der Wirtschaft erlaubte ... keine deutliche Verbesserung der sozialen Lage großer Teile der Bevölkerung, damit auch kaum eine Erhöhung von deren Konsumniveau.« (Eßer, 1994: 172).

Ad 2: Die sektoralen Ungleichgewichte der Importsubstitutionsstrategie bezogen sich vor allem auf die differierende Behandlung des Industrie- und des Agrarsektors durch die Wirtschaftspolitik. Der Industriesektor wurde durch die Währungspolitik, die Kredit- und Subventionspolitik sowie die niedrigen Agrarpreise gestützt. Durch die künstlich niedrig gehaltenen Nahrungsmittelpreise wurden die städtischen Einkommen (und damit indirekt die der Industriekapitalisten) begünstigt, die ländlichen Einkommen (vor allem die der kleinen und mittleren Produzenten) benachteiligt. Mit der Erschwernis des Zugangs zu Agrarkrediten seitens des Staates wurden Bewässerungsprojekte und Ausrüstungsinvestitionen in der Landwirtschaft häufig hintangestellt. Auch die öffentlichen Ausgaben für entsprechende Infrastrukturen galten fast immer den urbanen Regionen. Geringe Anstrengungen wurden meistens unternommen, um beispielsweise die Campesinos in den modernen Sektor durch technische Unterstützung und Landreform zu integrieren. Natürlich hat auch die überbewertete eigene Währung die Profitabilität der Agrarexporte verringert, und es zur gleichen Zeit erschwert, mit billigen Nahrungsmittelimporten zu konkurrieren. Die Preiskontrollen waren in der Regel benutzt worden, um die städtisch-industriellen Löhne gering zu halten, und zwar auf Kosten der ländlichen Produzenten. Dies alles hatte zur Folge, dass die Landwirtschaft in Lateinamerika sich zwischen den 50er und 70er Jahren nicht sehr dynamisch entwickelte, die Produktivität meistens stagnierte, die Ausdehnung der Produktion nur durch extensive Maßnahmen (Erweiterung des bewirtschafteten Landes etc.) erfolgte. Damit war vorgezeichnet, dass viele Länder Lateinamerikas zunehmend abhängiger vom Nahrungsmittelimport wurden. Das heißt, dass auch hier die Strategie der Importsubstitution kontraproduktiv gewirkt hat, insofern als gerade auf diesem Felde die Importe und auch die Importquote anstiegen. Zugleich fiel der Agrarsektor als Quelle von Devisen zunehmend aus und konnte die ihm im Modell der Importsubstitution zugedachte Rolle immer weniger spielen. Die relativ kapitalintensiven Industrieformen absorbierten immer weniger den Zuwachs der urbanen Arbeitskraft, wodurch die Arbeitskräfte des Dienstleistungssektors und des informellen Sektors seit den 60er Jahren in Ländern wie Argentinien, Chile und Uruguay stärker als die des formellen Sektors anstiegen.

Ein Ausweg daraus schien – zumindestens zeitweise – zu sein, den öffentlichen Beschäftigungssektor auszuweiten. Dies gilt für öffentliche Dienstleistungen ebenso wie für staatliche Produktionsunternehmen. Die auf die Erreichung von bestimmten Gebrauchswertmengen orientierten Zielsetzungen bezüglich der Industrieproduktion (z.b. bei staatlichen Stahlunternehmen, staatlicher Zementindustrie etc.) waren häufig wichtiger als die Kostenkalkulationen, so dass auch hier vielfach Verzerrungen auftraten. Zudem galten gerade die öffentlichen Unternehmen und deren Produktionsergebnisse als Quelle verbilligter Inputs für den privatwirtschaftlichen Sektor, vor allem für die in ausländischer Hand befindlichen Unternehmen. Auf diese Weise entstand auch innerhalb des Industriesektors eine Asymmetrie zwischen staatlichen und privaten Bereichen, ein einseitiges Subventionsverhältnis, das, je länger es existierte, zu umso mehr Spannungen führen musste.

Ad 3: Eine weitere zentrale Widerspruchsebene der Importsubstitutionsstrategie ist in der Tendenz eines chronischen Haushaltsdefizits zu sehen. Die bereits genannten anderen Aspekte der wirtschaftspolitischen Schwerpunktsetzungen deuten auf dieses Problem hin. Mit der Erschwernis der Exporte (über die sich verschlechternden Terms of Trade, die Überbewertung der nationalen Währung) versiegte diese wichtige Einnahmequelle der Regierung. Neue Steuerarten wurden in der Regel kaum eingeführt und erhoben. Die Subventionsleistungen der Regierungen an die Industrie und andere zahlreiche Ausgabenerhöhungen (Erziehungswesen, Gesundheit, Infrastrukturen) vergrößerten die finanziellen Lasten der öffentlichen Haushalte, die auch durch die über die Binnenmarktvertiefung bewirkten höheren Mehrwertsteuersummen (Konsumsteuern) in der Regel nicht bzw. in immer geringerem Maße kompensiert werden konnten. Die Preis- und Beschäftigungspolitik öffentlicher Unternehmen (sei es in der Produktion oder im Dienstleistungsbereich) und die daraus resultierenden notwendigen Defizite mussten ebenfalls durch den zentralen Haushalt getragen werden. – Ein Ausgangspunkt zur Erklärung des Inflationsphänomens in Lateinamerika liegt sicherlich in der defizitären Haushaltslage, die durch »ungedeckte« Geldschöpfung »kompensiert« wurde und damit immer neue inflationäre Wellen auslöste. Allerdings unterschätzt diese monetaristische Sicht der Inflation die »strukturalistischen Argumente« von den »Angebotsrigiditäten«, den monopolistischen Unternehmenspositionen und den zu großen Ansprüchen differierender gesellschaftlicher Gruppen auf das Sozialprodukt (siehe hierzu Genaueres bei: Cardoso/Helwege, 1995: 139ff.).

Wie bereits erwähnt, kann das zentrale Charakteristikum dieser »zweiten, schwierigen Importsubstitutionsphase« darin gesehen werden, dass die auftretenden bzw. durch sie hervorgerufenen Engpässe nicht durch einen grundlegenden Paradigmenwechsel in der Wirtschaftspolitik »behoben« wurden, sondern dass auf der Basis des bestehenden Grundmodells sukzessive Modifikationen und partiell korrektive Politiken eingebaut wurden, um die größten Defizite und Probleme zeitweise zu mildern. Neben dem Zufluss von Auslandskapital muß hier erwähnt werden, dass seit Anfang der 60er Jahre – wahrscheinlich in Anlehnung an europäische Vorgänge – regionale Wirtschaftsintegrationsprojekte in Lateinamerika begonnen wurden, um die notorische Binnenmarktenge zu überwinden. Die Lateinamerikanische Freihandelszone, der Mittelamerikanische Gemeinsame Markt, der Andenpakt, die Karibische Wirtschaftsgemeinschaft etc. entstanden so in den 60er und 70er Jahren. Typische Verlaufsform dieses Versuchs war, dass in der Tat in den ersten zehn Jahren etwa – nach entsprechenden Zollsenkungsrunden – der intraregionale Warenverkehr um ca. 10% in seinem Anteil am gesamten jeweiligen Außenhandelsvolumen zunahm, um dann in eine Stagnationsphase zu geraten. Da die Wirtschaftspolitiken zu wenig angeglichen wurden, die Wirtschaftsstrukturen zu wenig komplementär ausgerichtet blieben, die Polarisierung zwischen den einzelnen Partnern zugenommen hatte etc., kam es zum Auseinanderbrechen oder dem Stagnieren dieser regionalen Wirtschaftsprojekte.

In der zweiten Hälfte der 60er Jahre wurden in einigen Ländern (Brasilien, Argentinien, teilweise Mexiko) wirtschaftspolitische Maßnahmen eingeführt, die auf eine Begünstigung und Förderung industrieller Exporte hinausliefen. Dies wäre in der Tat – ähnlich wie bei den ostasiatischen »Tigerstaaten« – eine Form gewesen, zentrale Engpässe der Importsubstitutionspolitik zu überwinden. Doch ist diese Politik der Förderung nichttraditioneller und industrieller Exporte nicht sehr konsequent vertreten und umgesetzt worden, und wenn sie in Widerspruch zu einigen Säulen des »Importsubstitutionsmodells« trat (so z.B. hinsichtlich der Subventionierung der binnenorientierten Branchen, der Beibehaltung der Überbewertung der nationalen Währung etc.), dann mussten diese neuen strategischen Überlegungen und wirtschaftspolitischen Orientierungen zurücktreten.

Mitte der 70er Jahre erfuhr das Importsubstitutionsmodell – im Kontext des Zusammenbruchs des Bretton Woods-Systems, der Ölkrise und der großen Liquiditätsfülle auf dem Weltfinanzmarkt – insofern eine weitere Modifikation, als erstmals eine Situation eingetreten war, in der lateinamerikanische Regierungen und auch Privatakteure und -unternehmen von ausländischen Großbanken mit Krediten und Anleihen reichlich eingedeckt werden konnten. Diese Möglichkeit hat dazu geführt, dass die vorhandenen Widersprüche und Engpässe noch einmal überdeckt, in ihrem möglichen Ausbrechen verzögert und zugleich aber in der Schwere ihrer letztendlichen Wirksamkeit nur vertieft wurden. Da mit den Anleihen und Krediten keine grundsätzlichen Strukturveränderungen im Wirtschafts- und Produktionsapparat der meisten Staaten und in den Infrastrukturen vorgenommen wurden, musste dieses letzte Korrektur- und Modifizierungsmedium zum Desaster einer Verschuldungskrise führen. Dabei ist im Laufe des Krisengeschehens deutlich geworden, dass es sich hier (seit 1982) keineswegs um bloße Liquiditätsengpässe und eine kurzfristige Verschuldungskrise handelte, sondern dass hier vom definitiven Ende eines bestimmten Importsubstitutionsmodells gesprochen werden musste.

Die theoretisch interessante und auch politisch wichtige Frage, ob die Politik der Importsubstitution als solche definitiv gescheitert ist, oder ob es 1982 nur zum Ende eines bestimmten Typus von Importsubstitutionsstrategie gekommen ist, ist nicht leicht zu beantworten. Denn man muss sich – was selten geschieht – vergegenwärtigen, dass eine Importsubstitutionsstrategie mit stärkeren reformerischen Zügen möglicherweise anders verlaufen wäre. Eine entsprechende Strategie, die z.B. weitgehende Agrarreformen und die Förderung der ländlichen Bevölkerung umgesetzt, eine entschiedenere Bildungs- und Steuerreform betrieben und eine Politik der Einkommens- und Vermögensumverteilung angestrebt hätte, wäre sicherlich weniger intensiv mit dem Dauerproblem des notorisch schwachen und disproportionalen Binnenmarktes konfrontiert gewesen. Die Überbewertungstendenz der einheimischen Währung scheint ebenfalls vermeidbar gewesen zu sein – bei Einsatz eines flexibleren Mechanismus, z.b. der leichten und kontinuierlichen Anpassung (crawling-peg) der nationalen Währung.

Auch das geringe Steueraufkommen und die stets defizitäre Haushaltslage hätte mit einer entsprechenden – progressiv wirkenden – Steuerreform gemindert werden können. Wenn gleichzeitig der Staat eine gezielte Industrialisierungspolitik – auch im Hinblick auf Exportmöglichkeiten auf dem Weltmarkt – betrieben hätte, wären einige chronische Engpässe (außenwirtschaftliches Ungleichgewicht, sektorale Verzerrungen und das Haushaltsdefizit) zumindestens nicht in der – in den meisten Ländern beobachteten – krassen Form aufgetreten. In manchen Punkten hätte sich eine solche lateinamerikanische Industrialisierungsstrategie stärker den südostasiatischen bzw. den südkoreanisch-taiwanesischen Modellen angenähert. Die weitergehende Frage ist, inwieweit bestimmte gesellschaftliche Interessen und machtpolitische Fixierungen in Lateinamerika dieser Variante einer offeneren, flexibleren und auch tendenziell sozial-egalitäreren Importsubstitutionspolitik im Wege standen.

Gegen Ende der 50er Jahre hatte die Importsubstitutionsstrategie, verbunden mit einer Abschottung und einem relativen Rückzug aus dem kräftig expandierenden Weltmarkt, die bemerkenswertesten Konsequenzen. Die Anteile der Exporte am Bruttoinlandsprodukt fielen bis Anfang der 60er Jahren auf nahezu die Hälfte (von über 17% auf etwa 9%). Auch die Importquoten der einzelnen industriellen Branchen bewegten sich zu diesem Zeitpunkt auf ein sehr niedriges Niveau. Dennoch darf nicht übersehen werden, dass gerade in dem darauf folgenden Zeitabschnitt von 1960 bis 1973 sich eine neue Exportdynamik in Lateinamerika, zumindest in einigen wichtigen Ländern, andeutete. »Zwischen 1960 und 1973 expandierte der Export von Industrieprodukten jährlich um 11%. Dieses schnelle Wachstum ließ den Anteil von Industriegütern an den Gesamtexporten von 9% im Jahre 1960 auf 21% 1973 anwachsen.« (Ffrench-Davis, 1994: 180). Auch die Bruttoinvestitionen expandierten in diesem Zeitraum um ca. 9% jährlich, was bedeutete, dass sich das Investitionsvolumen in Lateinamerika insgesamt von 1960 bis 1973 mehr als verdreifachte und dies anteilsmäßig einem Anstieg der Investitionsquote von ca. 19% während der 60er Jahre auf 24% in der zweiten Hälfte der 70er Jahre gleichkam (ebd.: 181, 186).

Diese ansatzweise positive Entwicklung der lateinamerikanischen Verflechtung mit dem Weltmarkt erlebte eine entscheidende Blockade mit den weltwirtschaftlichen Entwicklungen seit Ende des Bretton Woods-Systems, mit den Ölschocks von 1973 und 1979 und der Liberalisierung der Weltfinanzmärkte. »Das abrupte Ende des ›goldenen Zeitalters‹ in den entwickelten Marktwirtschaften, die Grenzen der ISI (wie sie in Lateinamerika durchgeführt worden war), die Ölkrisen der Jahre 1973 und 1979 und die negativen Folgen der Finanzliberalisierung nach 1973 (mit ausufernden Anleihen und ihrem oft ineffizienten Gebrauch) sollten diesen schnellen Entwicklungsprozess in Lateinamerika verändern.« (Ffrench-Davis, 1994: 181).

4.2. Gesellschaftliche und politische Aspekte

Die Periode zwischen Weltwirtschaftskrise (1930) und Schuldenkrise (1982) wird gewöhnlich in zwei Unterphasen (1930-1955 und 1955-1980) eingeteilt, weil sich zwischen diesen einige Veränderungen und Akzentuierungen der ökonomischen und sozialen Entwicklung ablesen lassen. Dennoch kann – bei ländergruppenspezifischen Modifikationen und zeitlichen Versetzungen – die Periode insgesamt als Zeitraum relativ raschen und kontinuierlichen Wachstums gekennzeichnet werden, in der auch die Sozialstruktur bedeutende Wandlungsprozesse durchmachte. Zu den auffälligsten und wichtigsten Veränderungen zwischen 1930 und 1980 ist zweifellos der rapide Urbanisierungsprozess zu rechnen. Waren 1930 ca. 20 bis 30% der lateinamerikanischen Bevölkerung Stadtbewohner (und entsprechend ca. 70 bis 80% ländliche Bewohner), so hatte sich diese Relation zu Beginn der 80er Jahre praktisch umgekehrt: ca. 70% der lateinamerikanischen Bevölkerung lebte Ende der 70er Jahre in urbanen Zentren oder Agglomerationen (Oliveira/Roberts, 1994: 257).

Mit diesen intensiven Migrations- und Urbanisierungsprozessen ging die Industrialisierung und Modernisierung der Gesellschaft einher. Entsprechend veränderten sich die Anteile der unterschiedlichen sozialen Gruppierungen und Segmente. Gegenüber den 30er Jahren registrierte man in Lateinamerika in den 40er und 50er Jahren eine klare Reduktion von »Arbeitgebern«/Selbständigen, von unabhängigen »Professionalen« und von »Beschäftigten auf eigene Rechnung«, aber auch von Angehörigen des traditionellen Dienstleistungssektors im Verkauf und vor allen Dingen im häuslichen Bereich. Dagegen wurden die Anteile von Büroangestellten, Lehrern, Gesundheitsarbeitern, lohnabhängigen »Professionalen« und Technikern in den 40er und 50er Jahren eindeutig größer. Bei den manuell arbeitenden Lohnabhängigen, vor allem den Bauarbeitern und im Dienstleistungssektor, aber durchaus auch in dem nun sich ausdehnenden Industriebereich, war nicht nur ein quantitatives Wachstum, sondern auch eine leichte Tendenz zur Konzentration sichtbar geworden, was sich in einer höheren Quote von Arbeitern je Fabrik in den 40er und 50er gegenüber den 30er Jahren niederschlug (ebd.: 268f., Tabelle 5.2.).

Bemerkenswert in sozialstruktureller Hinsicht waren für die 40er und 50er Jahre eine relativ hohe soziale Aufwärtsmobilität und eine recht gute Chance der Land-Stadt-Migranten, einen Arbeitsplatz im formellen Sektor – spätestens nach einer gewissen »Warteperiode« in der Stadt – zu erhalten. Dies galt bei den Cono Sur-Staaten für die 40er und 50er, allerdings nicht mehr für die 60er und 70er Jahre. Dagegen bestanden in Ländern wie Mexiko und Brasilien die relativ günstigen Bedingungen eines solchen städtischen Einbindungsprozesses noch in den 60er und teilweise in den 70er Jahren (vgl. z.B. Muñoz u.a., 1977). Dies reflektierte – neben differierenden gesamtwirtschaftlichen Wachstumsraten –, dass die mittlere Phase der Importsubstitution als relativ arbeitsintensiv gelten darf und in ihr noch eine erhebliche Beschäftigungsabsorption in der Stadt vollzogen werden konnte.

Die Periode von ca. 1960 bis 1980 brachte – je nach Entwicklungsstand und Reifegrad der betreffenden Länder – eine mehr oder minder klare Abflachung des Beschäftigungswachstums mit sich. Dennoch muss es – im Vergleich zu den nachfolgenden Dekaden – mit ca. 4% jährlichem Wachstum im nicht-agrarischen Bereich und 3,5% p.a. industrieller Beschäftigung – als relativ zufriedenstellend qualifiziert werden. Dabei koexistierten das Wachstum von nicht-manuellen Arbeitskräften (vor allem Lohnabhängigen) mit dem des großen Segments von manuell Arbeitenden (vor allem Lohnabhängigen) – bei gleichzeitigem Rückgang der selbständig Arbeitenden. Auch die Unternehmensführung in modernen Werken wechselte entsprechend dem fortschreitenden Modernisierungsgrad und der anwachsenden Größenordnung. Der Charakter der Arbeit im modernen Sektor veränderte sich. »Die unabhängigen Freiberufler und kleinere Unternehmer gingen zugunsten der Lohnarbeit in Großunternehmen – sowohl öffentlichen als auch privaten – zurück. Soziale Beziehungen verloren ihren überwiegend klientelistischen

Charakter, als sie in Arbeitsbeziehungen umgewandelt wurden, die im wesentlichen Vertragsbeziehungen waren.« (Oliveira/Roberts, 1994: 279f.). Diese allgemeine Tendenz war im einzelnen ganz unterschiedlich stark ausgeprägt. In manchen Ländern hat sich schon während der 70er Jahre das Quantum und das Gewicht der Industriearbeiterschaft zurückgebildet (so z.b. in Chile), und es erhöhte sich der Anteil der Arbeiter in kleinen Betrieben (bis zu fünf Beschäftigten) während der 70er Jahre, so z.B. in Argentinien (ebd.: 281). Stärker als im industriellgewerblichen Bereich wuchs die Beschäftigtenzahl im Dienstleistungssektor, vor allem in jenem Teil, der mit dem Staat oder den kapitalintensiven Industriesektoren verbunden war. Besonders die formale, öffentliche Beschäftigung nahm zwischen 1960 und 1980 in vielen Ländern stärker als andere Beschäftigungsarten zu. In einigen Ländern war die öffentliche Beschäftigung die wichtigste nicht-manuelle Beschäftigungsquelle überhaupt (Oliveira/Roberts, 1994: 285). Dies ist vor allem auf die starke Rolle des Staates als Entwicklungs- und Modernisierungsagent im Bildungs-, Gesundheits- und Infrastruktursektor sowie in der öffentlichen Verwaltung zurückzuführen gewesen. Es ist zugleich die Periode, in der erstmals deutlich die Frauenerwerbstätigkeit zunimmt, insbesondere in Bereichen mit relativer Qualifikation, also nicht bloß im informellen Sektor und im häuslichen Dienstleistungsbereich. Zugleich kann man davon ausgehen, dass es in dieser Periode zu einer gewissen Vereinheitlichung der Sozialstrukturtendenzen in Lateinamerika gekommen ist (ebd.: 291).

Im Rückblick kann man feststellen, dass es sich zwischen 1960 und 1980 wahrscheinlich um die Periode gehandelt hat, in der die Industriearbeiter quantitativ und anteilsmäßig das relativ größte Gewicht in der neueren Geschichte Lateinamerikas erhalten hatten. Auch bezüglich ihrer gewerkschaftlichen Partizipation und ihrer politischen Präsenz kann – im Vergleich zu vorangegangenen und folgenden Dekaden – von einem Zenit gesprochen werden. Dennoch war auch dieser Zeitraum von einer starken Transformation der Beschäftigungs- und Sozialstrukturen in Richtung einer noch stärker regressiven Einkommensverteilung gekennzeichnet. »Im allgemeinen gab es in der Periode bis Mitte der 70er Jahre einen Anstieg der Realeinkommen bei allen Schichten der städtischen Bevölkerung – ein genereller Trend, der in manchen Fällen durch ökonomische Zyklen und durch politische Konjunkturen unterbrochen wurde. Trotzdem erhöhte sich zur selben Zeit die Einkommenskonzentration in Lateinamerika. Die obersten 10% aller Haushalte erhielten 1975 einen größeren Anteil am Einkommen als 1960.« (Oliveira/Roberts, 1994: 294).

Vor dem Hintergrund der zwar relativ dynamischen Wirtschaftsentwicklung in dieser Periode, der Veränderung der industriell-urbanen Produktionsstruktur, der so genannten »Internationalisierung des Binnenmarktes« durch Zustrom ausländischer Direktinvestitionen etc. war es zunächst zu einem quantitativen Wachstum und einer qualitativen Besserstellung vieler urbaner Lohnabhängiger gekommen. Das hat zweifellos auch zu einer Konsolidierung eines Interessen- und Anspruchsbewusstseins dieser Segmente beigetragen. In Perioden stockender Akkumulation, verstärkter Inflationsschübe und außenwirtschaftlicher Ungleichgewichte konnten diese Errungenschaften leicht als gefährdet erscheinen. Die Aufkündigung der »Klassenallianz« und die »Krise des Populismus« (mit all seinen zeitweisen materiellen und arbeitsrechtlichen Erfolgen) stieß nunmehr auf eine urbane Lohnabhängigenklasse, die nicht ohne weiteres bereit war, diese Gefährdungen und Rückstufungen zu akzeptieren. Der wesentliche Ausgangspunkt für eine zunehmend konfliktorische Entwicklung im sozialen Bereich während der 60er und 70er Jahre war also in dem Umstand begründet, dass schon seit etwa Mitte der 50er oder Anfang der 60er Jahre diese ökonomischen und sozialstrukturellen Bedingungen für einen Populismus weggefallen waren, aber die populistisch-urbanen Massen an den realisierten Errungenschaften dieser Periode weiter festhalten wollten. Was für Argentinien galt, kann in gewissem Umfang auch für andere Länder behauptet werden. »Es kam zu häufigen Eingriffen des Militärs, sowohl in Schlichtungsabsicht als auch in offener Reaktion gegen eine Rückkehr zum Populismus.« (Cardoso/Faletto, 1976: 178).

Die Argumentationskette: Erschöpfung der Importsubstitution – Krise des Populismus – Intervention des Militärs als systemstabilisierender Kraft, die überdies einen neuen Modus kapitalistischer Akkumulation ins Werk zu setzen versucht, war in den 60er und 70er Jahren weit verbreitet. So spricht z.B. Klaus Eßer von einer Überwindung der Krise der 60er Jahre und der Durchsetzung einer alternativen Industrialisierungsstrategie durch das Militär, wobei er deren Intervention als Antwort auf die Krise des »Modells autonomer Entwicklung nach innen« begreifen möchte. »Die Krise der 60er Jahre in Lateinamerika, die sich bereits um die Mitte der 50er Jahre bemerkbar machte und ihren Höhepunkt zwischen 1964 und 1968 fand, resultierte aus dem Aufeinandertreffen von zwei Faktoren: Einmal verstärkten sich ab Mitte der 50er Jahre wieder die Bemühungen der kapitalistischen Länder um eine intensivere Integration der Region in das internationale kapitalistische System, zum anderen ließ die Dynamik der ›importsubstituierenden Industrialisierung‹ nach. Der Druck von außen zu einer Öffnung sowie das Beharren der populistischen Regierungen auf einer Strategie autonomer kapitalistischer Industrialisierung, die sich als unbrauchbar erwiesen hatte, lösten eine politische Krise aus, die in einigen Ländern bald Charakteristika einer Systemkrise annahm. Ohne die Interventionen des Militärs ab Anfang der 60er Jahre wäre die Existenz des Kapitalismus in einigen Ländern Lateinamerikas, so in Chile, Uruguay und Bolivien, infrage gestellt worden. In anderen Ländern, so in Brasilien und Peru, wäre eine Dynamisierung der kapitalistischen Industrialisierung sehr schwierig gewesen.« (Eßer, 1975: 119f.).

Sicherlich ist eine unmittelbare Verknüpfung von ökonomischer Krisenhaftigkeit mit der Wahrscheinlichkeit der Heraufkunft autoritärer, politischer Regimes allzu schematisch, da viele Vermittlungsmomente zwischen diesen beiden Realitätsaspekten häufig unproblematisiert bleiben. Dennoch sind in der Diskussion seit Mitte der 70er Jahre von verschiedenen Autoren relativ enge Zusammenhänge von Anti-Inflations- und Stabilitätspolitik einerseits und autoritären Regimes andererseits behauptet und teilweise auch belegt worden. So stellt z.B. der us-amerikanische Autor Thomas Skidmore fest, dass Regierungen, die aus kompetitiven politischen Systemen hervorgegangen waren, kaum in der Lage gewesen sind, hohe Inflationsraten durch eine rigide Stabilitätspolitik erfolgreich zu bekämpfen. Dagegen seien »alle Fälle einer erfolgreichen Stabilisierung von autoritären (oder Ein-Parteien-) Regierungen durchgeführt worden, und auch autoritäre Regierungen mussten einen hohen Grad an internem Konsens aufweisen, um eine erfolgreiche Stabilisierung durchzuführen.« (Skidmore, 1977: 181).

Der argentinisch-us-amerikanische Politikwissenschaftler G. O'Donnell hat mit seinem Konzept des »bürokratisch-autoritären Staates« die elaborierteste Version dieser Theorierichtung vorgelegt. Seiner Ansicht nach sind es Schwächen der Institutionalisierung und der politischen Hegemonie der herrschenden Klassen in Lateinamerika, die unterschiedlichen Gruppen der bürgerlichen, zivilen Gesellschaft – auch in Krisenperioden – integrieren zu können. Trotz divergierender Einzelaspekte in der Etablierung militärischer Diktaturen und autoritärer Systeme haben doch die Fälle von Brasilien, Uruguay, Chile und Argentinien seiner Auffassung nach eine wichtige Ähnlichkeit: »Bei ihnen allen verlor der Staat in zunehmendem Maße die Fähigkeit, seine Verbündeten und Gegner zu kontrollieren, und die deutlich spürbare Krise überließ ihn der Gnade der mächtigsten Sektoren, die sowohl intern als auch extern auf ihre Gesellschaften einwirkten. Entsprechend war die ökonomische Situation durch schwankende und rückläufige Wachstumsraten, abnehmende Investitionen, Kapitalflucht, starke intersektorale Einkommensveränderungen, wiederkehrende Krisen der Zahlungsbilanz, hohe Inflation und andere Phänomene bestimmt, die teilweise die politische Krise zum Ausdruck brachten bzw. sie verschärften. Bis zu einem bestimmten Grad (den man in Relation zur Intensität der Repression sehen muss) wurde diese Situation als eine ›Bedrohung‹ des kapitalistischen Systems und internationaler Bindungen dieser Länder angesehen. Dieses Empfinden wurde tendenziell von den mittleren Sektoren geteilt, als sie in ihrer typischen Art reagierten und für ›Ordnung und Sicherheit‹ als Antwort auf die politische Aktivierung der Unterschichten eintraten. All dies führte zur Bildung politischer Allianzen, die sich zum Ziel setzten, einen Modus von Herrschaft herbeizuführen, der die Gesellschaft effektiver kontrollieren konnte.« (O'Donnell, 1977: 56). Die so genannte »kommunistische Bedrohung«, akute politische Konflikte und immer wiederkehrende Krisen ließen die internen und externen herrschenden Sektoren glauben, dass nur die bewaffneten Streitkräfte das letzte Bollwerk gegenüber einer sozialen Desintegration und unkalkulierbaren politischen Folgen sein könnten (ebd.: 57).

Im Vorfeld der Militärinterventionen war es in vielen Ländern nicht nur zu neuen »Klassenfraktionsallianzen« (Eßer, 1975: 122) gekommen, sondern auch zu einer – teils länger andauernden – politischen Pattsituation. Keiner der am politischen Spiel beteiligten großen Kontrahenten konnte dem anderen seinen Willen dauerhaft aufzwingen, Kompromissformeln standen bald nicht mehr zur Verfügung. In dieser Konstellation intervenierte das Militär als Retter in höchster Not, das des sinnlosen und zerstörerischen Treibens »der Politiker« müde, im »Dienst am Vaterland« und orientiert an christlichen Werten etc. eine neutral-technokratische Lösung der Grundprobleme zu garantieren vorgab. In Wahrheit ging es aber darum, neue, verbesserte, dauerhaft verlässliche Akkumulationsbedingungen vor allem für das ausländische, aber auch für das inländische Kapital zu garantieren. Die Rekonstitution der Mechanismen von Kapitalakkumulation war notwendig geworden, da in der vorangegangenen Periode (von O'Donnell als »Prätorianische Periode« bezeichnet) das Wachstum zu erratisch war und die

Gewinne, obwohl keineswegs unbedeutend, doch zu sporadisch anfielen. In der Rekonstruktion der Kapitalakkumulationsbedingungen kam es vor allem darauf an, eine schnelle vertikale Integration der Industrie, die Förderung von Industriegüterexporten, die Ausweitung moderner Dienstleistungen und die rasche Verbesserung der physischen Infrastrukturen sowie die Diversifikation der Konsumtion der hohen Einkommenssektoren zu begünstigen bzw. voranzutreiben. All dies würde hohe Investitionen voraussetzen, die wiederum nur durch langfristig überdurchschnittliche Gewinne zu realisieren sind. Daher war es auch notwendig, auf dauerhaften und bedeutsamen Zustrom internationalen Kapitals zu setzen und die Unsicherheiten zu eliminieren, die sowohl öffentliche wie private Pläne mittelfristiger und langfristiger Natur blockiert hatten. Dies würde nicht nur eine hohe Durchschnittsprofitrate in Zukunft garantieren, sondern sie auch stabilisieren, voraussehbar machen und damit die großen Organisationen im staatlichen sowie privaten Bereich in die Lage versetzen, eine Vertiefung der produktiven Strukturen der kapitalistischen Produktionsweise ernsthaft anzustreben (O'Donnell, 1977: 58).

Dieses Hauptziel der Etablierung »autoritär-bürokratischer Regimes« bzw. von Militärdiktaturen war nur zu erreichen, wenn die hohe Mobilisierungskraft popularer Sektoren scharf zurückgenommen wurde, d.h., dass diese an wesentlichen politischen und ökonomischen Entscheidungen nicht mehr beteiligt sein würden. Die Exklusion der Volkssektoren war das entscheidende Mittel, um die strategischen Zielsetzungen der Militärdiktaturen zu erreichen. Dies war natürlich aufgrund der vorangegangenen Organisationshöhe und Mobilisierungskraft der Volkssektoren nur mittels rigider Repression möglich. Die Verbote von Gewerkschaften, Parteien, linken Zeitschriften und Zeitungen, die Verfolgung der Anführer/Repräsentanten dieser Gruppierungen und Institutionen, das Verschwindenlassen bzw. Töten wichtiger Vertreter aus diesem Personenkreis – all das gehörte zu den ersten notwendigen Maßnahmen der jeweiligen Militärdiktaturen; es versteht sich, dass die Härte und Rigidität dieser Eingriffe sich orientierten an der Höhe der Politisierung und Mobilisierung der Volkssektoren, die sie in der vorausgehenden Periode bereits erreicht hatten.

Der Machtantritt der Militärs bedeutete – auch in ihrem Selbstverständnis – nicht einen weiteren Militärputsch der traditionellen Art, aber auch nicht eine bloße kurzfristige Politikvariante. Vielmehr war ein Putsch neuen Typs intendiert, d.h. ein Eingriff in die Politik, der die gesamte seit manchmal fünf Jahrzehnten vorherrschende Politikausrichtung und -orientierung umkrempeln sollte und zugleich eine ganz andere Form der Einbindung in den kapitalistischen Weltmarkt anstrebte. Der im Gefolge der Machteroberung der Militärs häufig gebrauchte Ausdruck der »kapitalistischen Revolution«, wobei doch eine harsche Konterrevolution gemeint war, sollte eben dies andeuten: dass keine neue Variation und Modifikation auf der Basis eines bestehenden Grundmodells (der Importsubstitutions-Industrialisierung) angestrebt würde, sondern ein grundlegender Wandel des Typus kapitalistischer Produktion und Vergesellschaftung. Auch die Tatsache, dass nun nicht mehr einzelne Militärs, Personen oder gar Militärcaudillos die entscheidenden Figuren der Militärdiktaturen sein sollten, sondern immer Militärjuntas, kollektive Institutionen – quasi ohne herausragende Personen und besondere Namen – die Macht antraten, sollte symbolisieren, dass nunmehr »das Militär als Institution« die politische Macht zeitweise oder dauerhaft übernahm.

Damit sollte zugleich signalisiert werden, dass nicht partikulare und persönliche Interessen, sondern gewissermaßen Sachgesetzlichkeiten auf technokratische Weise in Zukunft exekutiert würden, gegen die die Opposition von Gruppen und Verbänden – gleichgültig aus welchem Lager kommend – ohnehin hinfällig sein würde. Soziale Grundlage dieses neuen Verständnisses von bürokratisch-autoritärem Regime war sozusagen eine Dreierallianz zwischen ausländischem Kapital, staatlichen Instanzen und dem nationalen Kapital, dem eindeutig eine untergeordnete Position und Funktion zugewiesen wurde (vgl. hierzu O'Donnell, 1977: 62ff.).

Dennoch darf man sich die neue politische Herrschaft nicht allzu stromlinienförmig vorstellen, da in diesen Versuch von Herrschaft und Einbindung sowohl staatliche und privatisierende Elemente eingingen. Der Staat war keineswegs nur der »erobernde Staat« und monolithisch, sondern durchaus auch der poröse Staat, der informellen und nicht institutionalisierten Einflüssen keineswegs völlig unzugänglich war. Diese Ambivalenz des bürokratisch-autoritären Staats hat O'Donnell folgendermaßen charakterisiert: »Diese beiden Komponenten des Korporatismus zeigen ihn als zweischneidig und segmentär, da seine Staatskomponente vor allem den Volkssektor betrifft und seine private Komponente den Staat für die Durchdringung vor allem des internationalen Kapitals und der nationalen Bourgeoisie öffnet. Dies zeigt deutlich die Art und Weise der Verbindung zwischen dem Staat und jenen, die von ihm ausgeschlossen sind, und jenen, die – wenn auch nicht ohne Spannungen – Teil der herrschenden Allianz sind.« (O'Donnell, 1977: 79).

Der Umstand, dass in mehreren Ländern Lateinamerikas in den 60er und 70er Jahren fast gleichzeitig sich Militärdiktaturen etablierten (in der zweiten Hälfte der 70er Jahre waren nur noch Venezuela, Kolumbien, Mexiko und Costa Rica davon verschont geblieben), ist auf eine gewisse Parallelität der Grundprobleme, auf die die Militärs auf der politischen Bühne zu antworten trachteten, zurückzuführen. Zugleich zeigt sich, dass es keineswegs eine völlig überraschende Entwicklung war, sondern eine, die sich seit langem angedeutet hat. Im übrigen ist das Zusammenspiel von ökonomischen, gesellschaftlichen und politischen Faktoren an diesem Phänomen sehr gut zu studieren: »Durch die Regierungsübernahme des Militärs wurde die Schaffung adäquater ökonomischer, sozialer und politischer Bedingungen für die neue Industrialisierungsstrategie möglich – Bedingungen, die sich wesentlich von denen unterschieden, die sich im Rahmen von ›Cepalismo‹, ›Populismo‹ und ›Desarrollismo‹ entwickelt hatten. Voraussetzungen der neuen Strategie waren die politische Ausschaltung der Kräfte, welche die Strategie ›importsubstituierender Industrialisierung‹ getragen hatten, und die Liquidierung der liberaldemokratischen Institutionen, die außer der Durchsetzung partikularer Interessen der Aushandlung immer neuer, meist konsumorientierter Privilegien für Bourgeoisie, Mittelschicht und organisiertes Proletariat gedient hatten. Die bürgerlichen Freiheiten wurden beseitigt. Die Partizipationsinstrumente, die Proletariat und Mittelschicht seit Anfang des Jahrhunderts erkämpft hatten, wurden aufgelöst oder umfunktioniert.« (Eßer, 1975: 126).

In der ersten Phase nach dem Putsch ist die Repression am stärksten, das Militär handelt als Einheit, die technokratisch-modern ausgebildeten Geheimdienste spielen in der Einschüchterung der Gesellschaft eine herausragende Rolle. Nach einiger Zeit wird es notwendig, eigene Linien der Politik zu bestimmen, das negative Feindbild allein reicht dazu nicht mehr aus. Die latenten und unterschwelligen Auseinandersetzungen in der Gesellschaft, die über den eingeschlagenen Kurs der Militärjunta bald einsetzen, finden einen gewissen Widerhall in der Armee selbst.»Militärdiktaturen haben in keinem Land Lateinamerikas die Auseinandersetzungen über Ordnung und Entwicklung aufheben können. Diese verlagerten sich vielmehr aus Parteien und Parlamenten in die Streitkräfte selbst.« (Eßer, 1975: 128f.). Einzelne Militärfraktionen versuchen, in bestimmten Bevölkerungsgruppen, früheren oder noch vorhandenen Verbänden der Wirtschaft eine gewisse Basis für die Unterstützung ihrer Linie zu schaffen. Die Arbeit an der neuen Legitimation des Regimes schließt die allmähliche Wiederaufnahme bestimmter Rechtsformen ein. Nicht selten wird eine neue Verfassung ausgearbeitet, ein neues Parteiensystem installiert etc. Die Repression wird nun selektiver, weniger krass und deutlich. Es entstehen Menschenrechtsgruppen, Assoziationen von Familienangehörigen Ermordeter oder Verschwundener. Ausländische »Stützpunkte« (z.B. Amnesty International, UN Menschenrechtsorganisation etc.) greifen helfend in die Konsolidierung dieser militärkritischen Gruppierungen ein. Trotz dieser »Verwicklungen« in gesellschaftliche Bezüge bleiben die Militärs relativ autonom, was durch verschiedene historische Entwicklungsstränge vor ihrem Auftritt auf der politischen Bühne vorherbestimmt worden war. Die Professionalisierung, häufig unter us-amerikanischer Anleitung, die Bewußt- und Selbstbewußtwerdung als eigene besondere Institution/Korporation sowie die Ideologie der Verteidigung der »nationalen Sicherheit« waren Elemente dieser so verstandenen »Modernisierung« des Militärs. Nicht deutlich wurde, dass viele Elemente dieses Modernisierungsprozesses auch Resultat der Kalten Kriegs-Atmosphäre waren und dies nicht selten einschloss, im »Notfall« auf die Souveränitätsrechte zu verzichten und fremde Mächte zur Unterstützung herbeizuholen. Die Trennung der Militärs von der Gesellschaft, die von den Militärs ausging, aber auch von den zivilen, politischen Kräften in den Jahrzehnten vor den Militärputschen nicht offensiv und konterkarierend angegangen worden war, war ein weiteres Vorbereitungselement für die Interventionen der Militärs in die Politik. Die Entwicklung innerorganisatorischer Werte und Strukturen der Militärs, die die Voraussetzungen dafür schufen, dass zivile Maximen und Prinzipien als minderwertig, chaotisch und entwicklungshemmend empfunden wurden, bildeten ein weiteres Element, das die Etablierung von Militärdiktaturen wesentlich erleichtert hat (Varas, 1989: 4). Gerade auch die institutionellen Bindungen der Militärs einer Nation Lateinamerikas nach »außen« (vor allem zunächst zu entsprechenden Militärinstanzen in den USA) bekräftigten diese »corporate identity« der Militärs als besonderer Institution, die vom Rest der Gesellschaft getrennt ist. Unter Bedingungen der Diversifikation der »internationalen Beziehungen« zu anderen Militärs in den entwickelten kapitalistischen Industriestaaten wurde diese Autonomie bzw. Segregation des Militärs von der Gesellschaft und dem Staat der jeweiligen Länder noch befördert. »Die wichtigste Konsequenz aus dieser Diversifikation internationaler Militärbeziehungen und technologischer Diffusion war, dass die lateinamerikanischen Militärs in der Lage waren, ihre Autonomie von der Gesellschaft und vom Staat zu erhöhen.« (Varas, 1989: 6).

Der Niedergang der Militärregimes, der Ende der 70er und Anfang der 80er Jahre begann, wies zwar vielfältige, teilweise sehr länderspezifische Ursachen oder mitwirkende Faktoren auf, doch waren in der Mehrzahl der Fälle Fragen der ökonomischen Entwicklung maßgeblich. Mit Repression allein ließ sich nicht regieren, auch die vielfach geschaffene, neue Institutionalität reichte nicht aus, die versprochene und angekündigte Entwicklungsstrategie bzw. deren Erfolge zu gewährleisten. Es erwies sich in fast allen Fällen, dass die bloße Hoffnung auf das ungehinderte Wirken der Marktkräfte (bei gleichzeitiger scharfer Repression der Gewerkschaften) und auf das Einströmen von Auslandskapital keineswegs ausreichte, um ein nachhaltiges, inflationsfreies Wirtschaftswachstum zu erreichen. Auch die orthodoxe Stabilisierungspolitik im Sinne des IWF (Ausgabenreduzierung, Abwertungen, Lohnstopp etc.) sorgten höchstens für ein kurzfristiges Gleichgewicht (Haushalt, Außenwirtschaft), ohne die strukturellen Defizite der überkommenen Wirtschaft wesentlich zu verändern.

Wenn man die Periode ziviler Herrschaft mit der der Militärdiktaturen derselben Länder vergleicht, so gelangt man zu dem Ergebnis, dass kaum signifikante Unterschiede bezüglich wichtiger ökonomischer Indikatoren (BIP-Wachstum, Inflationsrate, Schuldendienstquote, Investitionsquote etc.) zu registrieren sind. Abgesehen von methodischen Bedenken, unterschiedliche Zeitperioden (in denen unterschiedliche internationale Ereignisse/Einflüsse wirksam werden können) miteinander vergleichen zu können und abgesehen von Detailabweichungen lässt sich sehr allgemein gesprochen festhalten: »Im großen und ganzen gesehen war die ökonomische Leistung der vier Militärregimes nicht besser als die der zivilen Regierungen, an deren Stelle sie traten.« (Hartlyn/Morley, 1986: 40). Wenn bei der Inflationsrate und bei der Investitionsquote leichte Vorteile für die Militärdiktaturperioden festzustellen waren, so war umgekehrt das BIP-Wachstum und die Schuldendienstquote während der Militärperiode mehr oder minder deutlich schlechter zu bewerten als unter den zivilen Regimes; vor allem ist auffällig, dass während der Militärregimes das Tempo der externen Verschuldung enorm zunahm und damit die Wachstumsaussichten für spätere Perioden (infolge des hohen Schuldendienstes) erheblich behindert wurden. Dieses Ergebnis wird noch dadurch bekräftigt, dass ein Vergleich von zeitlich – in unterschiedlichen Ländern – koexistierenden Militärregimes und Zivilregierungen keineswegs zugunsten der Militärdiktaturen ausschlägt, sondern im Gegenteil in wesentlichen Punkten die zivilen Regierungen eine bessere makroökonomische Bilanz über sechs Jahre hinweg vorweisen können (ebd.: 44ff.).

Freilich könnte man auch die Hypothese aufstellen, dass das relativ schlechte Abschneiden der Militärregimes auch etwas mit dem von ihnen überwiegend vertretenen neoliberal-monetaristischen Theorieansatz (der mehr oder minder strikt umgesetzt wurde) zu tun haben mag: z.b. war auffällig, dass der monetaristische Glaubenssatz mittels einer Kontraktion der Geldversorgung, die Inflationsrate zurückbilden zu lassen, keineswegs generell eingetroffen ist.

Der Abtritt der Militärregimes im Laufe der 80er Jahre war in den meisten Fällen aus einer ökonomischen Engpasssituation entstanden, die sich zudem mit einem generellen Popularitäts- bzw. Legitimationsverlust des Militärs auch aus anderen Gründen (Repression und allzu hohe soziale Kosten, Unberechenbarkeit, wachsende partikulare Bereicherung und Korruption, Ansehensverlust im Ausland etc.) verband. Die soziale Basis der die Militärdiktaturen tragenden Kräfte aus den Mittelschichten und der einheimischen Bourgeoisie schmolz in bestimmten Situationen dahin, so dass die wachsende gesellschaftliche Ablehnung auch auf die internen ansatzweisen Fraktionierungslinien der Militärs überzugreifen drohte. »Zwischen diesen Bündnispartnern (gemeint sind die ausländischen Kapitale, der Staat und die großen nationalen Kapitale, D.B.) und den Unterschichten liegen breite Gruppen – Angestellte, kleine und mittlere Geschäftsleute – die zwischen ihrer ursprünglichen Unterstützung der Beendigung des Prätorianismus und der Entdeckung schwanken, dass die Herrschaft eines neuen ›effizienten‹ und ›rationalisierenden‹ Musters ökonomischen Wachstums nicht zu ihren Gunsten ausfällt.« (O'Donnell, 1977: 61).

Die Tiefe und Art der Krise der Militärherrschaft, die Zeitspanne, in der ihr Abtritt erfolgte, sowie die Modalitäten der »Aushandlung« ihres Rückzugs in die Kasernen – all dies bestimmte wesentlich den Charakter und die Perspektiven des Demokratisierungsprozesses.

5. Die Schuldenkrise (1982-1990)

Im Rückblick muss die Verschuldungskrise von 1982 (ff.) für Lateinamerika als ähnlich einschneidend wie die Weltwirtschaftskrise der 30er Jahre bewertet werden, wenngleich sie in einem erheblich veränderten globalen wirtschaftlichen Umfeld stattfand (Maddison, 1985: 77f.). Sie war lange vorbereitetes Ergebnis vielfältiger Faktoren, wobei diese externer und interner, strukturell-langfristiger sowie konjunkturell-kurzfristiger Natur waren. Selbstverständlich griffen ökonomische und politische Determinanten ineinander. Die Verschuldungskrise von 1982 (im Grunde ist sie bis auf den heutigen Tag nicht »gelöst«) war keineswegs die erste in Lateinamerika. Abgesehen von Einzelkrisen kann auch von einem Zyklus von Schuldenkrisen, die in bestimmten Ländertypen in Lateinamerika seit dem 19. Jahrhundert auftraten, gesprochen werden. Auch die Weltwirtschaftskrise war keineswegs nur eine Kredit- und Finanzkrise, sondern schloss eine Schuldenkrise mit ein. Vielleicht ist die letzte Verschuldungskrise die schwerste gewesen, zumindestens diejenige, die für die meisten Staaten erhebliches Gewicht hatte und in den 80er Jahren vieles grundlegend zu verändern half. Beim »Ausbruch« der Schuldenkrise stand Lateinamerika insgesamt mit 430 Mrd. US Dollar in der Kreide – ca. 1000 US Dollar pro Person bei einem Bruttoinlandprodukt, das durchschnittlich bei 2000 US Dollar pro Kopf liegt. Allein diese Relationen dürften die Last der Verschuldungskrise deutlich machen.

Die wesentlichen Akteure beim Zustandekommen der Schuldenkrise in Lateinamerika waren die lateinamerikanischen Regierungen und Privatunternehmen einerseits sowie die international agierenden Großbanken andererseits. Es handelte sich weitgehend um private Kredite von Geschäftsbanken aus den USA und Europa an Regierungen und Unternehmen in Lateinamerika, die letztlich die Grundlage für den Überschuldungsprozess und Ausbruch der Krise abgaben. Krisenverschärfend wirkte auch, dass es dabei sowohl eine hohe ländermäßige wie auch eine bankenspezifische Konzentration gab. Diese Länderkonzentration wird deutlich, wenn man bedenkt, dass 1982 ca. 36% der gesamten Auslandsverschuldung der Dritten Welt sich auf nur fünf lateinamerikanische Länder (Mexiko, Argentinien, Brasilien, Chile und Venezuela) verteilten und diese zugleich 73% der Verbindlichkeiten aller Entwicklungsländer gegenüber privaten Banken repräsentierten. Bei allen so genannten Hauptschuldnern handelte es sich überwiegend um relativ große und vergleichsweise fortgeschrittene Entwicklungsländer, unter denen sich auch einige wichtige Fertigwarenexporteure der Dritten Welt befanden. Es waren zu einem erheblichen Teil Länder, die überdurchschnittlich hohe Anteile ihrer Schulden bei privaten Banken gemacht hatten, d.h., dass diese Länder einen vergleichsweise besseren Zugang zum privaten, internationalen Kreditmarkt hatten, als die »am wenigsten entwickelten« und/oder kleinen Länder. Parallel zur hohen Länderkonzentration auf der Schuldnerseite lässt sich eine ähnliche Konzentration auf der Gläubigerseite bzw. auf der Seite der Großbanken aus wenigen Gläubigerländern feststellen. So vereinigten z.b. nur 24 US-Banken 83% aller US-Ausleihungen an die Entwicklungsländer, wobei deren Umfang ca. 180% des Eigenkapitals dieser Banken ausmachte. Für die fünf größten US-Banken sah diese Relation zum Zeitpunkt des Ausbruchs der Schuldenkrise noch kritischer aus. Ihre Forderungen an ölimportierende Entwicklungsländer stiegen 1980 auf 204% des Eigenkapitals an. Die Einstellung der Zinszahlungen der drei größten lateinamerikanischen Schuldner (Mexiko, Brasilien, Argentinien) bedeutete allein für diese fünf größten US-Banken einen Ausfall in der Höhe von ca. 75% ihrer bisherigen Gewinne. Diese hohe Konzentration lateinamerikanischer Schulden in bezug auf die Großbanken aus den USA wurde nach 1982 relativ schnell abgebaut, d.h. der Anteil der Lateinamerika-Kredite gegenüber den Eigenmitteln der Banken reduzierte sich in den nachfolgenden Jahren durch Erweiterung der Kapitalbasis und Bildung neuer Reserven nicht unbedeutend. Damit konnte die Schuldenkrise in ihrer Brisanz und Gefährlichkeit, auch für die entwickelten Industrieländer, bald entschärft werden, während die Entwicklungsländer, hier vor allem die großen Schuldnerländer Lateinamerikas noch lange (im Grunde genommen bis heute) unter der bedeutenden Schuldenlast zu wirtschaften haben.

Bezüglich der Klärung der Ursachen der Schuldenkrise gibt es unterschiedliche Komplexitätsstufen. Wer es sich ganz einfach machen möchte, behauptet, dass die Krise ihre Wurzeln darin hat, dass die betreffenden Länder zu viele Kredite, die sie nicht zurückzahlen konnten, aufgenommen hatten. Manche Nationalökonomen sprechen von einer Diskrepanz zwischen Anpassungsbedarf und Anpassungsfähigkeiten, welche den Krisenausbruch bedingt habe. Dies ist aber allenfalls eine Beschreibung von a posteriori wahrgenommenen Fakten und so wenig eine Erklärung wie jener ironische, von Marx den französischen Frühsozialisten zugeschriebene Satz, dass die Armut von der »pauvreté« käme.

Die Tatsache, dass die Schuldenkrise in vielen Ländern fast gleichzeitig »ausbrach«, verweist darauf, dass die Wurzeln der Krise nicht primär in den einzelnen Schuldnerländern, sondern vielmehr in allgemeinen weltwirtschaftlichen/globalen Bedingungen gesucht werden müssen. Der definitive Zusammenbruch des Bretton Woods-Systems (1973) und die damit verbundene Deregulierung des monetären Weltmarkts führte zu einer bedeutenden Erhöhung internationaler Liquidität bei den internationalen Großbanken. Die restriktive Politik vieler Industrieländer seit Mitte der 70er Jahre, die zur Bekämpfung der Inflation eingeschlagen wurde, sowie die teilweise rezessiv wirkenden Ölpreiserhöhungen seit 1973 verstärkten diese Überliquidität noch, zumal auch die großen Erdölmilliarden-Einnahmen der Scheichtümer »recycelt« werden mussten. Deren Anlage bei den großen Banken Europas und der USA stellte ein weiteres Moment (keineswegs das einzige und ausschlaggebende) der herrschenden strukturellen Überliquidität seit Mitte der 70er Jahre dar. Dies führte zu einem stark anwachsenden Volumen der internationalen Kreditströme, da auch die Zinsen für Kredite extrem niedrig waren (teilweise sogar im Negativbereich lagen) und infolgedessen nun erstmals die Länder der Dritten Welt als potentielle Kreditnehmer ins Visier der internationalen Banken gerieten. Gerade die Dritte Welt bzw. bestimmte Schwellenländer, die später als Hauptschuldnerländer galten, waren an dieser Ausdehnung der Kreditströme überproportional stark beteiligt: Steigerungen der Kreditaufnahmen in zweistelliger jährlicher Wachstumsrate waren bei diesen Ländern seit Mitte der 70er Jahre keine Seltenheit. Für die Phase seit 1974/75 gilt: »Während der Welthandel stagniert, die Weltproduktion nur mit niedrigen Wachstumsraten wächst, explodiert nachgerade das internationale Kreditsystem mit jährlichen Wachstumsraten von etwa 25% in den 70er Jahren. Die Verschuldung der Länder Lateinamerikas beispielsweise nimmt in dieser Phase ebenfalls mit rund 22% zu. Die Tendenzen der ›realen Akkumulation‹ und diejenigen der ›monetären Akkumulation‹ weisen deutlich auseinander.« (Altvater, 1988: 61).

Zum anderen bewirkte die Rohstoffpreisentwicklung seit Mitte der 70er Jahre in den meisten Ländern Lateinamerikas noch größere Handelsbilanzdefizite, welche schon vorher infolge von typischen Widersprüchen der Importsubstitutionspolitik (siehe oben) mit gewisser Regelmäßigkeit aufgetreten waren und wofür bestimmte Kompensationsmechanismen (z.B. der Zufluss von Auslandskapital) bis dahin ausreichten. Die Nicht-Erdölländer Lateinamerikas waren zudem von den bedeutenden Preissteigerungen für Erdöl sehr negativ betroffen, so dass ihr Kreditdurst in einer Situation zinsgünstiger, langfristiger Kreditangebote kaum Grenzen kannte. Aber auch die erdölproduzierenden und -exportierenden Länder (Mexiko, Venezuela, Ekuador, teilweise Peru und Bolivien) nahmen in dieser Periode große Kredite auf, um damit ihre Wirtschaft zu diversifizieren und vor allem die Erdölindustrie, die Raffinerien und die Vermarktungskapazitäten auszubauen. Hier wird deutlich, wie externe, langfristig-strukturelle und interne, langfristig-strukturelle Komponenten bei der Entstehung der Verschuldungskrise gleichermaßen wirksam waren und ineinandergriffen. Die Tendenz des Weltmarkts zur Verschlechterung der Rohstoffpreise, die immer deutlichere Haltung der Industrieländer zu verschiedenen Formen des Protektionismus gegenüber Exporten der Entwicklungsländer und vor allem die Aufblähung des monetären Weltmarktes war die eine Schiene allgemeiner, weltwirtschaftlicher Entwicklung. Dem standen gegenüber, zumindestens in Lateinamerika, die immer deutlicher werdenden Schwächen des Entwicklungsmodells der importsubstituierenden Industrialisierung, welches strukturell negative Handelsbilanzen, Haushaltsdefizite, inflationäre Tendenzen sowie Verzerrungen zwischen dem Agrar- und dem Industriesektor produzierte. Zeitweilig wurden diese beiden Krisentendenzen durch die gewaltige Erhöhung der Kreditströme überdeckt, der Zeitpunkt des Krisenausbruchs wurde dadurch hinausgeschoben, zugleich aber dadurch auch die Tiefe der Krise, wie sie nach 1982 in Lateinamerika eintreten sollte, verschärft.

Zu diesen langfristig-strukturellen Momenten auf weltwirtschaftlicher und auf Länderebene traten kurzfristige Faktoren und Determinanten, die die Krise schließlich auslösten und ihr das jeweilige besondere länderspezifische Profil verliehen. Die drastische Zinserhöhung in den USA seit Ende der 70er/Anfang der 80er Jahre (um das Dreifache), die zu einem erheblichen Teil zu variablen Zinssätzen ausgegebenen Kredite in die Dritte Welt (und Lateinamerika) einerseits, die wenig produktive Verwendung der aufgenommenen Kreditsummen andererseits – führten zur Aktualisierung der angesammelten Krisenpotentiale. Dies bedeutet, dass eine Verschuldungskrise höchstwahrscheinlich auch ohne die rapide Zinssteigerung in den USA und auch ohne die eine oder andere wirtschaftspolitische Fehlleistung in den jeweiligen Entwicklungsländern ausgebrochen wäre. Bei der Analyse der kurzfristigen, aus bestimmten Wirtschaftspolitiken und Konjunkturbedingungen der Metropolländer resultierenden Faktoren muss natürlich in erster Linie die Zinsentwicklung genannt werden. Die vor allem aus der Veränderung der US-Wirtschaftspolitik sich herleitende Hochzinsphase hat die Entwicklungsländer in mehrfacher Weise derart unter Druck gesetzt, dass durch sie die Verschuldungskrise ausgelöst und beschleunigt wurde. Einmal bewirkte diese Hochzinspolitik seit 1979/80, der sich die meisten europäischen Länder anschlossen, nahezu eine Verdreifachung der jährlichen Zinszahlungen; zum zweiten waren nunmehr die privaten Geschäftsbanken nicht mehr bereit, Kredite an die Entwicklungsländer in dem bisherigen Maße zu vergeben, da in den USA höhere Finanzprofite winkten. Aus der begonnenen Umleitung von Kreditströmen resultierte vielfach der abrupte Zusammenbruch der Zahlungsfähigkeit der Schuldnerländer im Jahre 1982 und 1983, der dann seinerseits eine weitere Kreditierung seitens der Geschäftsbanken praktisch zum Erliegen brachte. Drittens stieg infolge der Hochzinspolitik der Dollarwert gegenüber allen anderen Währungen stark an, was natürlich für die Leistung des Zinsendienstes in Dollars eine noch größere Exportmenge bzw. umso höhere Handelsbilanzüberschüsse bei den Schuldnern voraussetzte. Viertens schließlich bedeutete diese Konstellation in vielen Entwicklungsländern (vor allem Lateinamerikas), dass durch direkte oder indirekte Abwertungen der Landeswährung und durch weitere interne Verschuldung des Staates die Inflationsraten rapide anstiegen. Hierdurch waren die wirtschaftspolitischen Instanzen in jenen Entwicklungsländern damit konfrontiert, dass bei galoppierender Inflation die nationalen Währungen stets unter weiteren Abwertungsdruck gerieten und sich somit die Anreize zur Kapitalflucht noch mehr erhöhten. Auch die dann häufig gewählte Politik der Anhebung des Realzinsniveaus in den jeweiligen Ländern, die das Kapital zum Verbleiben im Land veranlassen sollte, führte weder zur produktiven Anlage, noch zu einem realwirtschaftlich motivierten Verbleib dieser Kapitale im jeweiligen Entwicklungsland. Bei einer geschätzten globalen »Kapitalfluchtquote« (Verhältnis der Nettoauslandskreditaufnahme zu dem privaten Kapitalabfluss ins Ausland) im Falle von 15 Großschuldnerländern von ca. 30-46% wird klar, dass diese Beträge das Verschuldungsproblem erheblich zugespitzt haben (vgl. Boris, 1987: 24f.).

Die Verwendung der aufgenommenen Kredite im Ausland war selbstverständlich unterschiedlich, je nach Ländergruppe und jeweiliger Wirtschaftspolitik (Cardoso/Helwege, 1995: 118f.). In manchen Fällen sollten die aufgenommenen Kredite zur Erweiterung der produktiven Basis und der Verbesserung der Infrastrukturen eingesetzt werden, wobei hier allerdings die Ausreifezeit sehr lange war und aus diesen Investitionen nicht die entsprechenden Devisen – zwecks Rückzahlung der Kredite – resultierten. Noch häufiger war es wohl, dass ein erheblicher Teil der Auslandskredite aufgrund vorgefundener desartikulierter Produktionsstrukturen und entsprechender notwendigerweise widersprüchlicher Wirtschaftspolitiken keine produktive Verwendung im Schuldnerland fand. Private Bereicherung der ökonomisch und politisch Mächtigen, künstliche Erzeugung von »Konsumwellen« (unter Einschluss häufiger Auslandsreisen von Vertretern der Mittelschichten), Ausbau des Repressions- und Militärapparats, Kapitalflucht etc. waren weitere »Anlagefelder« von Auslandskrediten, die ursprünglich bloß Handelsbilanzdefizite kompensieren und den Schwächen der Produktionsstruktur abhelfen sollten.

Bei der Aufzählung unterschiedlicher Ursachen der Verschuldungskrise darf auch nicht die Präsenz und die Fakturierungspraxis der transnationalen Konzerne in vielen Schwellenländern fehlen. Gerade in diesem Fall wird deutlich, dass externe und interne Faktoren keineswegs immer fein voneinander getrennt werden können. Die transnationalen Konzerne sind, was ihre Lokalisierung und Präsenz angeht, zweifellos interner Faktor in dem jeweiligen Entwicklungsland; was ihre Orientierung und finanzielle Ausrichtung betrifft, sind sie externe Faktoren, da sie sich an den Notwendigkeiten und Steuerungsbedürfnissen ihrer jeweiligen Zentrale in den Industrieländern ausrichten. Häufig betrug gerade bei diesen transnationalen Konzernen der Wert der von ihnen getätigten Exporte nur ein Bruchteil des Wertes der von ihnen bezogenen Importe. So sind die transnationalen Konzerne beispielsweise in Mexiko sehr beträchtlich an der Entstehung des Handelsbilanzdefizits beteiligt gewesen, da der Wert der von ihnen bezogenen Importe (häufig durch »konzerninterne Verrechnungspreise« gegenüber der Mutterfirma in den Metropolenländern) drei- bis viermal höher lag als der Wert der von ihnen getätigten Exporte. Auf diese Weise lag der »Beitrag« der transnationalen Konzerne in Mexiko z.B. zum Defizit der »Bilanz der laufenden Kosten« in den Jahren von 1971 bis 1981 zwischen 59 und 82% des gesamten Defizits (Boris, 1987: 21).

Die Verschuldungskrise und die faktischen oder drohenden Zahlungsmoratorien der lateinamerikanischen Staaten setzten fast beständig Runden von Umschuldungsverhandlungen, Restrukturierungsbemühungen etc. in Gang, die mit Auflagen für eine neue Politik verbunden waren. Dem Club der Gläubigerbanken, dem IWF, der Weltbank, dem »Pariser Club« als Repräsentanten der Regierungen der Gläubigerländer stand zumeist ein einziges Land alleine gegenüber. Die so genannte Einzelfallbehandlung gehörte zum eisernen Rüstzeug der Strategie der Schuldenverhandlung der Industrieländer und Gläubiger. Trotz mancher prekärer Situationen zwischen 1983 und 1985, als es zeitweise so schien, als ob sich die lateinamerikanischen Großschuldner zu einem Schuldnerkartell zusammenschließen könnten, um gemeinsam bessere Umschuldungsbedingungen zu erwirken, gelang es den Vertretern der Gläubigerseite, ihre Strategie und ihre Vorstellungen von der Lösung der Schuldenkrise fast vollständig durchzusetzen. Die mit den jährlich stattfindenden Umschuldungsverhandlungen einhergehenden Auflagen und Kontrollen seitens des IWF und der Gläubiger bezogen sich generell auf bestimmte Politiken, die insgesamt als »Stabilitätspolitik« und »Strukturanpassungspolitik« bezeichnet wurden.

Die den Schuldnerländern verordneten Sanierungskonzepte waren relativ gleichartig und bestanden aus einem Bündel von Austeritätsmaßnahmen, die gravierende Auswirkungen auf die Wirtschaft und die soziale Lage der Mehrheit der Bevölkerung in den betroffenen Ländern hatten. Die so genannten »Stabilisierungsprogramme« fassten vor allem folgende Maßnahmen zusammen:

■ Reduktion des Geldmengenwachstums und Verringerung der öffentlichen Kreditaufnahme zwecks Inflationseindämmung;
■ Senkung der Staatsausgaben (insbesondere der konsumtiven) zwecks Abbaus des Haushaltsdefizits;
■ Erhöhung der Tarife für öffentliche Leistungen und Abbau von staatlichen Subventionen zwecks Sanierung der öffentlichen Haushalte;
■ Abwertung der einheimischen Währung zwecks Steigerung der Exporte und Verringerung der Importe, d.h. Verfolgung des Ziels, die Handelsbilanzdefizite abzubauen und im Gegenteil Handelsbilanzüberschüsse zu erzielen, um damit wiederum die Schuldendienste wiederaufnehmen zu können;
■ Liberalisierung des Außenwirtschaftsverkehrs (z.B. Verbesserung der Bedingungen für Auslandsinvestitionen, freien Profittransfer etc.);
■ Begrenzung oder Stopp jeglicher Lohnzuwächse.

Die hinter diesen »Anpassungspolitiken« stehende Wirtschaftsphilosophie lässt sich wie folgt zusammenfassen: Durch zu große und verzerrende Eingriffe des Staates in die an sich störungsfreies Wachstum garantierenden Funktionsmechanismen des Marktes sind Ungleichgewichte entstanden, die allesamt in einer »Übernachfrage« gegenüber einem begrenzten Angebot gründen bzw. dorthin einmünden. Daher muss diese abgebaut werden, und die Kräfte des Marktes müssen wieder unverfälscht ins Werk gesetzt werden. Gegenüber dieser simplifizierenden Sichtweise von Problemen der Unterentwicklung wurde sogar von bürgerlichen und konservativen Kreisen eingewandt, dass die in den Entwicklungsländern herrschenden Ungleichgewichte (z.b. ausgedrückt in den Handelsbilanz- und Haushaltsdefiziten) nicht kurzfristiger Natur, sondern strukturell angelegt sind und daher der Korrektur durch eine langfristig angelegte Wirtschaftspolitik bedürfen. Die IWF-Auflagen dagegen orientieren sich an der Vorstellung von zeitweiligen und kurzfristigen Ungleichgewichten. Die häufig auch direkt empfohlene Importdrosselung führe, so eine artikulierte Kritikerposition, zur Beschneidung wichtiger Inputs für die industrielle Produktion oder den Reproduktionsprozess insgesamt, so dass dadurch das Wachstum zusätzlich eingeschränkt und die Schuldendienstfähigkeit des Landes, die ja wiederherzustellen das eigentliche Ziel der Sanierungskonzepte gewesen ist, gerade auf diese Weise nachhaltig infrage gestellt wird.

Überhaupt hatte das Bündel der angeführten Maßnahmen insgesamt fast bei jeder praktischen Umsetzung in Lateinamerika eine tiefe Rezession zur Folge, die die grundlegenden Probleme der unterentwickelten Ökonomien nicht nur nicht löste, sondern – umgekehrt – deren Lösungskapazitäten noch zusätzlich verringerte. »Entwicklungspolitisch geboten wäre eine auf die jeweiligen Verschuldungsursachen abgestimmte Politik, die die produktive Basis der Defizitländer stärkte; ein Element solcher Stabilisierungspolitik könnte z.b. sein, auf den Rückgang der Preise für Exportgüter mit Maßnahmen der Exportdiversifizierung und auf den Anstieg der Importpreise mit importsubstituierender Produktion zu reagieren. Doch gerade solche Politiken werden durch die rigiden Austeritätsprogramme, die vor allem die kurzfristige Manipulation makroökonomischer Daten im Auge haben, abgewürgt.« (Körner u.a., 1984: 79f.). Zugleich hatte die Durchführung dieser Stabilisierungspolitik zur Folge, dass das betroffene Land noch ungeschützter den Weltmarktmechanismen ausgesetzt und noch stärker in die bestehenden Strukturen des Weltmarktes integriert wurde, was ja – auf einer grundsätzlichen Ebene betrachtet – gerade Unterentwicklung und die sie kennzeichnenden Deformationen begründet hatte. So führten z.B. die Abwertungen zur Verbilligung und zur Steigerung des Exportangebots eines Landes, was meistens die – mit weiterem Preisverfall der Rohstoffe verbundene – Konkurrenz der Entwicklungsländer untereinander um die vorhandenen Märkte anstachelte. Die Liberalisierung des Außenwirtschaftsverkehrs auch bezüglich der Beseitigung jeglicher Kontrollen und Restriktionen für transnationale Konzerne, deren Wirken ja an den Deformationen und an den Zahlungsbilanzdefiziten zumindestens mitbeteiligt gewesen ist, ist ein weiteres Beispiel für die falsche und kontraproduktive »Medizin« des IWF. – Zum anderen wurde an dieser einseitig verordneten Politikorientierung deutlich, dass die asymmetrischen Machtbeziehungen zwischen Metropolen und Peripherieländern eine neue Akzentuierung erhielten und die Verschuldungskrise sich als bedeutender Hebel erwies, die Entwicklungsländer wieder stärker den auf dem Weltmarkt Ton angebenden Mächten und Kapitalen zu unterwerfen bzw. unterzuordnen.

Betrachtet man die ökonomischen und sozialen Auswirkungen der IWF-»Sanierungskonzepte« in ihrer klassen- und sozialstrukturellen Differenzierung, so wird deutlich, dass die exportorientierten, häufig grundbesitzenden und finanziellen Interessen begünstigt wurden, während die große Masse der Bevölkerung die Sparmaßnahmen zu tragen hatte, obwohl sie für die Entstehung der Verschuldung am wenigsten verantwortlich zu machen war. Die im Gefolge der durchgesetzten IWF-Auflagen fast regelmäßig eintretende Konstellation, die von einer rapiden Zunahme von Firmenzusammenbrüchen, sprunghaft ansteigender Arbeitslosigkeit, allgemeinen Lohnsenkungen und Preiserhöhungen bei Gütern und Leistungen des täglichen Bedarfs gekennzeichnet war, hat in den 80er Jahren zu so genannten »IWF-Aufständen« geführt. Hiermit sind beispielsweise in Lateinamerika die spontanen Abwehrkämpfe oder Generalstreiks der Bevölkerung in Peru 1977/78, in der Dominikanischen Republik 1984 und 1985, in Brasilien 1982/83 gemeint, wo es zu bürgerkriegsähnlichen Auseinandersetzungen zwischen Regierung/ Militär und empörten Volksmassen gekommen ist und dabei Dutzende von Toten zu beklagen waren. Argentinien, Bolivien, Ekuador und Jamaica waren weitere Länder, in denen insbesondere die Gewerkschaften gegen die rezessiv wirkenden IWF-Auflagen immer wieder protestierten, und wo es gelegentlich auch zu spontanen Plünderungen von Supermärkten gekommen ist.

Die ökonomische und soziale Lage der meisten Länder Lateinamerikas hat sich bis zum Beginn der 90er Jahre enorm verändert. Die verlorene Dekade der 80er Jahre hatte zu einem Rückgang des durchschnittlichen Pro-Kopf-Einkommens von ca. 10% geführt; die Tiefe und Dauer der Krise war nur mit der der Weltwirtschaftskrise von 1929 und den folgenden Jahren zu vergleichen (Suter, 1999a). Auch bezüglich der Verschuldungslast hat es erst Ende der 80er Jahre eine leichte Entspannung infolge des Wirksamwerdens verschiedener Entschuldungspläne (z.B. des Brady-Plans) gegeben. Während der 80er Jahre wurde den Schuldnerstaaten ein erheblicher Aderlass zugemutet, wobei gleichzeitig die Verschuldungslast dennoch weiter stieg. Mexiko beispielsweise hat in den ersten vier Jahren nach Beginn der Verschuldungskrise fast 50 Mrd. US Dollar an Zinsen und Tilgungen zahlen müssen, gleichzeitig aber stieg dessen Schuldenberg an, und es verschlechterte sich die ökonomische Lage weiter. Nahezu alle relevanten ökonomischen Indikatoren, wie Investitionsquote, Reallohnniveau, Arbeitslosigkeit etc. haben sich in den 80er Jahren in fast allen Ländern mehr oder minder stark negativ entwickelt.

Über Lateinamerika heißt es in einem im Herbst 1986 erschienenen Bericht der »Inter-Amerikanischen Entwicklungsbank«: »Nach der Darstellung der Inter-Amerikanischen Entwicklungsbank (IDB) haben sich mittlerweile auch die Perspektiven für die Zukunft verschlechtert. Um den Schuldendienst einigermaßen aufrechtzuerhalten, wurden die Einfuhren zwischen 1980 und 1985 um ein Drittel zurückgenommen. Das brachte zwar unerwartete Exportüberschüsse. Geopfert wurden jedoch die Investitionen, die im gleichen Zeitraum um 27% fielen, nachdem sie in den zwanzig Jahren zuvor im Schnitt um 7,4% im Jahr gewachsen waren. Der markanteste Investitionseinbruch dürfte das Produktionspotential geschmälert, die Aussicht auf zukünftige Einkommensverbesserungen weiter reduziert und den Beginn der wirtschaftlichen Erholung nach hinten verschoben haben ... Für die letzten vier Jahre stellte die IDB ... einen Nettokapitaltransfer an die Industrieländer von 100 Mrd. US Dollar fest. Damit verlor die Region mehr als ihr in den acht Jahren zuvor – während der Phase des Petro-Dollar-Recyclings – netto zugeflossen war. Dies hat nach Darstellung der IDB in jüngster Zeit eine Reihe lateinamerikanischer Länder an den Rand des finanziellen Kollapses gebracht.« (Neue Zürcher Zeitung vom 9.9.1986).

Das bedeutet auch, dass die verringerten Defizite in der Leistungsbilanz oder im Haushalt sowie die niedrigeren Inflationsraten – soweit sie überhaupt auftraten – sich alsbald als kurzlebig erwiesen oder aber ein Zehren von der ökonomischen Substanz bedeuteten, d.h., dass diese Erfolge Pyrrhussiege zu Lasten von Investitionen, Wachstum und Real-

Korrektur:

Aufgrund eines satztechnischen Versehens sind die Daten in Tabelle 5.1. auf Seite 79 z.T. entstellt aufgeführt worden. Wir drucken nachfolgend die korrigierte Tabelle ab und bitten um Entschuldigung.

Tabelle 5.1.:
Zusammensetzung der Kapitalbewegungen nach Lateinamerika
(jährlicher Durchschnitt in Millionen US-Dollar von 1980)

Durch-schnitt	Ausländische Direktinvestitionen (1)	Nettokredite (2)	Öffentliche unentgeltliche Zuflüsse (3)	Nettokapitalbewegungen (4)	Zins- u. Gewinnzahlungen (5)	Nettotransfers (6)	Veränderungen der Reserven (7)
1950-60	2.067	1.451	231	3.673	3.562	111	75
1961-65	1.131	1.861	480	3.370	4.860	-1.480	101
1966-70	2.283	5.460	524	6.900	7.369	-469	1.367
1971-73	3.418	11.757	498	9.100	8.371	729	6.572
1974-77	3.495	20.355	348	25.048	10.237	14.811	6.394
1978-81	5.940	29.233	575	38.048	19.535	18.513	5.243
1982-89	4.599	5.549	1.428	14.513	35.863	-21.350	-3.327

Bemerkungen:
Die Spalte (4) ist die Summe von (1) bis (3) plus den »Fehlern und Auslassungen« in der Zahlungsbilanz; Spalte (6) = Spalte (4) minus Spalte (5)
Quelle: Thorp, 1998: 206

Tabelle 5.1.:
Zusammensetzung der Kapitalbewegungen nach Lateinamerika
(jährlicher Durchschnitt in Millionen US-Dollar von 1980)

Durch-schnitt	Ausländische Direktinvestitionen	Nettokredite	Öffentl. unentgeltl. Zuflüsse	Netto-Kapitalbewegungen	Zins- u. Gewinnzahlungen	Nettotransfers	Veränderungen der Reserven
	(1)	(2)	(3)	(4)	(5)	(6)	(7)
1950-60	2,067	1,451	231,000	3,673	3,562	111,000	75,000
1961-65	1,131	1,861	480,000	3,370	4,860	-1,480	101,000
1966-70	2,283	5,460	524,000	6,900	7,369	-469,000	1,367
1971-73	3,418	11,757	498,000	9,100	8,371	729,000	6,572
1974-77	3,495	20,355	348,000	25,048	10,237	14,811	6,394
1978-81	5,940	29,233	575,000	38,048	19,535	18,513	5,243
1982-89	4,599	5,549	1,428	14,513	35,863	-21,350	-3,327

Bemerkungen:
Spalte (4) ist die Summe von (1) bis (3) plus den »Fehlern und Auslassungen« in der Zahlungsbilanz; Spalte (6) = Spalte (4) minus Spalte (5)

Quelle: Thorp, 1998: 206

lohnerhöhungen gewesen sind. Sogar konservative Banker-Kreise äußerten gelegentlich die Auffassung und auch die Einsicht, dass die herkömmlichen Konzepte einer streng restriktiven Austeritätspolitik versagt hätten und neue Wege beschritten werden müssten, um durch wiederbelebtes Wachstum die Schuldendienstfähigkeit der lateinamerikanischen Ökonomien zu erhöhen (vgl. Boris, 1987: 34f.).

»In den späten 80er und 90er Jahren ist als ein Resultat der Schuldenkrise zu vermelden, dass die Inklusion eines Teils der Gesellschaft in die Moderne um den Preis der Exklusion der großen Mehrheit gelungen ist. Allerdings wird diese Exklusion nicht mehr durch militärische Repression hergestellt, sondern durch das ›unschuldige‹ Wirken des Marktes, politisch promoviert durch eine Politik, die dem Konsens von Washington folgt.« (Altvater, 1993: 15). Es ist zu überprüfen, wie dieses Kunststück des erfolgreichen Managements der internationalen Schuldenkrise bei gleichzeitiger Demokratisierung im Inneren vieler lateinamerikanischer Gesellschaften gelingen konnte. Das neoliberale Projekt entstand nicht selten während der Militärdiktatur, wurde aber häufig fortgesetzt und vertieft unter formell demokratischen und elektoralen Bedingungen.

6. Die Etablierung des neoliberalen Projekts (ca. 1985 bis heute)

Die Hinwendung zu neoliberalen Wirtschaftspolitiken in Lateinamerika während der 80er Jahre kann nicht als völlig überraschend und unerwartet bezeichnet werden. Schon in den 50er und 60er Jahren gab es in einzelnen Ländern Perioden, die durch kurzfristig wirksame »Stabilisierungspolitiken« (zwecks Bekämpfung der Inflation) im Sinne des IWF gekennzeichnet waren. Im Laufe der jahrzehntelang verfolgten importsubstituierenden Industrialisierung hatten sich die Widersprüche und Selbstblockaden dieser Wachstumsstrategie verstärkt und kumuliert. Nicht ohne Grund wird die 1982 praktisch überall in Lateinamerika »ausbrechende« Verschuldungskrise als konzentrierter Ausdruck des Scheiterns der seit der Weltwirtschaftskrise dominierenden Entwicklungsstrategie interpretiert. Entsprechend muss bei der Analyse des Übergangs zum – auf weitgehende Öffnung, Liberalisierung im Inneren und auf Exportorientierung abstellenden – Paradigma der neoliberalen Orientierung sowohl auf externe wie auf interne Determinanten Bezug genommen werden. Gleichfalls sind bei der Etablierung des neoliberalen Projekts wirtschaftliche und politische Aspekte zu unterscheiden.

6.1. Wirtschaftliche Aspekte

Zwar gab es bei der Einführung dieser neuen wirtschaftspolitischen Orientierung »Vorreiter«, wie z.B. Chile, das nach dem blutigen Militärputsch unter Führung von Pinochet im September 1973 relativ schnell (1975) zu einer strikten neoliberalen Politik übergegangen ist. Auch die Militärdiktatur, die 1976 in Argentinien die Macht ergriff, hat (z.B. bezüglich der Liberalisierung des Finanzverkehrs) erste Schritte hin zur Realisierung dieses neuen Paradigmas unternommen.

Auf breiter Front gingen aber fast alle Regierungen Lateinamerikas im Laufe der 80er Jahre oder spätestens zu Beginn der 90er Jahre zum neuen Modell neoliberaler Wirtschaftspolitik über. Seit Mitte bis Ende der 70er Jahre war es in Europa und in Nordamerika im Zusammenhang mit dem Zerfall des Bretton Woods-Systems, dem zeitweiligen

Anstieg der Inflationsraten und dem Beginn der Massenarbeitslosigkeit in vielen Industrieländern zu einem Paradigmenwechsel gekommen, der darin bestand, sich von keynesianischen Elementen der Wirtschaftspolitik zu entfernen und zu monetaristisch-neoklassischen Formen der Wirtschaftspolitik überzugehen. Die Verleihung des Nobelpreises an Milton Friedman (1976), dem »geistigen Flaggschiff« jenes wirtschaftstheoretischen Ansatzes kann noch als eher symbolischer Akt auf dem Wege zu dieser Lehre angesehen werden. Mit dem Regierungsantritt von Margaret Thatcher (1979) und von Ronald Reagan (1981) waren wichtige Länder in ihrer Wirtschaftspolitik zu einer strikt neoliberalen Angebotspolitik übergegangen.

Die meisten anderen Regierungen Europas folgten diesem Kurs mehr oder minder deutlich (vielleicht weniger radikal bezüglich des Abbaus sozialstaatlicher Elemente). Die in dieser Situation hereinbrechende Schuldenkrise der Dritten Welt (1982) wurde nicht nur als Bedrohung der internationalen Finanzwelt empfunden, sondern von vielen Regierungen des »Nordens« mehr oder minder bewusst dazu benutzt, eine »Flurbereinigung« hinsichtlich vieler Forderungen der Länder der Dritten Welt zu beginnen.

Schon bald nach den ersten, akuten konditionierten »Hilfsmaßnahmen« des IWF, der Gläubigerstaaten und des Pariser Clubs, die auf eine kurzfristige »Stabilisierung« abstellten, war auch schon von langfristig angelegten »Strukturanpassungsprogrammen« die Rede. War die Stabilisierungspolitik vor allem auf Haushaltskürzungen, Lohnsenkungen, Geldverknappung, Zinserhöhungen und Abwertung der Währung etc. ausgelegt, um die Inflation zu bremsen, das Haushalts- und Außenwirtschaftsgleichgewicht und damit die Schuldendienstfähigkeit der Länder wiederherzustellen, waren die Strukturanpassungsprogramme auf langfristige Umstellung der jeweiligen Wirtschaften, d.h. vor allem auf Öffnung und Liberalisierung der gesamten Wirtschaftsverhältnisse hin angelegt: Verringerung bzw. Beseitigung der Außenzölle, Abbau der Restriktionen für das Auslandskapital, Beseitigung der Hemmnisse im Geld- und Kapitalverkehr, Abbau von staatlichen Subventionen und Liberalisierung der Preise sowie Privatisierung staatlicher Unternehmen – gehörten zu dem Maßnahmenkranz, den man seit 1990 etwa als »Konsens von Washington« zu bezeichnen begonnen hat. Natürlich gehörte auch eine Liberalisierung und Flexibilisierung der Arbeitsverhältnisse, d.h. eine Rücknahme sozialer Sicherungen und der Rechte der Arbeitnehmer zu diesem Maßnahmenbündel.

Die jeweils interne Umsetzung dieses neoliberalen Programms verlief ganz unterschiedlich sowohl hinsichtlich der Schnelligkeit und Radikalität wie auch bezüglich der Sequenzen und jeweiligen nationalen Akzentuierungen. Keineswegs überall standen sofort interne gesellschaftliche Kräfte bereit bzw. waren diese stark genug, die Strukturanpassungs-Vorstellungen des IWF in »vorbildlicher Weise« umzusetzen. Häufig gelang es den auf das neue Paradigma setzenden Kräfte (vor allem exportorientierte Kreise, großindustrielle und finanzkapitalistische Sektoren) erst nach einigen Jahren heftiger Auseinandersetzungen, die primär oder ausschließlich binnenmarktorientierten, protektionistisch und staatsfixierten kleineren und mittleren Kapitale zurückzudrängen bzw. zumindestens teilweise für den neuen Kurs zu gewinnen. So erklärt sich der Siegeszug des neoliberalen Konzepts seit Mitte der 80er Jahre in Lateinamerika auch aus dem Scheitern anderer Strategieangebote und aus dem Mangel an überzeugenden Alternativen in einer Periode langanhaltender Depression.

Auf der makroökonomischen Ebene war die mit der Schuldenkrise begonnene »verlorene Dekade« zunächst von einer scharfen Rezession (1982/83), dann von einem leichten Aufschwung (1984-1987) und schließlich wiederum von einer stagnativen Phase (von 1988 bis Anfang der 90er Jahre) gekennzeichnet. Ein moderater durchschnittlicher Anstieg der Wachstumsraten wurde für die erste Hälfte der 90er Jahre registriert, um dann in der zweiten Hälfte der 90er Jahre in eine erratische bis stagnative Phase (vor allem 1998 und 1999) überzugehen. Der Nettoressourcentransfer aus Lateinamerika, zusammengesetzt aus Tilgungen, Zinsen und Kapitalrückflüssen, begann mit Einsetzen der Schuldenkrise negativ zu werden und blieb bis 1991 zwischen 15 bis 35 Mrd. US Dollar jährlich für Lateinamerika insgesamt defizitär (Green, 1995: 63f.). Dies war nur möglich, weil die lateinamerikanischen Länder seit der Schuldenkrise eine fast beständig positive Handelsbilanz »erwirtschaftet« hatten, woraus die Schuldendienstzahlungen geleistet werden konnten. »Als 1992 die Handelsbilanz erneut rote Zahlen schrieb, hatte Lateinamerika einen gesamten Handelsbilanzüberschuss von 242,9 Milliarden US-Dollar erzielt. Fast die gesamte Summe verließ umgehend die Region in Form von Schuldendienstzahlungen in Höhe von 218,6 Milliarden US-Dollar.« (Green, 1995: 64). Obwohl Abwertungen und interne Rezessionen die Exporte erleichterten, wurden die wachsenden Handelsbilanzüberschüsse vor allem durch die scharfe Reduktion der Importe bedingt. Die anhaltend hohen Inflationsraten und die gescheiterten »heterodoxen« Programme in einigen Ländern (z.b. Argentinien, Brasilien, Peru) ebneten den Weg für den Übergang zu klaren neoliberalen Politikvarianten. Im übrigen wurde dieser definitive Übergang durch die Vorlage des so genannten Brady-Plans, der eine gewisse Schuldendiensterleichterung mit sich brachte sowie durch die erneute Aufnahme des Kapitalzustroms nach Lateinamerika seit 1990 wesentlich erleichtert.

Gerade das Ziel der Inflationssenkung konnte in Ländern wie Mexiko in den ersten Jahren nach Beginn der Schuldenkrise nicht erreicht werden, weil die Regierungen – verantwortlich für die Zahlungen des Schuldendienstes – die Haushaltsrestriktionen doch wieder durch Ausdehnung der Binnenwährung (über das Drucken von Geld) zu lindern trachteten und damit aber die sonst inflationsbremsenden Faktoren (Austeritätspolitik, Lohnsenkung etc.) mehr als kompensierten. Auf der anderen Seite wurden – nicht zuletzt vor dem Hintergrund der relativen Erfolgslosigkeit dieser opferreichen Politikvariante – Wege ersonnen, durch die die Inflation bekämpft werden sollte, ohne zugleich eine tiefe Rezession herbeizuführen. Dies waren die so genannten heterodoxen Programme in Argentinien, Brasilien und Peru, die vor allem einen Stopp von Löhnen und Preisen sowie die Einführung neuer Währungen beinhalteten, welche die inflationären Erwartungen eindämmen sollten. Diese Programme hatten nur zeitweise einen gewissen Erfolg und führten nach einer kurzen Boomperiode wieder zu Inflation und Rezession. »Nachdem ›leichte‹ heterodoxe Lösungen diskreditiert waren, breitete sich der Neoliberalismus schnell in der Region aus; dies waren die Jahre, als die langfristige Strukturanpassung in den lateinamerikanischen Wirtschaften an Boden gewann. Handelsliberalisierung, Haushaltskürzungen, Privatisierung und Deregulierung sind seither in fast jedem Land zur Norm geworden.« (Green, 1995: 69).

Insgesamt sind selbst die Herolde der neoliberalen Botschaft über die Ergebnisse der so genannten Reformen nicht begeistert. »Der unzureichende ökonomische und soziale Fortschritt in den Ländern Lateinamerikas stand in auffallendem Kontrast zu der Größe der Änderungen, die in ihren Wirtschaftspolitiken stattgefunden hatten.« (Inter-American Development Bank, IDB, 1997 Report, 1997: 31). Die größten Erfolge verzeichnete das neoliberale Paradigma in der Bekämpfung der Inflation und in der Annäherung an ausgeglichenere Haushaltsverhältnisse. Die durchschnittliche Inflationsrate war seit 1996 in Lateinamerika unter 10% jährlich gefallen; das Haushaltsdefizit lag zum selben

Zeitpunkt bei »nur« -2% des BIP. Auch die Verschuldungssituation hat sich gegenüber den 80er Jahren insofern verbessert, als die Schuldendienstquote geringer geworden ist. Dies lässt sich einmal auf die Steigerung der Exporte (um ca. 60-70% von 1981-1994 z.b.), zum zweiten auf die Restrukturierung des Schuldenprofils in Richtung auf größere zeitliche Streckung und vor allem auf den wiedereintreffenden Zustrom des privaten Kapitals seit Beginn der 90er Jahre zurückführen. Damit ist bereits alles Positive, was auf neoliberale Maßnahmen mehr oder minder direkt zurückzuführen ist, aufgezählt. Dem stehen aber eine Reihe von Faktoren und Aspekten gegenüber, die die Erfolgsstory des Neoliberalismus in Lateinamerika außerordentlich stark relativieren bzw. dessen Wirksamkeit als Misserfolg (»all pain, no gain«, IDB, 1997) erscheinen lassen.

Es wurde bereits erwähnt, dass die durchschnittlichen Wachstumsraten sich in bescheidenen Grenzen gehalten haben und weit entfernt von den Größenordnungen der 60er und 70er Jahre unter der nun allseits verteufelten Importsubstitutionspolitik geblieben sind. Die Investitionsquote blieb mit ca. 20% Mitte der 90er Jahre relativ niedrig, wobei noch ein Teil dieser Quote auf ausländische Direktinvestitionen zurückzuführen ist, d.h., dass die so genannte einheimische Ersparnisbildung notorisch niedrig blieb. Das durchschnittliche Pro-Kopf-Einkommen der Region hat offenbar erst nach Beginn der 90er Dekade den Stand von 1980 wieder erreicht. Die durchschnittlichen Reallöhne lagen sogar noch in der Mitte der 90er Jahre ca. 40% unter dem Niveau von 1980 (IDB, 1997: 38). Die Einkommensverteilung, die zu den ungleichsten der Welt gehört, hat sich eher verschlechtert. Die Armutsquote ist seit 1982 wieder stark angestiegen und liegt gegenwärtig – nach einer leichten Verbesserung seit Beginn der 90er Jahre – bei ca. 36% und hat damit das Niveau von 1975 wieder erreicht. Die absolute Zahl der Armen hat sich indes stark erhöht: sie stieg auf über 200 Millionen Mitte der 90er Jahre, was gegenüber 135 Millionen 1980 eine enorme Steigerung bedeutet. (Siehe Tabellen 6.1 und 6.2 auf der folgenden Seiten)

Die »Inter-American Development Bank« hat in ihrem Bericht von 1997 eine detaillierte Evaluierung der so genannten ökonomischen Reformen für Lateinamerika vorgenommen. Da es sich um die ideologisch-theoretische Wortführerin in der Durchsetzung des neuen, neoliberalen Paradigmas handelt, ist das Ergebnis der Studie nicht völlig überraschend. Immerhin verweisen viele Passagen und Bemerkungen darauf, dass es die Bank als notwendig empfindet, auf die Äußerungen des

Tabelle 6.1.:
Makro-ökonomische Indikatoren Lateinamerikas 1983-2000 [a] (in %)

	1983-90	1991	1992	1993	1994	1995	1996	1997	1998	1999 [d]	2000 [e]
Inflationsrate	537.1	98.0	149.0	291.9	115.8	19.4	12.7	8.6	8.2	8.4	7.7
BIP-Wachstum	2.0	4.1	4.2	4.7	5.8	2.5	2.8	4.5	2.6	0.2	3.6
Öffentlicher Haushalt [b]	-4.4	-0.7	-0.4	-0.3	-0.1	0.9	-2.5	-2.8	-3.1		
Leistungsbilanz [c]	-4.0	-1.9	-2.8	-4.9	-3.1	-3.4	-3.6	-4.6	-5.5	-3.1	-2.9
Realer Zins	143.4	24.8	32.6	37.6	15.2	17.7	15.4	19.6	21.2		

a) Einfache Durchschnitte von neun Ländern (Bolivien, Chile, Costa Rica, Mexiko, Argentinien, Brasilien, Kolumbien, Jamaika und Peru), die allerdings ca. 90% des Bruttosozialprodukts Lateinamerikas repräsentieren.
b) Defizit: – (in Prozent des BIP)
c) Leistungsbilanzdefizit in Prozent des BIP
d) Schätzung
e) Prognose

Quelle: UN/ECLAC, Stallings, B./W. Peres (2000): 11
Dresdner Bank Lateinamerika AG (2000): Perspektiven Lateinamerika, Mai, S. 2

Tabelle 6.2.: Armut in Lateinamerika [a] 1980-1997

Arme Haushalte (in %)

	Arme Haushalte [b] (in Prozent)		
	Gesamt	Städtisch	Ländlich
1980	35	25	54
1990	41	35	58
1994	38	32	56
1997	36	30	54

	Anzahl der betroffenen Personen (in Tausend)		
	Zahl und Verteilung der Armen		
	Gesamt	Städtisch	Ländlich
1980	135 900	62 900	73 000
1990	200 200	121 700	78 500
1994	201 500	125 900	75 600
1997	204 000	125 800	78 200

a) ECLAC-Schätzungen auf der Basis von Haushaltsuntersuchungen in 19 Ländern Lateinamerikas
b) Prozentsatz der Haushalte, die Einkommen unter der Armutslinie beziehen. Eingeschlossen sind die »extrem armen« Haushalte, die fast die Hälfte der gesamten Armen ausmachen.

Quelle: UN/ECLAC (1999b) Notes, No. 4 (May), S. 1, 3

Unbehagens mit dem gegenwärtigen ökonomischen Modell zu reagieren. »Von einigen Seiten wurde das Interesse an interventionistischen Politiken neu belebt und in manchen Ländern entwickelte sich ein Unbehagen, das gegenwärtige ökonomische Modell aufrechtzuerhalten.« (IDB, 1997: 34).

Ausgangspunkt der Untersuchung der »Inter-American Development Bank« ist die Diskrepanz zwischen relativ tiefgreifenden »ökonomischen Reformen« einerseits und den sehr bescheidenen bzw. kontraproduktiven Ergebnissen andererseits. Das Resultat lässt sich in fünf Punkten zusammenfassen:

1. Entgegen dem Augenschein hat es in Lateinamerika bezüglich einiger wichtiger makroökonomischer Indikatoren (z.b. Wachstum) gegenüber den 80er Jahren in den 90er Jahren durchaus eine Besserung gegeben, allerdings weniger gegenüber den 60er und 70er Jahren. Dieses Phänomen bleibt teilweise unerklärt, teilweise werden die anderen, folgenden Punkte zur Erklärung herangezogen.

2. Ohne die neoliberalen, ökonomischen Reformen wäre alles viel schlechter verlaufen, das Wachstum wäre noch geringer, die Einkommensverteilung noch ungleicher, die Armutsquote noch größer etc. »Obwohl die tiefen Unterschiede in der Gesellschaft sich während der 90er Jahre nicht verringerten, waren die strukturellen Reformen Teil der Lösung und nicht das Problem. Zusammengenommen haben die Reformen die Verschlimmerung der Verteilungsverhältnisse der vorangegangenen Dekade aufgehalten, weil sie ökonomisches Wachstum beschleunigten und die Investitionen reaktivierten.« (IDB, 1997: 33).

Bemerkenswert ist allerdings, dass der Report diese Aussage durch eigene Statistiken widerlegt, insofern, als die Investitionsquote von 1981 bis 1990 mit 19,5% des BIP und für 1991 bis 1995 mit 19,6% angegeben wird, was praktisch keine Veränderung indiziert (ebd., S. 37, Tab. 2).

3. Die Reformen müssen nur fortgesetzt und vertieft werden. Bezüglich der Handelsliberalisierung ist man schon am weitesten fortgeschritten, bezüglich des Steuersystems und der Liberalisierung des Finanzwesens kann noch einiges verbessert werden, so z.B. die Aufsicht über Banken. Auch die Privatisierung kann noch weiter vorangetrieben werden, die Ebene der Arbeitsverhältnisse und der gesetzlichen Veränderung in Richtung Flexibilisierung und Liberalisierung lässt nach Auffassung des Reports noch am meisten zu wünschen übrig: Hier sind noch die größten Liberalisierungsreserven vorhanden.

4. Die Reformen brauchen Zeit, die kurze Phase von 10 oder 15 Jahren reicht noch nicht aus, um zu erkennen und zu beweisen, dass der Pfad der marktradikalen Reformen der einzig denkbare und richtige ist.
5. Allerdings räumt der Report bezeichnenderweise ein, dass selbst bei weitgehender Durchführung der marktwirtschaftlichen Reformen eine Verbesserung vieler makroökonomischer und sozialer Indikatoren nicht eintreten wird. Dazu sind weitere und andere Reformen notwendig, die der Report vor allen Dingen im Bereich der institutionellen Strukturen und im defizitären Erziehungswesen für erforderlich hält. Die inadäquaten institutionellen Strukturen im fiskalischen und finanziellen Bereich würden Ungleichgewichte nicht vermeiden helfen und ein Gegensteuern bei Auftreten derselben erschweren. Vor allem aber würde auch bei weitreichenden strukturellen Reformen das ernsthafte Problem der sozialen Ungleichheit in Lateinamerika kaum berührt werden; bestenfalls würden jene dazu beitragen, eine entsprechende Verschlimmerung zu verhindern. »Die tiefsten Ursachen für diese Ungerechtigkeit liegen in der langsamen Akkumulation von Humankapital und in der Weise, wie Märkte und Institutionen die bestehenden Muster von physischen Vermögensbeständen und von Erziehung reproduzieren.« (ebd., S. 77). Daher empfiehlt der Report, dass eine adäquate ökonomische und soziale Politik in Lateinamerika in der Bündelung verschiedener Strategien bestehen muss: einmal Vertiefung der Marktreformen, zweitens die Reduzierung der Quellen von Volatilität, drittens die Beschleunigung der Akkumulation von Humankapital, sprich: Ausdehnung und Vertiefung von Erziehung, Bildung und viertens die Erweiterung der Instrumentarien, um Gleichheit anzustreben.

Im einzelnen empfiehlt der Bericht bezüglich der Vertiefung der »Marktreformen« u.a. folgende Maßnahmen: Weitere Senkung der Außenzölle für verschiedene Produkte, d.h. vor allem Verringerung der Spannbreite der unterschiedlichen Zollhöhen. Bezüglich der Finanzpolitik soll der zu schnelle Liberalisierungsprozess durch eine Supervision und »kluge Regulierung« (hinsichtlich der Reservehaltung der Banken, der Transparenz des Rechnungswesens etc.) sozusagen wieder eingeholt werden. Das Steueraufkommen sei durch Erhebung direkter Steuern, vor allem von Einkommenssteuern, zu steigern. Die Privatisierung müsse weiter vorangetrieben werden, wobei vor allen Dingen die Kriterien der ökonomischen Effizienz und nicht die der Höhe fiskalischer Einnahmen bei der Privatisierung ausschlaggebend sein sollen. Schon beim Verkauf müssten Gesichtspunkte der Sicherung des Wettbewerbs eine vorrangige Rolle spielen. Hinsichtlich der Veränderung der Arbeitsgesetze sollten vor allen Dingen die Entschädigungszahlungen bei Entlassungen, welche nach Dauer der Betriebszugehörigkeit gestaffelt sind, abgeschafft werden, um die Anreize für eine Wiedereinstellung oder eine Neubeschäftigung zu erhöhen. Eine Transformation der herkömmlichen, auf Umlagesystemen beruhende Pensionsregelung sollte durch den Übergang auf private Kapitalanlageformen vorgenommen werden. Eine Reduktion von Lohnrigiditäten sei anzustreben, und eine Stabilisierung der Minimallohnregelung für nicht geschützte Arbeiter einzuführen. Auch die Zurücknahme des staatlichen Monopols bezüglich des »labour training« (wo existiert es? D.B.) soll zu einer Flexibilisierung des Arbeitsmarktes beitragen, da dann die Gesellschaften und Unternehmen von den privaten »training services« Gebrauch machen könnten (ebd., S. 77ff.).

Als zweiten Punkt empfiehlt der IDB-Bericht die Verringerung der Quellen von Volatilität anzustreben. Er geht davon aus, dass die bisherigen strukturellen Reformen die Schwankungen des BIP-Wachstums, der Inflation und der Wechselkursraten zwar bereits bedeutend verringert haben, dass weitere Maßnahmen in dieser Richtung aber stärkend und volatilitätsmindernd wirksam sein können. Allerdings wird festgestellt, dass keinerlei Garantie möglich ist, zukünftige Schocks von außen, fiskalische Brüche oder schwere Fehler in der monetären Politik zu vermeiden. Obwohl also diese Risiken niemals eliminiert werden können, sei es möglich, durch einen Satz von Maßnahmen und institutionellen Reformen entsprechende Gefahren zu verringern. Die Geldpolitik könne eine aktive Rolle dabei spielen, Kreditbooms zu verhindern und die Liquiditätserfordernisse bei den Banken zu erfüllen. Im übrigen sei es wichtig, die Devisenreserven im Auge zu behalten, damit den spekulativen Attacken auf die lokale Währung begegnet und hierdurch Währungs- und Finanzkrisen vermieden werden können.

Dabei gilt die Regel, dass je mehr ein Währungssystem auf die Fixierung der Währungsrelation ausgerichtet ist, umso größere Reservenotwendigkeiten ins Auge zu fassen sind. Generell sei durch Schaffung der Grundlagen für ein langfristiges Sparen eine Vertiefung des Finanz- und Kapitalmarktes möglich, wodurch eine Verringerung von Außenzuflüssen erreicht werde. Die privaten Pensionsfonds und auch eine Verstärkung des öffentlichen Sparens spielen nach Auffassung des IDB-Reports hierbei eine wichtige Rolle. Der Report beklagt, dass die Fiskalpolitik in Lateinamerika typischerweise pro-zyklisch ausfällt, was vor allem auf das hohe staatliche Dauerdefizit und die hohe öffentliche Verschuldung zurückgeführt wird. Wenn das staatliche jährliche Haushaltsdefizit verringert würde und gelegentlich sogar Reserven angelegt werden könnten, dann wäre eine antizyklische Fiskalpolitik leichter möglich.

Der »Beschleunigung der Akkumulation von Humankapital« wird im IDB-Report ein großes Gewicht zugewiesen.»Höhere Bildungsniveaus der Arbeitskräfte würden es ermöglichen, das ökonomische Wachstum zu beschleunigen und dadurch die Einkommenskonzentration in Lateinamerika spürbar zu reduzieren.« (ebd., S. 81). Dabei ist eine Realisierung dieses Ziels nach Einschätzung des Reports weniger ein finanzielles als ein organisatorisches Problem. Bei der organisatorischen Umstrukturierung müsse eine starke Dezentralisierung der Entscheidungsmöglichkeiten bis hin auf die Ebene der Schulleitung erfolgen, Qualitätsmaßstäbe seien zu verallgemeinern und die Partizipation von Gemeinden und Eltern zu erhöhen.

Im letzten Abschnitt, der der Erweiterung der Instrumente zur Erzielung von mehr Gleichheit gewidmet ist, versichert der Report wieder einmal, dass makroökonomische Stabilisierung und freiere Operationen des Marktes nicht automatisch gegen sozialen Ausgleich gerichtet sind. Während der letzten Dekade sei es offensichtlich, dass diese Wirtschaftspolitik den Prozess der Einkommenskonzentration und der wachsenden Armut der vorangegangenen Jahre aufgehalten hätte. Aber eine »neue Generation« politischer Maßnahmen sei erforderlich, um die Distribution des physischen und sozialen Kapitals noch tiefer zu verändern. Hier deutet sich bereits an, dass die Autoren des Reports ihren eigenen häufigen Versicherungen nicht recht trauen, wonach die Marktkräfte die grundlegenden Probleme nicht verschärfen, sondern abmildern würden. Daher wird eine ganz andere, ordnungspolitisch fremde Ebene eingeführt, um die Defizite der Marktmechanismen auszugleichen. Als ein Punkt wird die »Restrukturierung der Faktormärkte« erwähnt, wobei unterstrichen wird, dass bislang der Verbreiterung und Demokratisierung des Zugangs zu produktiven Ressourcen zu wenig Aufmerksamkeit geschenkt worden sei. Dabei könnte der Zugang zu Kreditmöglichkeiten für kleine Produzenten eine besondere Rolle spielen. Zweitens empfiehlt der Report die Restrukturierung der Regierungsinstitutionen, wobei auch hier ein demokratischerer Zugang zu Regierungsdienstleistungen und Entscheidungsfindungen der Regierungskörperschaften und anderer öffentlicher Institutionen als besonders wichtig beim Abbau der Ungleichheit herausgestellt wird. Verbesserungen in der Arbeitslosenversicherung, den Sozialleistungssystemen und eine Stärkung der kollektiven Verhandlungsfähigkeit von bislang nicht organisierten Bevölkerungssegmenten werden am Ende als korrigierende Faktoren genannt.

Insgesamt bleibt der Widerspruch, dass auf der einen Seite energisch für eine Stärkung der Marktkräfte, der Angebotsseite, kurz des kapitalverwertenden Pols der Gesellschaft plädiert wird, weil letzterer entscheidender Antriebsmotor der kapitalistischen Wirtschaft sei, andererseits aber die Resultate der Stärkung dieser Kräfte, z.b. die wachsende Einkommenspolarisierung, die Beschäftigtenstagnation, der Armutsanstieg etc. tendenziell anderen, systemfremden Faktoren zugeschrieben werden. In der Ausflucht ins Erziehungswesen, als dem entscheidenden Bereich der Verursachung und der Persistenz sozioökonomischer Ungleichheit klingt allerdings an, dass die Autoren des IDB-Reports selbst von den durch sie dargelegten Analysen und Perspektiven nicht vollständig überzeugt sind. Diese immanenten Widersprüche bei Marktfetischisten, d.h. solchen Autoren, die dem Wirken der Marktkräfte per se Homogenisierung, Harmonie und generelle wohlfahrtssteigernde Wirkungen zuschreiben, finden sich auch bei Autoren mit z.b. eher sozialdemokratischer Orientierung. Bei Dirk Messner etwa wird die Stärkung der Marktkräfte einerseits unumwunden und ohne jede Einschränkung als positiv dargestellt (Abbau von Überregulierung, Delegierung von Steuerungsaufgaben etc., Messner, 1997: 44, 58 etc.), dann wiederum ist die Rede von »sozial und ökologisch destruktiv wirkenden Tendenzen der Marktwirtschaft« (ebd., S. 58), die durch ein »leistungsfähiges Institutionensystem« zu korrigieren wären. »Jenseits von Markt und Staat« sollen diese intermediären Institutionen, die netzwerkartigen Verbundsysteme, wirksam werden. Auf dieser Ebene herrscht das wahre Eden von Vertrauen und Reziprozität; von Herrschaft, Ausbeutung oder gar Klassenantagonismus kann keine Rede mehr sein. »Die soziale Funktionslogik von Netzwerken, ohne deren Existenz eine aktive Standortgestaltung, die Entwicklung nationaler Wettbewerbsvorteile und technologischer Kompetenz nicht gelingen kann, basiert auf Reziprozität, Vertrauen, der Kompromiss- und Kooperationsfähigkeit von Akteuren, freiwilliger Beschränkung der eigenen Handlungsfreiheit und fairem Austausch. Diese Handlungsorientierungen stehen in einem unauflöslichen Spannungsverhältnis zueinander, dessen Balance stets neu erarbeitet werden muss.« (Messner, 1997: 57). Wohin das Nicht-Wissen oder auch das bewusste Negieren eines kritischen Begriffs von kapitalistischer Produktionsweise und kapitalistischer Akkumulationslogik führt, zeigt jenes ebenso schlagwortreiche wie substanzlose Harmoniegerede, in dem nun wirklich alle Katzen grau geworden sind und wo das Gewicht moralisch normativer Wunschvorstellungen in einem umgekehrt proportionalen Verhältnis zu der analytischen Schärfe von genuinen Erkenntnissen der lateinamerikanischen Wirklichkeit steht.»Vor diesem Hintergrund erscheinen die Konturen einer aktiven Gesellschaft, einer durch Wettbewerb, Diskurs, Verbund und Netzwerkbildung korrigierten und potenzierten Marktwirtschaft. Der Markt wirkt als Rationalisierungs- und Entwicklungsmotor, der Staat als wirtschaftlicher und gesamtgesellschaftlicher Verbundmotor, die gesellschaftlichen Akteure interagieren in Netzwerken, um ihre eigenen Interessen zu verfolgen, konfligierende Interessen auszutragen und gemeinsame Interessen mit anderen Akteuren durch Bündelung der Kräfte umzusetzen.« (Messner, 1997: 58).

Die Defizite und enttäuschenden Ergebnisse der »Marktreformen der ersten Stunde« haben einen »Post-Washington-Konsensus-Diskurs« hervorgebracht. Seit Anfang der 90er Jahre ist die Rede davon, dass nach den makroökonomischen Zielsetzungen (Haushaltsausgleich, Inflationsbekämpfung, außenwirtschaftliches Gleichgewicht, Privatisierung, Deregulierung etc.) nun stärker gesellschaftliche und infrastrukturelle Probleme in einer »neuen Generation« oder einer »zweiten Phase« von Reformen angegangen werden müssen. Diese Postulate finden sich, wie wir gesehen haben, vor allem bei den Autoren der Inter-American Development Bank (IDB), der Weltbank, neuerdings sogar beim IWF und vielen anderen multilateralen und nationalen Entwicklungsbehörden. Wenig Gedanken (und empirische Studien) sind allerdings darauf verwendet worden, zu untersuchen, inwiefern diese mit einer zweiten Phase von Reformen verbundenen Vorstellungen mit den Maßnahmen der ersten Phase von »Reformen« überhaupt zusammenpassen bzw. damit konsistent sind. Fast alle Autoren stellen die »Markt-Reformen«, auch die der ersten Generation, als per se vernünftig und alternativlos hin. Die Vorstellung, dass sie leicht ergänzt werden können und einer Komplementierung bedürfen, ist weit verbreitet. Einige Autoren sehen gewisse Widersprüche und Spannungen, aber auch diese scheinen letztlich nicht unüberwindbar zu sein. Wohlmeinende, linksliberale Autoren aus den USA z.B. vermuten, dass »Mitte-Links-Regierungen« in Lateinamerika (wie z.B. das Bündnis von FREPASO und UCR in

Argentinien oder eine mögliche Regierung der PRD in Mexiko) diese Aufgaben übernehmen könnten. Die Spannungen zwischen den verschiedenen Arten von Reformen, der der ersten und der der zweiten Generation sehen solche Autoren durchaus: »Um die Spannungen zu verstehen, ist es nützlich, drei Typen von Zweiter-Generation-Reformen auseinanderzuhalten: 1. marktvervollständigende Maßnahmen, die die Liberalisierungsinitiativen der ersten Reformphase zur vollen Reife bringen sollen, 2. ausgleichsorientierte Programme, die die sich ausweitende ungleiche Verteilung von Einkommen verbessern sollen und 3. institutionenschaffende Maßnahmen, die auf ›gute Regierung‹ und staatsbürgerliche Beteiligung am politischen Prozess abzielen. Diese unterschiedlichen Imperative sind manchmal widersprüchlich. In Mexiko z.b. hat ein technisch vernünftiger Plan zur Sanierung des Finanzsystems heftige Kämpfe im Kongress darüber ausgelöst, wie die Anpassungskosten gerecht verteilt werden sollen. In Argentinien wurde ein durchgreifendes Arbeitsreformgesetz, das den Markt revitalisieren sollte, aber wahrscheinlich die Einkommensverhältnisse verschlechtert hätte, von der Arbeiterbewegung zum Scheitern gebracht; um über diesen halbherzigen Zugriff hinwegzukommen, müsste die Exekutive den Kongress beiseite schieben, wie sie dies in der ersten Phase der politischen Schocks durch Gesetzgebung mittels Dekrete getan hat.« (Pastor/Wise, 1999: 35).

So schwierig es auch sei, man könne diese Spannungen überwinden. »Neue Koalitionen« und »neue Politiker« seien dazu erforderlich. Diese müssten nur energischer daran arbeiten, den Kreis der »Gewinner« der Marktreformen zu erweitern (ebd.: 41). Um einen »planwirtschaftlichen Rückschlag« oder das »Gespenst des Populismus« (ebd.: 47) zu vermeiden, sei die politische Entwicklung in dieser Richtung der »logische nächste Schritt in den Reformanstrengungen Lateinamerikas« (ebd.: 47). Hierfür scheint in den Augen der beiden Autoren auch das jüngste Wählerverhalten in einigen Ländern zu sprechen: diese wollten in ihrer Mehrheit keineswegs Abstand nehmen von den marktorientierten Reformen, da sie sie als in ihrem langfristigen Interesse liegend betrachten, und sie nur in dem genannten Sinne korrigieren. »Fast die gesamten 90er Jahre hat das Gespenst des Populismus die Politiker davon abgehalten, die offensichtlichsten Fälle von Marktversagen in Lateinamerika anzugehen. Heute müsste – ohne den gemachten Fortschritt zurückzukurbeln – die Priorität in der Politik expliziter darauf gelegt werden, die Marktreformen für das Wachstum und distributive Ziele, für die sie ursprünglich intendiert waren, einzusetzen.« (ebd.: 47).

Die Autoren sehen allerdings, dass die große Einkommens- und Machtungleichheit in Lateinamerika letztlich auf die exzessive Konzentration von Vermögen und Produktionsmitteln zurückgeht. Wie weit diese durch Steuerreformen und Verbesserungen des Bildungswesens rückgängig zu machen sind, wird von den Verfassern leider nicht erörtert. Die Tatsache, dass seit Beginn der 90er Jahre bereits von solchen Reformen der »zweiten Generation« die Rede ist, aber gleichzeitig die einfachsten Reformen im Bereich des Steuer-, Gesundheits- und Erziehungswesens sowie der demokratischen Institutionen bislang weitgehend ausgeblieben oder gescheitert sind, treibt die Verfasser nicht zu weiteren Überlegungen darüber, inwieweit überhaupt die Art und Richtung der »Reformen der ersten Generation« mit der Stoßrichtung und Intention von »Reformen der zweiten Generation« – unter den obwaltenden Macht- und Herrschaftsverhältnissen in Lateinamerika – vereinbar ist.

Vorläufiges Resümee: Langfristige Haushaltsungleichgewichte und außenwirtschaftliche Defizitlagen sind nicht dauerhaft möglich; diese allein herzustellen, über eine Liberalisierungswelle nach innen und nach außen, mit Deregulierungen und Privatisierungen etc. ist keineswegs Garant einer schnellen ökonomischen Entwicklung (Cardoso/Helwege, 1995: 170f.). Die gesamten gesellschaftlichen und politischen sowie institutionellen Rahmenbedingungen müssten dafür verändert werden. Dies ist gewiss nicht gänzlich unmöglich, auch innerhalb der kapitalistischen Gesellschaftsformation; aber es ist heute – unter den restriktiven externen und internen Bedingungen – sicher sehr viel schwerer zu erreichen als es früher in den heute entwickelten kapitalistischen Ländern der Fall war.

Der zentrale Widerspruch besteht darin: man muss das Kapital und die Kapitalakkumulation soweit wie möglich fördern, da sich aus dieser Leitvariable das Gesamtsystem in seiner Entwicklung ableitet. Tut man dies aber, werden und müssen andere gesamtwirtschaftliche und gemeinwohlorientierte Maßnahmen und Ausgaben z.B. bezüglich ausgeschlossener, marginalisierter Bevölkerungsteile immer bloß sekundär und von nachgeordneter Bedeutung bleiben. Im übrigen müssten große Bevölkerungsteile ihre Rechte einfordern, gleichzeitig aber das übergeordnete Ziel der Kapitalakkumulation stärken wollen, ein Widerspruch, der sich unter den gegenwärtigen Bedingungen, wo die Kapitalverwerterseite (z.B. in Gestalt von Pensionsfonds, Aktiengesellschaften) und die große Masse der lohnabhängigen und subordinierten Bevölkerung sich zunehmend weniger direkt und anonymer gegenüberstehen, in geringerem Maße artikulieren kann.

6.2. Gesellschaftliche und politische Aspekte

Das zeitliche Verhältnis zwischen dem Beginn der neoliberalen, ökonomischen »Reformen« und der politischen Liberalisierung bzw. Demokratisierung in Lateinamerika war für die einzelnen Ländergruppen recht unterschiedlich: In den Fällen Chiles und Uruguays wurden die neoliberalen Schockmaßnahmen unter der Ägide der Militärdiktaturen seit Mitte der 70er Jahre durchgeführt, eine Demokratisierung erfolgte erst wesentlich später (Uruguay 1985, Chile 1989/90), wobei allerdings wesentliche Elemente der neoliberalen Politikorientierung auch von den folgenden demokratischen Regimes beibehalten wurden. Im Falle von Brasilien, Argentinien, Peru erfolgte z.b. zuerst die politische Demokratisierung und dann, mit einem Abstand von ca. 10 Jahren, die Hinwendung zur neoliberalen Politik. In anderen Fällen wiederum, wie vor allem in Bolivien, verlief die politische Demokratisierung und ökonomische Liberalisierung fast gleichzeitig und parallel zueinander.

Aus diesen unterschiedlichen zeitlichen Konstellationen ist immerhin schon ganz allgemein zu schlussfolgern, dass diese beiden Prozesse nicht in einem notwendigen Ergänzungs- oder Kongruenzverhältnis stehen, sondern in beträchtlichem Ausmaß ihren jeweils »eigenen Logiken« folgen. Dies bedeutet, dass die vielfach von marktwirtschaftlich orientierten Autoren verfochtene Meinung, der Marktradikalismus sei per se demokratisch oder erfordere eine demokratische Verfassung, keineswegs schlüssig ist. Umgekehrt muss natürlich auch eine demokratische Regierung keineswegs automatisch einer stark marktorientierten Wirtschaftspolitik Vorrang geben. Vielmehr ist hypothetisch davon auszugehen, dass zwischen marktradikalen Maßnahmen und der politischen Demokratie ein mehr oder minder starkes Spannungsverhältnis besteht, dessen Ausmaß und Ausgang nicht nur von dem Erfolg oder Misserfolg der ökonomischen Politik abhängt, sondern vor allem auch von den institutionellen Gegebenheiten in dem jeweiligen Land, von den historisch-politischen Erfahrungen und den sozialen Strukturen (Starr/Oxhorn, 1999: 4).

Zugespitzt ist zu fragen, ob und warum eine neoliberale Politik gesellschaftliche Zustimmung und politische Legitimität erlangen konnte, obwohl sie zweifellos harte soziale Einschnitte, Austerität, soziale Polarisierung und danach keineswegs immer langandauerndes, beständiges wirtschaftliches Wachstum beschert hat. Zur Beantwortung der Frage nach Hintergründen und Quellen neoliberaler Hegemonie ist außer der Erörterung spezifischer internationaler und nationaler Konstellationen sowie bestimmter Akzentsetzungen im politischen Handeln der führenden Politiker (a) auch auf längerfristige Veränderungen der Sozialstrukturen (b) und auf die von vielen neoliberalen Regierungen/Präsidenten favorisierten neopopulistischen Politikformen (c) einzugehen.

a) Die internationalen Faktoren, die die neoliberale Wende materiell und/oder ideologisch unterstützt haben, sind schon genannt worden: der Übergang zu neuen Paradigmen seitens der Regierungen von Großbritannien und der USA Ende der 70er und Anfang der 80er Jahre sowie eine noch stärkere Akzentuierung dieser neuen wirtschaftspolitischen Linie durch den IWF, die Weltbank und andere multilaterale Institutionen. Der Zusammenbruch der Sowjetunion Ende der 80er Jahre, die ökonomischen Erfolge der ostasiatischen Tigerstaaten, die – fälschlicherweise – als Beispiele neoliberaler, exportorientierter Politik hingestellt wurden, sind als weitere wichtige Determinanten zu nennen.

Intern schien das Scheitern »heterodoxer« Wirtschaftspolitiken die Alternativlosigkeit gegenüber einer harten neoliberalen Linie nur noch zu bestätigen. Lediglich auf diese Weise konnten, so wurde argumentiert, die Prozesse der Hyperinflation überwunden, neue Wachstumskräfte freigesetzt und vor allem neues ausländisches Kapital, sei es in Kreditform oder als Direktinvestitionen, angelockt werden. Die mittelfristigen Aussichten würden, so dachte man vielerorts zweifellos, die aktuellen Einbußen und Härten kompensieren oder sogar überkompensieren.

Einige Autoren gehen davon aus, dass die ursprünglich geringe soziale Unterstützung der neoliberalen Wende sich im Laufe der Jahre verstärkt habe. »Obwohl es ursprünglich wenig Unterstützung für das neoliberale Modell gab, hat es während der vergangenen Dekade ständig an Boden gewonnen. Die Ausweitung der gesellschaftlichen Unterstützung durch die Akzeptierung eines veränderten Modells (sozialer, aber noch marktorientiert) war bemerkenswert. ...Die Realisierung makroökonomischer Stabilität hat dazu beigetragen, den neoliberalen Programmen eine breitere Legitimität zu verschaffen (wie in den Regierungen von Fujimori, Menem und Cardoso deutlich wird, da sie Stabilität erreichten, nachdem heterodoxe und populistische Modelle gescheitert waren). Nach einem anfänglichen beträchtlichen Schock, durch welchen Armut und Beschäftigungslosigkeit stark anstiegen, kann eine allmähliche Verbesserung bezüglich dieser Variablen eintreten (wie im Falle von Chile, aber nicht Argentiniens). Soweit die Beschäftigung ansteigt, können neoliberale Modelle möglicherweise gesellschaftliche Unterstützung von seiten ärmerer Gruppen, die nach und nach in Lohnarbeit kommen, gewinnen.« (Gwynne/Kay, 1999: 18f.).

Neben den externen Stützen der neuen Entwicklung waren intern, sozialstrukturell gesehen, die Export- und Importsektoren, große wettbewerbsfähige Kapitale, Finanzsektoren etc. die Träger und Gewinner der neoliberalen Wende, die sie auch tatkräftig in der politischen Auseinandersetzung durchzusetzen wussten. Nach langen Kämpfen und in einer Situation scheinbarer Alternativlosigkeit gelang es ihnen, politische Unterstützung für diesen Kurs zu finden. Doch wäre diese Koalition, angereichert noch um bestimmte ökonomische Technokraten, die den Neoliberalismus vertraten, machtpolitisch sicherlich nicht ausreichend gewesen, zumal in einem Klima wachsender Demokratisierung. Eine wichtige, zumindestens passive, interne Stütze dürften die wachsenden informellen Sektoren gewesen sein, da diesen starke Konkurrenz und alltägliche Überlebenskämpfe ohnehin nicht fremd waren. Im übrigen standen die meisten ihrer Waren und Dienstleistungen nicht in einem Konkurrenzverhältnis mit den importierten Gütern, weswegen ihnen eine Liberalisierung, Öffnung und Deregulierung relativ gleichgültig sein konnte.

Die eigentlichen Gegner der neoliberalen Wende waren vor allem die organisierten Arbeiter im formellen Sektor, beträchtliche Teile der Mittelschichten, insbesondere im öffentlichen Bereich sowie die kleine und mittlere Bourgeoisie, die auf den Binnenmarkt hin orientiert war (Weyland, 1999: 181ff.). »Neopopulistische Führer mussten unterhalb dieser Schichten (d.h. der Arbeiterklasse und den Mittelschichten des formellen Sektors, D.B.) in der gesellschaftlichen Pyramide ankommen. Sie sprachen speziell die unorganisierten Armen in dem sich stark ausdehnenden informellen Sektor und in ländlichen Gebieten an. Diese benachteiligten Gruppen waren von den meisten Vorteilen des Modells der Importsubstitution ausgeschlossen geblieben. Neopopulistische Politiker fanden massive Unterstützung, wenn sie auf den Wunsch dieser Schichten nach Einbeziehung in die Gesellschaft antworteten. So benutzten sie die unorganisierten Massen, um die organisierte Zivilgesellschaft ins Abseits zu stellen.« (Weyland, 1999: 182).

Die Gewinnung neoliberaler Hegemonie in den meisten lateinamerikanischen Gesellschaften weist sicherlich eine Reihe von wichtigen Aspekten auf. In den einzelnen Ländern sind diese Faktoren jeweils unterschiedlich wichtig gewesen. Jedenfalls wird allgemein deutlich, dass die Gleichsetzung von Kapitalismus/Marktwirtschaft mit Neoliberalismus und die zugleich vollzogene positive Besetzung von beidem in der tiefen ökonomischen Krise und Dauerstagnation der 80er Jahre in erstaunlich breitem Umfang gelang. Die Geschichte schien tatsächlich stillzustehen und keine Alternative zur Marktwirtschaft, zur Öffnung nach außen, zur Reduktion staatlicher Funktion etc. zuzulassen. Den Menschen schien das technokratisch-bürokratische Gestrüpp von Subsidien, Sonderrechten und speziellen Beziehungen zu den politisch Mächtigen, das mit Klientelismus und Korruption einherging, weit gravierender und hinderlicher für ihr Fortkommen zu sein, als sich den Gesetzmäßigkeiten des Marktes zu überlassen und dabei zumindestens die Illusion zu besitzen, dass durch eigene Aktivität ein Vorwärtskommen möglich sei. Der relativ hohe Grad der neoliberalen Akzeptanz kann nicht erklärt werden ohne den Hinweis auf einen beträchtlichen Entpolitisierungsprozess in vielen lateinamerikanischen Gesellschaften, der vor allem durch die mehr oder minder lang dauernde Herrschaft der Militärdiktaturen vorbereitet worden ist. Die Zerschlagung der Linken, sei es in Form von parteipolitischen Verbänden, Gewerkschaften oder anderen Kollektiven, hat zweifellos hierzu entscheidend beigetragen. Die Form des ausgehandelten Übergangs, die nach wie vor starke Stellung der Militärs in vielen Gesellschaften Lateinamerikas sowie die vorsichtige Haltung vieler reaktivierter Parteien und akademisch-politischer Zirkel, die eine Gefährdung der »gobernabilidad« (der Regierungsfähigkeit) durch »Provokation« der herrschenden Klassen, Kapitaleigner und Militärs nicht heraufbeschwören wollten, hat ebenfalls zu dieser Tendenz der Entpolitisierung beigetragen. Viele linke Parteien sind nach den Jahren der Diktatur verschwunden oder tauchten reduziert bzw. in stark veränderter Form wieder auf. Begleiterscheinung und Kehrseite dieser relativen Zurückdrängung von kollektiven politischen Strukturen scheint die starke Bedeutungszunahme der Medien und insbesondere des Fernsehens zu sein, die ihrerseits die Passivität der Massen begünstigen können. »In der gegenwärtigen Politik Lateinamerikas hat das Fernsehen die Parteien, die Gewerkschaften und die ›Straße‹ als wichtigstes Instrument der Erzeugung (und Zerstörung) des öffentlichen Images von Mitgliedern der politischen Klasse ersetzt.« (Silva,

1999: 56). Ein ganz entscheidender Faktor für die Erklärung der Zunahme neoliberaler Hegemonie – zumindest bis zur Mitte der 90er Jahre – war, dass das Versprechen, eine makroökonomische Stabilität zu erzielen und die Inflation entschieden zu bekämpfen, tatsächlich in den meisten Fällen realisiert wurde. Gegenüber den Unwägbarkeiten und den besonderen Überlebensnöten der Mittel- und Unterschichtsangehörigen in einem Prozess der Hyperinflation wogen andere Aspekte, wie soziale Kosten oder autoritäre Tendenzen bzw. exzentrisches Gehabe von neoliberalen Politikern etc. offensichtlich deutlich geringer als der Vorteil, von zusätzlichen – alltägliche Energien verschlingenden – Anpassungsleistungen in einem Hyperinflationsprozess befreit zu sein. So wird gerade dieser Faktor der Preisstabilität in Argentinien und in Peru z.B. als wichtigster Punkt für die Erklärung der hohen Zustimmung bei der Wiederwahl der Präsidenten Fujimori (Peru) und Menem (Argentinien) 1995 genannt.

Mit der Preisstabilität und dem Fall der Zollschranken konnte eine leichte Konsumverbesserung selbst bei unteren Schichten erreicht werden, und der Hinweis auf bessere und preiswertere ausländische Güter verfing nicht selten bei großen Bevölkerungsteilen. Die Entfaltung eines Konsumbewusstseins und einer Konsumneigung, die in gewissem Umfang die Politik und das öffentliche Auftreten ersetzte, war ein wichtiger Teil der neoliberalen Strategie zur Hegemoniegewinnung, im übrigen auch ein Element der relativen Kontinuität zwischen Militärregimes und demokratischen Regierungen.»Tatsächlich war die Idee, Politik durch wachsenden Konsum zu ersetzen, zusammen mit der Repression ein zentraler Mechanismus der Militärregimes zur Entpolitisierung der Gesellschaft.« (Silva, 1999: 57).

Ein liberales bzw. neoliberales Politikregime wird offenbar auch als Garant gegenüber extrem rechten (Militär), und extrem linken (Guerilla) Positionen empfunden. So ist der überwältigende Wahlsieg von A. Fujimori im April 1995 mit 64% der Stimmen nicht zuletzt auch auf seinen Erfolg gegen die überwiegend Schrecken und Angst verbreitende Guerillabewegung des »Leuchtenden Pfads« zurückzuführen. Ähnliches gilt für die Cono-Sur-Staaten Chile, Argentinien, Uruguay und für die von Bürgerkriegen gezeichneten Länder wie Nikaragua, El Salvador und Guatemala. Hier genießen Ruhe und Ordnung, politische Stabilität, Regierbarkeit und relative Rechtsstaatlichkeit nach teilweise jahrzehntelangen bewaffneten Auseinandersetzungen und Militärdiktaturen eine hohe Wertschätzung. Ihre Gewährleistung schien beträchtlichen

Bevölkerungsteilen bei der »liberalen bzw. neoliberalen Mitte« gut aufgehoben zu sein. Wie lange es den neoliberalen Regierungen gelingt, dieses Image aufrechtzuerhalten, ist offen. Je deutlicher wird, dass grundlegende ökonomische und soziale Probleme der lateinamerikanischen Gesellschaften auf diese Weise nicht gelöst werden können und zudem die Gewalt in der Gesellschaft in anderer Form wiederkehrt, wird auch der Eindruck eines effizienten, zwischen den Polen ausgleichenden Regimes sukzessive korrigiert werden. Gerade die anwachsende Arbeitslosigkeit, die Ausbreitung des informellen Sektors, die Stagnation der Armutsquote etc. haben zu Erscheinungen der täglichen Unsicherheit geführt, die in vielfacher Hinsicht die Dimensionen während der Militärdiktaturen erreichen oder sogar übertreffen.»Anwachsende Armut, Drogenhandel, Korruption und die materielle und institutionelle Schwäche der Polizeikräfte haben in den letzten Jahren zu einem dramatischen Anstieg der Gewalt und des Verbrechens in den meisten Ländern Lateinamerikas geführt. Es gibt deshalb sogar Leute, die beklagen, dass die Sicherheitsstandards unter den neuen Demokratien abgenommen hätten, anstatt sich – im Vergleich zur Situation unter den früheren autoritären Regimes – zu verbessern.« (Silva, 1999: 62)

Eine wesentliche Rolle für den Erfolg neoliberaler Politik spielt auch, dass von einigen Politikern sehr geschickt eine Art von »gezieltem« oder »fokussiertem« (Neo-)Populismus betrieben wurde, der einige Gruppen des bisherigen Klientels begünstigte. Das geschah etwa durch partiellen sozialpolitischen Einsatz von staatlichen Ressourcen, die durch die Privatisierungswelle in die Haushaltskassen geflossen waren. Dies gilt z.B. für Fujimori in Peru, was bereits zu dem Begriff »Fuji-Populismus« geführt hat, für Menem in Argentinien in einem bestimmten Zeitraum oder für Salinas de Gortari in Mexiko mit seinem sozialpolitischen Programm PRONASOL.

In diesen Fällen handelte es sich um die gezielte Verwendung von Geldmitteln, die teils aus der Privatisierung staatlicher Unternehmen, teils aus Krediten internationaler Entwicklungsorganisationen (z.B. der Inter-American Development Bank) stammten. Diese wurden – häufig unter Umgehung der existierenden Verteilungskanäle – von dem Präsidenten selbst oder seinen direkten Repräsentanten für Nahrungs- oder Wohnraumprogramme bzw. für Infrastrukturmaßnahmen – vor allem in städtischen Elendsvierteln – eingesetzt. Der enorme, begleitende Propagandaaufwand und die bei diesen Anlässen herbeizitierten Medien sollen vergessen machen, dass mit diesen gezielten »Gaben« in nur ge-

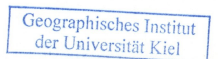

ringem Umfang, die durch die neoliberale Austeritätspolitik verursachte Not kompensiert wird.

b) Die langandauernde Krise der 80er Jahre und die in den meisten Ländern seither – zuweilen etwas verzögert beginnende – neoliberale Umstrukturierung hat vielfach relativ dauerhafte Spuren in Wandlungsprozessen der Sozialstrukturen hinterlassen, die ihrerseits eine teils aktive, teils passive Stütze der jeweiligen neoliberalen Projekte wurden.

Die weitgehende Öffnung nach außen, die Liberalisierung nach innen, die Flexibilisierung und »Entkollektivierung« des Arbeitsrechts sowie die Privatisierung von Staatsbetrieben und die Verschlankung der öffentlichen Verwaltung und des gesamten öffentlichen Dienstes mussten selbstverständlich – wenn sie nur lange genug und mit einer gehörigen Rigorosität durchgeführt wurden – eine nachhaltige Wirkung auf das Profil der Gesellschaftsstruktur ausüben. Chile ist das Beispiel, an welchem sich diese Tendenzen vielleicht am deutlichsten studieren lassen. Die wichtigsten Tendenzen sind:
– Aufwertung/Stärkung der Unternehmer und Kapitaleigner
– Abwertung/Schwächung der städtisch-industriellen Arbeitnehmer
– Zumindestens zeitweise Tendenz der Desindustrialisierung (mit entsprechender Verringerung der absoluten Zahl und der relativen Anteile der Industriearbeiter an den gesamten Erwerbstätigen)
– Zunahme des informellen Sektors und der Kleinbetriebe
– Tendenz zur »Intellektualisierung« der Arbeit
– Tendenz zur stärkeren sozialen Polarisierung (bezüglich der Einkommens-, Vermögens-, Machtunterschiede, der sozialen Absicherung, der Bildung und Qualifikationsniveaus etc.)

Da das neoliberale Projekt wesentlich auf der Freisetzung der Marktkräfte, sprich der maßgebenden Akteure in der kapitalistischen Wirtschaft, der Unternehmer, beruht, ist es fast zwangsläufig, dass dieses Segment der Sozialstruktur moralisch-prestigemäßig, sozial und materiell entsprechend aufgewertet wurde (Imbusch, 1999: 38ff.). Dies schlägt sich zum einen darin nieder, dass der Anteil der Unternehmer von 1% 1972 auf ca. 2,3% (bezogen auf alle Erwerbspersonen) angestiegen ist und der Anteil der Kleinunternehmer bei knapp 10% zwischen 1972 und 1994 relativ gleich geblieben ist. Zweitens haben sich die Unterschiede in den Einkommen zwischen Unternehmern, Kleinunternehmern und anderen Einkommensempfängern erhöht. »Verdiente ein Angehöriger der ›Unternehmerklasse‹ 1972 gut 6 mal soviel wie einer des unteren Raums, so hat sich dieser Abstand bis 1994 auf das Elffache erhöht. ... Erst mit dem Übergang zur ›aktiven‹ Weltmarktstrategie (ab 1986) spitzten sich die Einkommensabstände so drastisch zu.« (Koch, 1998: 216).

Im Kontext einer kontinuierlichen Bevölkerungszunahme erhöhte sich auch die Erwerbsquote, d.h. der Anteil der Erwerbspersonen an der gesamten Bevölkerung. Sie stieg von 1971 29,2% auf fast 39% im Jahre 1994 an. Die Zahl der städtisch-industriellen Arbeiter war zunächst von 1972 bis 1982 absolut um 300.000 gesunken, relativ, d.h. dargestellt als Arbeitnehmerquote, sank sie in diesem Zeitraum sogar von knapp 70 auf 48%. Verschiedene Entlassungswellen aus dem öffentlichen Dienst, Desindustrialisierungs- und Rationalisierungstendenzen sowie die tiefe konjunkturelle Krise des neoliberalen Modells in den Jahren 1982/83 hatten dazu geführt.

Fast ein Drittel der Erwerbspersonen war zu diesem Zeitpunkt arbeitslos, der informelle Sektor absorbierte zusätzlich ca. 30% der Erwerbsbevölkerung, wobei gerade infolge des Fehlens einer staatlichen Arbeitslosenversicherung die Grenzen zwischen offener Arbeitslosigkeit und Tätigkeit im informellen Sektor naturgemäß als fließend anzusehen sind. Die Schwächung der urban-industriellen Arbeiterklasse vollzog sich vor allem auch über das Pinochetistische Arbeitsgesetz (Plan Laboral, 1979), worin die Rechte der Arbeitnehmer erheblich eingeschränkt wurden (bezüglich des Organisations-, Tarifvertrags- und Streikrechts). Insbesondere hat die um sich greifende Praxis der betrieblichen Dezentralisierung und der Verlagerung einzelner Arbeitsprozesse aus größeren Betrieben hin zu abhängigen kleineren Subkontrakt-Firmen zu einer wesentlichen Zersplitterung der urbanen-industriellen Arbeiterklasse geführt.»Mit der Ausbreitung von Subfirmen können die Beziehungen zwischen Kapital und Arbeit immer weniger von Staat und kollektiver Interessenvertretung beeinflusst werden, da die Gründung von Gewerkschaftszentralen hier nicht nur nicht üblich ist, sondern häufig genug einen Kündigungsgrund darstellt. Persönliche Vereinbarungen zwischen individuellen Arbeitern und den kleinen Subfirmen sind an ihre Stelle getreten. Die ursprüngliche Bedeutung von Informalität schlägt so tendenziell in ihr Gegenteil um: Früher Zeichen von Exklusion von der offiziellen Ökonomie, präsentiert sich informelle Beschäftigung heute zunehmend als ihr integrierter Bestandteil.« (Koch, 1998: 210) Dies heißt natürlich auch, dass unter diesen Bedingungen die Grenzen von formeller und informeller Ökonomie noch unschärfer geworden sind, als sie vorher ohnehin schon waren.

Zwei wichtige Korrekturen gegenüber vorherrschenden Auffassungen bezüglich der Tendenzen der chilenischen Sozialstruktur unter neoliberaler Ägide sind hier jedoch noch anzufügen. Zum einen kann festgestellt werden, dass auf der Basis des langandauernden ökonomischen Wachstums (1986 bis 1997 ein jährlich durchschnittliches BIP-Wachstum von etwa 7%) auch die absolute Zahl von urbanen und sogar industriellen Arbeitern wieder zunahm. Die Lohnabhängigenquote stieg wieder auf fast 65% an (immer noch etwa 5% weniger als 1972, aber wesentlich höher als 1982). Dies bedeutet, dass man bei dieser Sequenz von »destruktiver« und »restrukturierender« Phase nicht von einer durchgängigen Desindustrialisierungstendenz sprechen darf, sondern für die »zweite Phase« eher eine gewisse »Re-Industrialisierung« erkennen kann. Ähnlich zyklisch bzw. phasenspezifisch verlaufen auch andere Indikatorenreihen bezüglich der Arbeitslosigkeitsquoten, der Ausdehnung des informellen Sektors etc..

Die so genannte »Intellektualisierungstendenz« der Arbeit bezieht sich auf den Umstand, dass im genannten Untersuchungszeitraum der Anteil der lohnabhängigen Beschäftigten mit akademischer Bildung (und damit an leitenden Positionen im Arbeitsprozess) sich anteilsmäßig mehr als verdoppelt hat: von 6,2% im Jahre 1972 auf 13,4% 1994. Absolut gesehen entspricht dies einer Steigerung von ca. 75.000 auf 270.000 (Koch, 1998: 212). Die geringer qualifizierten Segmente im Bereich der Arbeiterschaft nahmen im selben Zeitraum anteilsmäßig ab. Die Verteilung unterschiedlich qualifizierter Personen auf die jeweiligen Positionen weist auch in Chile eine starke Gender-Komponente auf: Bei gleicher oder ähnlicher Qualifikationshöhe sind Frauen unterrepräsentiert im oberen sozialen Raum (z.B. Manager, leitende Angestellte etc.) und überrepräsentiert im unteren sozialen Raum, vor allem in den häuslichen Dienstleistungen, bei der schweren manuellen Arbeit etc.. Dies schließt allerdings nicht aus, dass in den oberen Ausbildungsniveaus die Gleichverteilung der Geschlechter weitgehend vollzogen ist, d.h., dass sich auch und gerade im Qualifikationsbereich – speziell zwischen den Frauen – möglicherweise eine noch schärfere Polarisierung entfaltet hat als sie bei männlichen Erwerbspersonen zu beobachten ist.

Zum Verhältnis von Politik und Sozialstrukturveränderungen während der neoliberalen Ära resümiert Max Koch: »Die Militärregierung konnte beruhigt abtreten, denn sie hatte das Land nicht nur politisch und ökonomisch umgekrempelt, sondern ihm auch eine qualitativ erneuerte Sozialstruktur gegeben ... Als allgemeines Kennzeichen der Restrukturierungsphase der chilenischen Sozialstruktur ist eine Differenzierung aller Sektoren des sozialen Raums festzuhalten, die eine kollektive Organisation der einzelnen Interessengruppen immer schwieriger macht.« (Koch, 1998: 219). Dies spiegelt sich beispielsweise im gewerkschaftlichen Organisationsgrad wider. Während dieser in der Zeit vor der Militärdiktatur zwischen 20 und 30% lag, sackte er während der Militärdiktatur auf Werte um 10% ab, um erst mit dem Übergang zu einem demokratischen Regime wieder auf Größenordnungen zwischen 13 und 15% anzusteigen (Barrera, 1998: 139). Auch die lohnabhängige Mittelklasse, die im öffentlichen Sektor beschäftigt war, und eine hohe politische Bedeutung erlangt hatte, ist durch Privatisierungen und durch Einschränkung der Staatstätigkeit sehr reduziert worden. Mit der Ausdehnung des Zirkulations- und Dienstleistungssektors wurden viele Akademikertätigkeiten der früheren lohnabhängigen Mittelschichten auf einen Selbständigenstatus hin transformiert. Auch dadurch wurde eine stärkere gewerkschaftliche und politische Organisierung der lohnabhängigen Mittelschichtsvertreter sehr erschwert.

Die Schlussfolgerung von Max Koch hat eine zentrale – weit über den Fall Chiles hinausweisende – Bedeutung: »Einerseits haben wir eine Verschärfung der sozialen Unterschiede gemessen, die mehr oder weniger direkt der von der Klassenstruktur vorgegebenen Linie folgt; andererseits haben sich innerhalb dieser Klassenpositionen Differenzierungen von Arbeits- und Lebenslagen ergeben, die kollektive politische Aktionen als relativ unwahrscheinlich erscheinen lassen. Zwar ist aufgrund der Flexibilisierung der Arbeitsverhältnisse und der Deregulierung des Erwerbslebens überhaupt die Mehrzahl der Lohnarbeiter von der Prekarisierung der Arbeitsbeziehungen betroffen. Dies führt aber nicht notwendig zu steigender Solidarität, sondern gerade auch zu zunehmender Konkurrenz der Beschäftigten untereinander. Die Akzentuierung der Klassengegensätze und die Differenzierung und Vereinzelung der sozialen Akteure befinden sich damit im real existierenden Neoliberalismus nicht im Widerspruch, sondern sind zwei Seiten einund derselben Medaille. Die Sozialstruktur Chiles und der neoliberalen Wende sollte deshalb als die einer flexibilisierten und pluralisierten Klassengesellschaft bezeichnet werden.« (Koch, 1998: 220f.).

c) Die angedeuteten internationalen und nationalen, historischen, makroökonomischen sowie teilweise sozialpolitischen Faktoren, die die Akzeptanz neoliberaler Politik erklärbar machen und die aufgezeigten

Tendenzen der Sozialstrukturentwicklung (welche sich im übrigen gegenseitig stützen und verschränken) münden nicht selten in Politikformen, die man neuerdings als »neopopulistisch« bezeichnet. Während bislang in der Regel der Populismus in seiner klassischen Form und der ökonomische Liberalismus als sich tendenziell ausschließende Gegensätze betrachtet wurden (Dornbusch/Edwards, 1991), entwickeln einige Autoren – wie Kurt Weyland (1999) und George Philip (1998) – die interessante These, dass es zwischen Neoliberalismus und Neopopulismus eine Reihe von Affinitäten und Ergänzungen gibt, die bestimmte Erscheinungen und Figuren des politischen Lebens im gegenwärtigen Lateinamerika erst erklärbar machen. Dabei beziehen sie sich insbesondere auf die Präsidenten Fujimori (Peru), Menem (Argentinien), aber auch auf eine Reihe anderer Politiker nach der neoliberalen Wende. Sie problematisieren das bisherige Dogma, dass Populismus mit Staatsinterventionismus, Umverteilungspolitik, Protektionismus und einheimischer Industrieförderung zu tun haben müsse und infolgedessen eine neoliberale Orientierung mit Populismus nicht vereinbar sei. Krasse Wendungen in der Ausrichtung einiger Politiker zwischen ihren traditionell-populistischen Wahlkampfdiskursen und ihren späteren neoliberalen politischen Praktiken werden dadurch plausibler, dass es durchaus Berührungspunkte zwischen diesen sich scheinbar ausschließenden Polen gibt. Und es wird im übrigen auch verständlich, wieso dieser neue Typus von neoliberalen Populisten – zumindestens über längere Zeiträume hinweg – großen politischen Erfolg, z.B. gemessen an hohen Popularitätswerten und überwältigenden Wiederwahlergebnissen, erzielen konnten.

Gemeinsam haben der alte und der neue Populismus, dass sie in einer tiefgreifenden wirtschaftlich-sozialen Umbruchsituation entstanden sind, die zugleich zu einem Paradigmenwechsel in der Wirtschafts- und Gesellschaftspolitik führte und nicht selten eine Erosion des traditionellen politischen Systems auslöste. Die bestehenden politischen Parteien erweisen sich bei der Bearbeitung der politischen und sozioökonomischen Problemlagen als unfähig oder gar als ursächlicher Faktor für einen als defizitär empfundenen Zustand. Dies kann zu einem wachsenden Legitimitätsverlust der »herkömmlichen« institutionellen Strukturen der politischen Ordnung führen. Wesentliches Element populistischer Regierungen/Bewegungen damals wie heute ist also ein mehr oder minder ausgeprägter Anti-Institutionalismus. Die Verachtung und Geringschätzung von Institutionen, intermediären Vermittlungsinstanzen, formalen Regeln etc. gehört zum eisernen Bestandteil jeglicher populistischer Konstellation. Charakteristisch ist demgegenüber die Suggestivkraft, die von einer unmittelbaren – gelegentlich sogar als charismatisch bezeichneten – Beziehung zwischen »lider« und »Volk« ausgeht. Dies schließt in der Regel einen hohen Grad von Personalismus ein, d.h. eine Überhöhung der Person, die scheinbar souverän alle Fäden der Regierung und der politisch-ökonomischen Geschehnisse in ihrer starken Hand hält. In einer solchen Konstellation erhält die Exekutive mit ihrem starken Präsidenten außerordentlich großes Gewicht gegenüber den anderen Gewalten in demokratischen Systemen (z.b. der Legislative und Judikative). Dabei kann sich der Populismus auf tiefer liegende Schichten der politischen Kultur in Lateinamerika in Form des Caudillismo und des Hyper-Präsidentialismus stützen und diese Formen politischer Herrschaft sozusagen in seine Bahnen lenken. Es kann nicht überraschen, dass eine derartige Konfiguration durch anti-pluralistische und anti-liberale Strömungen im politischen Bereich gekennzeichnet ist, und die Frage der Minderheitenrechte, des Schutzes des Einzelnen in seinen politischen, sozialen und ökonomischen Rechten gegenüber der unmittelbaren Beziehung von »Führer« und »Volk« zurückstehen muss. Die im Kern autoritären Formen der Herrschaftsausübung sind vor allem dadurch erträglicher gestaltet, dass es sich um eine Herrschaft handelt, die sich als klassenübergreifend versteht, d.h. die vor allem gegen die herrschenden oder früheren Oligarchien oder politischen Kasten zu Felde zieht. Dieser Diskurs gegen das vorherige Establishment gehört zum populistischen Vokabular ebenso wie die stereotypen Verweise auf das vorher um sich greifende Korruptionswesen. Dass gerade letzteres durch das Fehlen von intermediären horizontalen und vertikalen formellen Kontrollinstanzen besonders üppig ins Kraut schiessen kann, wird geflissentlich übersehen. Diese populistische Konstellation der Politikausübung wird von dem argentinischen Politologen O'Donnell mit dem Begriff »delegative Demokratie« umschrieben (1994: 59ff.).

Die Unterschiede zwischen dem alten und dem neuen Populismus liegen auch im Bereich der anders gelagerten Klassenstruktursituation, der Art der Allianzen und der wirtschaftspolitischen Orientierung. Gegenüber den »klassischen« Populismusvarianten hat sich beim aktuellen Populismus die soziale Basis verschoben. Waren in den 30er bis 50er Jahren vor allem die entstehende urban-industrielle Arbeiterklasse, Teile der Mittelschichten und die auf den Binnenmarkt orientierten Bourgeoisie-Segmente die unterstützende Basis und die Nutznießer dieser Politikformation, so sind es nun – unter neoliberaler Ägide – einerseits die aussen- und weltmarktorientierten Kapitale und andererseits große Teile des wachsenden informellen Sektors. Es ist einleuchtend, dass die aktiven Träger und Unterstützer eines derartigen Populismus neuen Typs große exportorientierte Kapitale, der Export- und Importsektor, der Finanzsektor etc. sind, welche allesamt von einer weitgehenden Öffnung und Liberalisierung der Ökonomie und ihrer intensiveren Verflechtung in die Weltwirtschaft am meisten profitieren. Zum anderen aber können teilweise als passive Unterstützer gerade diejenigen sozialen Segmente gelten, die durch Krise, partielle Desindustrialisierung und Privatisierung staatlicher Unternehmen zu Elementen des so genannten informellen Sektors geworden sind. Scharfe Konkurrenz, Überlebenskämpfe und gewissermaßen der Rückzug aufs Individuum war für diese schon immer ausschlaggebender als staatliche Umverteilungsmechanismen, Sozialpolitik und Subventionen.

Es ist nicht der Mangel an institutionellen Repräsentationsstrukturen (wie noch vor Beginn der populistischen Bewegungen in der Importsubstitutions-Phase), sondern die offensichtliche Unmöglichkeit für breite Sektoren der Gesellschaft, ihre politischen Forderungen effektiv in das bestehende politische System einzubringen (also die Unwirksamkeit der traditionellen Einflusskanäle), die den neuen populistischen Führern zu elektoralen Mehrheiten verhilft. Dabei beschleunigen die neoliberalen Neopopulismen den Verfall der intermediären politischen Institutionen und Organisationen (Gewerkschaften, Parteien, Verbände etc.).

Die zentrale Frage, wieso gerade erhebliche Teile der unteren sozialen Schichten eine derartige Politik unterstützen, kann dahingehend beantwortet werden, dass die vorhandenen Institutionen der Interessenvertretung und politischen Artikulation in den Augen marginalisierter informeller Sektoren vorrangig Strukturen der Pfründenverteilung und Privilegiensicherung gewesen sind, die vor allem der formellen Arbeiterklasse, den Mittelschichten und der städtischen Bourgeoisie zugute kamen, jedoch nicht ihre spezifischen Interessen zur Geltung brachten. Ebenso kamen (und kommen) die sozialen Sicherungssysteme vor allen Dingen den Mittel- und Oberschichten zugute. Die in den Populismen der Importsubstitutions-Phase relativ Privilegierten sind folglich die am stärksten Benachteiligten innerhalb eines neoliberalen Regimes. Entsprechend sind diese die Hauptopponenten gegenüber den neopopulistischen Politiken. Die Repräsentanten dieser Politik stützen sich vor allem auf die Gefolgschaft marginalisierter Sektoren, welche an den traditionellen Redistributionsmechanismen kaum partizipierten und folglich mit der Forderung nach Abbau etatistischer Eingriffe vornehmlich die Beseitigung von Privilegien assoziieren. So etabliert sich eine neue Allianz zwischen den neoliberalen Kräften an der Spitze der Gesellschaft und einem marginalisierten Sektor am untersten Ende der sozialen Hierarchie. Der implizite oder explizite Konsensus innerhalb dieser neuen »Quasi-Allianz« beruht nicht nur auf unmittelbarer Manipulation, dem Einsatz von Medien in entsprechender Art und Weise und schon gar nicht auf einer ideologischen Konvergenz zwischen diesen beiden extremen Polen in der gesellschaftlichen Hierarchie. In gewisser Weise spielen vielmehr auch ähnliche materielle Interessen, wenn auch auf unterschiedlichem Niveau, eine Rolle.

Die Konstellation der 90er Jahre war auch durch die zumindest partiell negativen Erfahrungen großer Bevölkerungsteile mit den ökonomischen und sozialen Ergebnissen der neoliberalen Politik charakterisiert. Grundlegende Probleme der Gesellschaft und Wirtschaft (Armutsquote, Einkommensverteilung etc., siehe oben) wurden eher noch verschärft. Aber auch die Möglichkeiten der politischen Demokratie bezüglich der realen Partizipationschancen der Menschen wurden – nach dem Ende der Militärdiktaturen – oft überschätzt; vielfach entfernten sich die politischen Parteien während der Prozesse des ausgehandelten Übergangs zur Demokratie von ihrer jeweiligen sozialen Basis. Die während der Militärdiktatur, zumindestens in ihrer Endphase, zahlreich entstandenen sozialen Bewegungen mussten wieder zurückgedrängt werden. Das Gefühl, bei Parteien, Parlamenten, der Justiz, der Polizei etc. »gut aufgehoben zu sein« hat sich auch in der demokratischen Phase in den meisten Fällen nicht einstellen können; eher war umgekehrt eine mehr oder minder starke Frustration und Politikverdrossenheit das regelmäßige Ergebnis der ersten Phase der politischen Demokratie. Es ist naheliegend, dass diese negativen Erfahrungen häufig dazu geführt haben, Hoffnungen für die Zukunft auf »herausragende«, »zupackende« Präsidentenfiguren zu projizieren, die sich wiederum unideologisch und pragmatisch sowie jederzeit einsatzbereit präsentierten. Im direkten Kontakt zwischen Politiker und Volk, zwischen Präsidenten und Staatsbürger sind vor allem auch die heutigen Medien in einem viel stärkeren Ausmaß beteiligt gewesen als dies zu Zeiten des »klassischen« Populismus der Fall war. »Das zentrale Problem, das auf der Wahlebene der Politik aus den 10 Jahren Post-Transformation in Lateinamerika hervorgewachsen ist, liegt in der Macht direkter Appelle der Exekutive gegenüber den Wählern. Während Anstrengungen, gleichzeitig demokratische Institutionen zu bilden und die ökonomische Krise zu überwinden, in großem Umfang gemacht werden, sind neue, stark schwankende Formen direkter Appelle an das Volk erschienen, welche die traditionellen politischen Institutionen und andere vermittelnde Verbindungen zwischen Wählern, sozialen Gruppen und politischen Eliten umgehen. Die direkte Wahl der Präsidenten und anderer Regierungsvertreter, kombiniert mit einem neuen Stil der Kampagnenbewegung, tendieren dazu, direkte Appelle an die Wähler zu begünstigen. Mittlerweile sind dauerhaftere Bindungen zu Parteien, Klassen, Regionen oder einer politischen Ideologie, welche in der Vergangenheit die öffentliche Meinung und die Wählerrepräsentation strukturierten, zugunsten einer größeren Transparenz, Unmittelbarkeit, Komplexität und stärkeren Bewegung der Dinge zurückgetreten.« (von Mettenheim/Malloy, 1998: 7).

Die grundsätzliche Frage, ob mit einer derartigen überraschenden Kompatibilität von Neoliberalismus und Neopopulismus die gerade wiedergewonnenen (oder erstmals neu eingeführten) demokratischen Strukturen in Lateinamerika gestärkt oder geschwächt werden, scheint zunächst leicht beantwortbar zu sein. Starke Zentralisierung der Machtstrukturen, Manipulation von oben, Zerstörung institutioneller Mechanismen von Interessenartikulation »von unten«, aber auch von kompetitiven, prozeduralen Aspekten der Demokratie, schwächen in jedem Fall das demokratische Potential, wie immer man es definieren mag. Hinzu tritt die hohe politische Volatilität und Zufälligkeit von Regierungsentscheidungen, die trotz zunehmenden Einflusses von Bürokratie und Technokratie häufig konterkariert werden. Was O'Donnell als Elemente der »delegativen Demokratie« beschreibt, trifft auch sehr stark auf den neopopulistischen Politikstil zu. »Delegative Demokratie besitzt den zusätzlichen, offenkundigen Vorteil, schnelle Politikwechsel zu erlauben, allerdings auf Kosten der größeren Wahrscheinlichkeit, schwere Fehler zu begehen, die Politik in zufälliger Weise umzusetzen und die Verantwortung für die Ergebnisse der Politik auf den Präsidenten allein zu konzentrieren. So überrascht es nicht, dass Präsidenten in delegativen Demokratien großen Schwankungen der Popularität unterliegen: an einem Tag werden sie als schicksalshafte Erlöser gefeiert, am nächsten Tag werden sie verflucht, wie es nur gestürzten Göttern gehen kann.« (O'Donnell, 1994: 62) – Die von einigen Autoren vorgebrachte These, dass die Destruktionskraft von Neoliberalismus und Neopopulismus auch den traditionellen Klientelismus und die Privilegien bestimmter Eliten einem Erosionsprozess aussetze und daher – auf lange Sicht – diese Kombination sich als demokratieförderlich erweisen könnte (Philip, 1998: 94ff.), ist angesichts der nach wie vor bestehenden und sich zuspitzenden Probleme – gerade auch unter neopopulistischer und neoliberaler Herrschaft – wie z.B. die Einkommenspolarisierung, die Armutsproblematik, die wachsende Kriminalität etc. kaum nachvollziehbar. Neoliberalismus und Neopopulismus fördern und stärken nicht die Demokratie – in welcher Form auch immer –, sondern sichern und vertiefen den radikalen marktwirtschaftlichen Kurs und die Öffnung nach außen. Dies als das »kleinere Übel« (Weyland, 1999: 190) zu qualifizieren, zu dem es nur schlimmere Alternativen gebe, zeugt nicht gerade von hoher politischer und wirtschaftspolitischer Phantasie. Allerdings indizieren die letzten Wahlergebnisse in Lateinamerika (z.b. in Chile und Guatemala, Dezember 1999/Januar 2000), dass in der politischen Wirklichkeit kaum Anzeichen für eine wirkliche demokratische Konsolidierung – im Sinne erhöhter gesellschaftlicher Partizipation, von sozialem Ausgleich und genereller Wohlfahrtssteigerung – für die nahe Zukunft zu erkennen sind. Realistisch betrachtet, muss der eigentümlichen Kombination von (partiell sozial »abgefedertem«) Neoliberalismus und Neopopulismus vorerst ein höheres Ausmaß von »Politikfähigkeit« und Hegemonie attestiert werden.

7. Die CEPAL und die weltwirtschaftliche Integration

Die »Wirtschaftskommission der Vereinten Nationen für Lateinamerika und die Karibik« – Comisión Económica para América Latina y el Caribe, CEPAL – hat seit ihrer Gründung nach Ende des Zweiten Weltkriegs (1948) immer eine mehr oder weniger wichtige Rolle in der theoretisch-konzeptionellen Orientierung und praktisch-politischen Durchsetzung der Wirtschaftspolitik in Lateinamerika gespielt. Als von den lateinamerikanischen Regierungen unterhaltener Organismus kann sich diese Institution natürlich nicht allzu weit von den herrschenden wirtschaftspolitischen Leitlinien entfernen, besitzt aber andererseits eine gewisse Unabhängigkeit und Autonomie, die sie in einzelnen Streitfragen öffentlich bekundet; generell aber erscheinen ihre Verlautbarungen und Analysen als relativ distanziert vom Tagesgeschehen und von bestimmten Interessensstandpunkten (vgl. zur Entwicklung des cepalinischen Denkens und dessen praktischer Bedeutung im Überblick: Cardoso, 1977 und Bielschowsky, 1998).

Die ersten beiden Jahrzehnte des cepalinischen wirtschafts- und gesellschaftspolitischen Denkens waren stark bestimmt von der Analyse der asymmetrischen und untergeordneten Beziehungen Lateinamerikas zum Weltmarkt und von der Frage, inwieweit diese die Fortdauer von Unterentwicklung bedingen. In der Dominanz der Rohstoffproduktion und dem hohen Gewicht landwirtschaftlicher und bergbaulicher Produkte in der Exportpalette fast aller Länder Lateinamerikas sowie in der langfristigen Preisentwicklung der Rohstoffe sah vor allem Raul Prebisch – der erste Generalsekretär der CEPAL – einen strukturellen Grund für die Unterentwicklung Lateinamerikas. In dem Umstand, dass Produktivitätssteigerungen in der Rohstoffproduktion Lateinamerikas sich nicht in Einkommenserhöhungen (wie in den Industrieländern bei Industrieprodukten) niederschlagen, sondern in einer dauerhaften Tendenz zur Preissenkung resultieren, sah Prebisch ein langfristiges Auseinanderklaffen der durchschnittlichen Preisniveaus von Industriegütern einerseits und Rohstoffgütern andererseits begründet. Da diese beiden Produktarten jeweils die Hauptmasse der Exporte sowohl aus den Metropolenländern wie auch aus den Peripherieländern ausmachten, würden die durchschnittlichen Preisindices der Exportgüter im Verhältnis zu denen der Importgüter dauerhaft und strukturell in einen Nachteil versetzt, der nur durch Umgestaltungen der Produktion, der Arbeitsmärkte und der technologischen Prozesse zu korrigieren sei. Nicht nur die Produkt- und Produktionsart, sondern auch die unterschiedliche Verfassung der Arbeitsmärkte führt nach Prebisch dazu, dass der Produktivitätsfortschritt in den peripheren Ländern eine grundsätzlich andere Wirkung auf das durchschnittliche Einkommensniveau der unmittelbaren Produzenten ausübt, als dies in den Zentren/Metropolen der Fall ist, wo starke Gewerkschaften es vermögen, die Produktivitätsfortschritte zumindestens teilweise in einen Reallohnanstieg umzusetzen. Aus diesen drei Faktoren, die in der Rohstoffproduktion und ihrer Perspektive, der jeweiligen Verfassung des Arbeitsmarktes und der Art des technischen Fortschrittes und seiner Diffusion begründet sind, erwachsen strukturelle Gegebenheiten im Handel zwischen Zentrum und Peripherie, die – nach Prebisch – zu einem ständigen Realeinkommenstransfer aus den Entwicklungsländern in die Industrieländer führen, welcher wiederum die Unterentwicklung perpetuiert.

Aus dieser strukturellen Konstellation der einseitigen, asymmetrischen Abhängigkeit zogen die CEPAL-Theoretiker die Schlussfolgerung, dass erst über die Industrialisierung eine tendenziell gleichberechtigte Position der Peripherieländer in der Weltwirtschaft erreicht werden könne. Ein derartiges Ziel könne – wie die Realität der 30er und 40er Jahre bereits gezeigt hatte – nur unter aktiver Intervention des Staates (Schutzzoll-, Kredit-, Subventionspolitik etc.) angestrebt werden. Die Expansion der Beschäftigung und die Stärkung der Gewerkschaften wurden ebenfalls als Elemente einer Strategie der Überwindung der Unterentwicklung interpretiert bzw. postuliert. Diese Entwicklungsstrategie, die zusammengefasst als »Entwicklung nach innen« (desarrollo hacia adentro) bezeichnet wurde, und die sich von der vornehmlich aussen- und weltmarktorientierten Wirtschaftspolitik der vorherigen Periode absetzte, erzielte – wie oben ausgeführt – beträchtliche Erfolge bei den gesamtwirtschaftlichen Wachstumsraten, der Industrialisierung und der sozialen Umgestaltung der Gesellschaft.[1]

In der »schwierigen Phase der Importsubstitution«, die in den fortgeschrittenen Ländern Lateinamerikas spätestens in der zweiten Hälfte

---

[1] Die CEPAL hat zu vielen Aspekten der Entwicklungsstrategie Stellung genommen, z.B. auch zur Rolle der Auslandsinvestitionen, der regionalen Integration etc., siehe z.B. CEPAL: El pensamiento de la CEPAL, Santiago de Chile 1969.

111

der 50er Jahre begonnen hatte (siehe Kap. 4), wurde auch das CEPAL-Denken, der so genannte »desarrollismo« von der Realkrise erfasst. Ein Teil der Theoretiker entwickelte bestimmte Einsichten zur so genannten Dependenztheorie weiter, wobei sich auch hier mindestens zwei Grundrichtungen voneinander unterschieden: eine bürgerlich-nationalistische und eine marxistische Version (Werz, 1991: 161-194). Andere CEPAL-Theoretiker vollzogen im Laufe der 70er und 80er Jahre eine Revision des bis dahin überwiegend keynesianischen, strukturalistischen Denkens in Richtung auf eine Annäherung an neoklassische Positionen. Es ist daher nicht verwunderlich, dass in diesen beiden Jahrzehnten wenig neue programmatische und generelle Entwicklungskonzepte hervorgebracht wurden: Sowohl innerhalb der CEPAL als auch zwischen den einzelnen lateinamerikanischen Regierungen waren die wirtschaftspolitischen Auffassungen noch sehr verschieden und teilweise entgegengesetzt (Müller-Plantenberg, 1997: 114).

In Auseinandersetzung mit den Vorgaben der Strukturanpassungspolitik im Gefolge der Verschuldungskrise und in selbstkritischer Besinnung auf die Defizite der Importsubstitutionsstrategie bildete sich im Laufe der 80er Jahre die so genannte neostrukturalistische Orientierung heraus, die als weitgehend identisch mit dem »nuevo cepalismo« gelten darf (vgl. hierzu insbesondere die zitierten Arbeiten aus der CEPAL-Review dieser Periode, in: Thiery, 1991: 5ff.; Boris, 1991: 58ff.). Generell gehen die neostrukturalistischen Überlegungen davon aus, dass die »falschen Dichotomien«, die in der Vergangenheit die ökonomischen Diskurse bestimmt haben, überwunden werden müssten: 1. Importsubstitution versus Exportförderung und Weltmarktorientierung, 2. Planung versus Marktmechanismen, 3. Entwicklung der Landwirtschaft versus Industrieentwicklung. Gegenüber den neoliberalen/neokonservativen Strömungen betonen die Strukturalisten bzw. Neostrukturalisten die Bedeutung politischer und institutioneller Faktoren, von demokratischen Strukturen, von tendenzieller sozialer Gleichheit bzw. sozialem Ausgleich und neuer regionaler Integration, die i.U. zu früheren Versuchen eine Zwischenstufe zur Öffnung gegenüber dem Weltmarkt darstellen soll. Im Vergleich zum so genannten klassischen Strukturalismus der 50er und 60er Jahre bezieht sich der »Neostrukturalismus« stärker auch auf die Analyse und wirtschaftspolitische Manipulation kurzfristiger ökonomischer Variablen, auf finanzielle und monetäre Probleme und sieht die unterschiedlichen Dimensionen des Staatsinterventionismus differenzierter und kritischer als früher. – Die aktuellen Vorschläge einer

alternativen Entwicklung beziehen sich auf eine Fülle von Politikfelder und Gesellschaftsbereiche. Aus ihnen sollen die m.e. wichtigsten herausgegriffen werden:
a) Stärkung demokratischer Strukturen,
b) Binnenmarktorientierung und sozialer Ausgleich (bei gleichzeitiger Einkommensumverteilung, Agrarreform, Bildungsreform, Steuerreform etc.),
c) selektive und aktive Weltmarktintegration,
d) Neubeginn der regionalen Integration unter anderen Voraussetzungen,
e) neues Verhältnis von Markt und Staat und
f) Industrie- und Technologiepolitik unter veränderten Bedingungen.

Hier soll nur auf drei – allerdings zentrale – Komplexe des cepalinischen Denkens, wie es sich im Laufe der 90er Jahre in zahlreichen großen Publikationen dargestellt hat (siehe die wichtigsten CEPAL- bzw. ECLAC-Publikationen im Literaturverzeichnis) eingegangen werden: 1. Demokratisierung, 2. internationale Wettbewerbsfähigkeit und Industrialisierungsstrategie sowie 3. sozialer Ausgleich und Binnenmarktentwicklung. Auf die Vorstellungen der CEPAL zur regionalen Integration wird im nächsten Kapitel Bezug genommen.

Ad 1.: Angesichts der Erfahrungen mit den Militärdiktaturen der 60er und 70er Jahre steht am Anfang aller alternativen Überlegungen der explizite Wille, die wiedergewonnenen demokratischen Spielregeln um fast jeden Preis zu bewahren. Erst der minimale Konsens hierüber eröffne Möglichkeiten zu langfristiger politischer Arbeit auch für jene Kräfte, die den Status quo grundsätzlich verändern wollen. Freilich sind mit der Rückkehr zu freien Wahlen die demokratischen Potentiale des Subkontinents längst nicht ausgeschöpft. Die Aktivitäten der »sociedad civil« seien zu stärken, der Abbau des Übergewichts des Staates müsse in Angriff genommen werden – nur dies wird als mittelfristige Garantie für die Fortführung des Demokratisierungsprozesses angesehen. Wesentlich ist in diesem Zusammenhang die akzentuierte Notwendigkeit einer Dezentralisierung staatlicher Aktivitäten. Die Übertragung von bislang zentralen Kompetenzen an nachgeordnete und/oder regionale Instanzen soll sowohl die partizipativen Strukturen stärken als auch gleichzeitig einen Beitrag zur Effizienzsteigerung leisten.

Im Unterschied zu einem verbreiteten bloß formal-institutionellen Verständnis von Demokratie (Parteienkonkurrenz, Wahlmöglichkeit,

Presse- und Versammlungsfreiheit etc.) verbindet die CEPAL mit dieser durchaus notwendigen und wichtigen Ebene der institutionellen Arrangements zwecks Konserleichterung in grundsätzlichen Fragen auch den Gedanken der gesellschaftlichen und individuellen Selbstbestimmung und die Forderung nach sozialem Ausgleich. Der bei der CEPAL in Umrissen deutlich werdende Demokratiebegriff »knüpft an die seit den 30er Jahren in Lateinamerika bestehende Tradition eines substantiellen sozialen und partizipativen Verständnisses von Demokratie an, ohne jedoch dessen populistische und korporatistische Aspekte mitzuübernehmen.« (Töpper, 1994: 69). Zwar wird die Spannung zwischen demokratischer Selbstbestimmung und engen Verteilungsspielräumen im Rahmen eines verstärkten internationalen Wettbewerbs gesehen. Die CEPAL-Ideen gehen aber in die Richtung, diesen Gegensatz zunehmend abzubauen, zumal über neue Technologien und Produktivitätssteigerungen qualitative Sprünge im Bildungsniveau und tiefgreifende Veränderungen in den Arbeitsbeziehungen vorausgesetzt werden und zugleich als Folge davon in Erscheinung treten sollen. Die entsprechenden, relativ marginalen und eher »unterkomplexen« Ausführungen der CEPAL haben berechtigte Kritik hervorgerufen. Diese zentriert sich um die Fragen der staatlichen Steuerungsfähigkeit, des demokratischen Potentials moderner Innovationssysteme sowie auf die Möglichkeit eines normativen Konsens in grundlegenden entwicklungspolitischen Fragen. Die von der CEPAL hierbei gemachten Prämissen, die die aufgeworfenen Fragen schlicht und knapp affirmativ beantworten, können natürlich mit Fug und Recht aus theoretischen wie praktisch-politischen Erwägungen in Zweifel gezogen werden (Töpper, 1994: 74ff.).

Ad 2.: Diesem politischen Hauptziel steht im ökonomisch-sozialen Bereich zentral die Notwendigkeit zur Seite, die vorhandenen Produktionsmuster mit dem Ziel des sozialen Ausgleichs grundlegend zu verändern. Beide werden als wechselseitig sich bedingende Ziele angesehen, die ihrerseits »im Kontext größerer internationaler Wettbewerbsfähigkeit erreicht werden müssen, wobei diese auf die durchdachte und systematische Absorbierung von technischem Fortschritt im Produktionsprozess gegründet sein muss, was entsprechend zum Anstieg der Produktivität führt, die wichtiger (für die internationale Wettbewerbsfähigkeit) ist als die Aufrechterhaltung niedriger Reallöhne.« (ECLAC, 1990: 14). Die anvisierte internationale Wettbewerbsfähigkeit Lateinamerikas kann aber perspektivisch nicht auf der Basis von niedrigen

Löhnen, Rohstoffexporten und so genannten »natürlichen komparativen Vorteilen« erreicht werden, sondern nur durch erlernte und produzierte Vorteile. In diesem Zusammenhang wird das – später auch in der Bundesrepublik Deutschland verbreitete – Konzept der »systemischen Wettbewerbsfähigkeit« entfaltet, das in erster Linie nicht durch mikroökonomische Aspekte, sondern durch makroökonomische und gesellschaftliche Faktoren bestimmt wird. Es verankert die Wettbewerbsfähigkeit in Netzwerkbeziehungen der Unternehmen zum Erziehungssystem, zur Technologiegenerierung, zu energetischen und logistischen Infrastrukturen, impliziert eine bestimmte Art der Arbeitsbeziehungen, der Beziehungen zwischen öffentlichen und privaten Akteuren sowie ein besonderes Verhältnis zu dem jeweiligen Finanzsystem.

In der mangelnden Öffnung nach außen und den hochgradig oligopolistischen ökonomischen Strukturen der lateinamerikanischen Ökonomien sehen die CEPAL-Theoretiker die entscheidenden Gründe für deren Rückstand und das geringe Produktivitätsniveau. Daraus resultieren letztlich alle größeren ökonomischen Probleme bis hin zur Verschuldungskrise: strukturelle Zahlungsbilanzprobleme, Haushaltsdefizite, hohe Inflationsraten, Abhängigkeit von externen Kapitalzuflüssen etc.. Nicht die Öffnung allein, sondern eine damit verbundene gezielte, d.h. staatlich angeleitete Politik des institutionellen und technologischen Wandels, der vor allem auch eine Bildungs- und Qualifizierungsoffensive einschließt, wird angestrebt. Erst durch derartige, die Öffnung begleitende Prozesse kann ein dauerhafter komparativer Vorteil und eine perspektivreiche Eingliederung in die Weltwirtschaft realisiert werden. Mittels einer »kreativen Interaktion« von öffentlicher Hand und privaten Akteuren, zwischen der Makro-, Meso- und Mikroebene sowie zwischen den einzelnen Hauptsektoren der Ökonomie können Synergieeffekte erzielt werden, die sich vor allem auch in der Erhöhung der Pro-Kopf-Einkommen, der Reallöhne und des durchschnittlichen Niveaus der Arbeitsproduktivität niederschlagen. Aus dieser Sicht gibt es keine Unvereinbarkeit zwischen internationaler Wettbewerbsfähigkeitsorientierung einerseits und sozialem Ausgleich andererseits. Eine Inkompatibilität zwischen beiden Zielen wäre nach Auffassung der CEPAL-Theoretiker nur dann vorhanden, wenn es gemäß der neoklassischen und neoliberalen Maximen zuginge, die gerade die systemischen Aspekte, d.h. gesellschaftliche, institutionelle und politische Aspekte einer aussichtsreichen Wettbewerbsfähigkeit vernachlässigen. Nicht über Lohndruck, Ausbeutung natürlicher Ressourcen, Abwertungswettläufe etc.

können Exportüberschüsse dauerhaft und langfristig erzielt werden, sondern nur über Anhebung des gesamtwirtschaftlichen Produktivitätsniveaus. Dabei soll die Weltmarkteinbindung auch nicht »passiv«, wie früher, erfolgen, sondern sich als eine »aktive Weltmarktintegration« vollziehen, was die hohe Bedeutung der vermittelnden staatlichen Aktivitäten unterstreicht. Sie soll überdies keine unterschiedslose Weltmarktintegration sein, sondern eine selektive, d.h. nur in den Branchen und Weltmarktsegmenten erfolgen, in denen wirkliche Aussichten auf Eroberung von Weltmarktanteilen bestehen. Schließlich muss der Übergang zu einer stärkeren Öffnung der Ökonomie graduell erfolgen, darf aber nicht wie in den 30er und 40er Jahren auf unabsehbare Zeit aufgeschoben werden, denn gerade durch die Öffnung der Ökonomien werden Produktivitätssteigerungen in vielen Bereichen erzwungen, wird die Wettbewerbsfähigkeit gestärkt und dadurch auch das nationale Wohlfahrtsniveau angehoben.

Ad 3.: Die Öffnung nach außen und die Weltmarktorientierung, wie sie der »neue Cepalismo« empfiehlt, beinhalteten nach Auffassung dieser Theoretiker keinesfalls eine Vernachlässigung der jeweiligen Binnenmärkte. Im Gegenteil: Aus ihrer Sicht sind viele Voraussetzungen zu einer erfolgreichen, selektiven Weltmarktintegration nur auf der Basis von Reformen im Inneren möglich; Reformen, die zugleich auch eine Dynamisierung und Vertiefung der Binnenmärkte bewirken. Die intensive und unterschiedslose Weltmarkteinbindung und Exportorientierung der Vergangenheit, die von einigen strikt neoliberal orientierten (Militär-)Regimes praktiziert worden war, hatte in den meisten Fällen zu stärkerer Marginalisierung und Informalisierung jener Gesellschaftssektoren geführt, die die Mehrheit der jeweiligen nationalen Bevölkerung repräsentieren. Die Abkehr von einer solchen Linie setzt allerdings eine Vertiefung des nationalen Binnenmarkts durch Agrarreformen, Einkommensumverteilung und Veränderung der vorherrschenden Konsummuster voraus. Im Unterschied zu neoliberalen Denkmustern wird von den CEPAL-Theoretikern ein sozialer Ausgleich nicht als automatischer Prozess betrachtet. »Das Gebot der Gleichheit bedeutet, dass Änderungen der Produktionsmuster von umverteilenden Maßnahmen begleitet sein müssen.« (ECLAC, 1990: 14f.). Es ist klar, dass solche internen Veränderungen, die auch das Steuersystem, das Erziehungswesen etc. einschließen müssten, nicht leicht und schnell zu bewerkstelligen sind und dass diese neuer politischer Allianzen bedürfen. Die Betonung des

Binnenmarktes impliziert allerdings keineswegs, dass die Schwächen der traditionellen Importsubstitutionsindustrialisierung nicht wahrgenommen würden:»Überprotektionismus, wahllose Substitution, Ineffizienz, hohe Kosten, Anlagen von unangemessener Größe, Verschwendung von Kapital, niedrige Produktivität und fehlende Spezialisierung waren einige der wichtigsten Unzulänglichkeiten. Es wurde geltend gemacht, dass es nicht leicht sein würde, diese Wirkungen zu korrigieren, und dass, um dem Industrialisierungsprozess neuen Auftrieb zu geben, es die Möglichkeit gebe, den Binnenmarkt zu beleben und industrielle Aktivitäten durch Einbeziehung des Exports zu erweitern. Was die Entwicklung des Binnenmarktes betrifft, ist zu empfehlen, dass Arbeitslose auf produktive Art und Weise eingebunden werden sollten. Besonders wurde die Notwendigkeit einer Politik der Einkommensumverteilung und einer neuen Agrarreform betont. In Verbindung mit einer Öffnung der Industrie nach außen wurde vorgeschlagen, die Integration zu fördern und einen effizienteren und aggressiveren Außenhandel zu treiben.« (Rosales, 1988: 34).

Allerdings sind hier – im Unterschied zu neoliberalen Theorieelementen und Empfehlungen – die Akzente durchaus anders gesetzt: Binnenmarkt und soziale Reformbemühungen auf verschiedenen Ebenen sind als Ausgangs- und Bezugspunkte einer anderen Industrialisierung und Weltmarktintegration konzipiert.

Die wechselseitige Verstärkung von ökonomischem Wachstum und Wettbewerbsfähigkeit – die beide wiederum bestimmte Standards sozialen Ausgleichs, einer finanziellen Zurückhaltung und eines Niveaus technologischen Know-hows einschließen – sind die Hauptstützen eines erfolgreichen Industrialisierungsprozesses (ECLAC 1990: 76). Die nunmehr stärkere Außen- bzw. Weltmarktorientierung der Industrie – u.a. auch durch Zollsenkungen und eine generelle Öffnungstendenz induziert – wird aber differenziert gesehen und bedeutet keineswegs den Verzicht auf eine koordinierte staatliche Industriepolitik (ECLAC, 1990: 84). Gelegentlich gehen die entsprechenden Vorstellungen über die Reichweite einer Industriepolitik sehr viel weiter, als man dies von den meisten Ökonomen – seien sie nun mehr neoklassischer oder mehr neokeynesianischer Ausrichtung – gewohnt ist.»Die staatlichen Maßnahmen der Industriepolitik sollen nicht nur auf eine Verbesserung des institutionellen Kontextes hinarbeiten, in dem die Unternehmen agieren, sondern auch darauf abzielen, konkrete Aktionen durchzuführen, welche die industrielle Kooperation zwischen Firmen begünstigen und es überdies erlauben, eine individuelle Spezialisierung in einem Kontext wechselseitiger Ergänzung und der Marktausweitung zu betreiben.« (Kosacoff/Ramos, 1999: 59).

Die neue Industrialisierungs- und Technologiepolitik muss – diesem Konzept zufolge – mehrgleisig verfahren: einmal ist besonderes Gewicht auf die enge Kooperation zwischen den Ländern Lateinamerikas gerade bezüglich der Technologie und Kapitalgüterproduktion zu legen. Hierüber gibt es weitere Vorstellungen auch im Rahmen der regionalen Integrationsprojekte (siehe unten). Zum anderen muss eine hochentwickelte oder sogar die fortgeschrittenste Technologie für die extraregional orientierten Exportprodukte eingeführt und angewandt werden. Schließlich ist eine einfachere, großdimensionierte, standardisierte und kostengünstige industrielle Technologie für die Befriedigung der Grund- und Massenbedürfnisse zu entwickeln, die auch in einer zu schaffenden Agroindustrie, die auf den Binnenmarkt orientiert ist, anzuwenden ist. Auf der anderen Seite eröffnet gerade die neue Technologie die Möglichkeiten zu Kleinserienproduktionstypen und zu dezentralen Produktionsvorrichtungen, wie sie in früheren Phasen der Industrialisierung nicht möglich waren. Auch hier bieten sich Chancen, Nischen auf dem intraregionalen oder sogar dem Weltmarkt zu erobern. Die Aneignung und die Fusion unterschiedlicher Technologien setzen ein Höchstmaß an konzentrierter Anstrengung in den einzelnen Ländern und eine bedeutende Verbesserung des Informationsflusses zwischen den lateinamerikanischen Staaten voraus, soll nicht der technologische Abstand zwischen den entwickelten kapitalistischen Ländern noch größer werden. Die systematische Aneignung und Verbreitung von fortgeschrittenen Technologien wird von den CEPAL-Autoren letztlich als integrale, gesellschaftlich-kulturelle Anstrengung begriffen, die verschiedene Einzelpolitiken (Industrie-, Agrar-, Bildungs- und Handelspolitik etc.) einschließt und die nur in einem günstigen internen und externen sozioökonomischen Umfeld gedeihen kann, das auf relativ stabilen gesellschaftlichen Institutionen und einem Minimum sozialer Kohäsion aufbaut (ECLAC, 1990: 106ff.).

Im Unterschied zu den früheren Zielen der importsubstituierenden Industrialisierung wird heute auch in CEPAL-Kreisen nicht mehr für eine breite Importsubstitution auf Länderebene plädiert. Zwar seien vertikale Integrationen einzelner Industriezweige und die Einführung intersektoraler Verknüpfungen anzustreben, diese als »dynamische endogene Kerne« (F.Fajnzylber) zu etablieren und für einen entsprechenden Export einzusetzen, doch könne dies nur den Charakter einer selektiven, spezialisierten Schwerpunktbildung innerhalb eines im übrigen – auf Länderebene – keineswegs vollständigen Industrialisierungsprozesses haben (Fajnzylber, 1987: 229ff.).

Im Laufe der 90er Jahre hat der »nuevo cepalismo« sich auf eine Fülle von Problem- und Politikfelder bezogen: von der Agroindustrie, zu der Problematik kleiner und mittlerer Betriebe, zu Beschäftigungsproblemen bis hin zu Fragen der Vereinbarkeit von ökologischer und wirtschaftlicher Entwicklung. Die Zeitschrift »CEPAL-Review« und die Publikationen der CEPAL legen von der weitgespannten und intensiven Publikationstätigkeit dieser Institution ein ausreichendes Zeugnis ab. Aus dieser Fülle von Problemfeldern sollen hier zwei zentrale herausgegriffen werden, mit denen sich die UN-Regionalbehörde vor allem in der zweiten Hälfte der 90er Jahre immer eingehender befasst hat: zum einen die Probleme der externen Kapitalzuflüsse, der Verletzlichkeit gegenüber von außen kommender Volatilität und der neuen internationalen Finanzarchitektur; zum anderen der gesamte Komplex der Armut, der Einkommensungleichheit und der so genannten »Reformen der zweiten Generation«.

Angestoßen durch verschiedene Finanzkrisen (Peso-Krise, 1994/95, Asien-Krise 1997/98 und Brasilien-Krise 1999), die die lateinamerikanischen Ökonomien mehr oder minder stark in Mitleidenschaft gezogen haben, setzte eine verstärkte Reflexion über entsprechende Steuerungsmöglichkeiten gegenüber derartigen Einbrüchen ein. In einem programmatischen Artikel stellte der Generalsekretär der CEPAL José Antonio Ocampo zunächst fest, dass die Mängel in der makroökonomischen Koordination zwischen den auf dem Weltmarkt einflussreichsten Nationen sowie die Abwesenheit geeigneter internationaler Institutionen, die in der Lage wären, die aus der Instabilität des Finanzmarkts resultierenden Krisen zu steuern, das Ausmaß der genannten schweren ökonomischen Rückschläge bestimmt haben. Zwei Dinge seien in dieser Situation vornehmlich zu bedenken. Zum einen die Notwendigkeit, die Boom-Phasen besser zu kontrollieren, da die jeweiligen Krisen Resultat der Boom-Perioden seien und in der Krisensituation sich die Handlungsspielräume gegenüber der Boom-Periode enorm verringern würden. Zum zweiten müsste, da internationale Regelwerke und Mechanismen bezüglich der Eindämmung der Finanzkrisen bislang unzureichend seien, über nationale Steuerungsmöglichkeiten gegenüber der Volatilität externer Finanzströme intensiver nachgedacht werden.

Ein wesentliches Erfordernis besteht nach Ocampo darin, Instrumente zu entwickeln, um mit ihnen die Boom-Periode derart zu managen, dass Krisen gar nicht erst ausbrechen, zumindestens aber nicht verheerende Ausmaße annehmen. Die anti-zyklische Steuerung bezieht sich zum einen auf die Finanzpolitik; zum anderen auf die Politik gegenüber auswärtigen Kapitalströmen, besonders den kurzfristigen, externen Krediten und in ihrem Preis stark schwankenden Vermögensbestandteilen, deren Wert die staatlichen Autoritäten in keinem Fall garantieren dürften. Nur so könnte die bekannte »moral hazard«-Problematik von vornherein vermieden werden. Bezüglich der Verschuldung sei stets auf eine Verbesserung der Schuldenstruktur zu achten, auch private Verschuldungsvorgänge müsse der Staat durch obligatorische Reservevorschriften bzw. Depot-Anforderungen oder Steuererhebungen begleiten. Dies alles könne den Umfang des Kapitalzuflusses während der Boom-Perioden beschränken. Die geldpolitische Eindämmung der monetären Effekte des internationalen Reservezuwachses – hervorgerufen durch externe Kapitalzuflüsse – hat sich ebenfalls als sehr nützlich erwiesen. Ein kontrollierter, flexibler Wechselkurs scheint notwendig zu sein, um die Tendenz der Aufwertung, die sich für eine Reihe lateinamerikanischer Länder in den 90er Jahren als verhängnisvoll erwies, zu vermeiden. Die zeitweise Stillegung von Überschüssen in den Fiskaleinnahmen kann für den konjunkturellen Ablauf ebenso glättend wirken wie ein Stabilisierungsfonds bezüglich der Rohstoffexporte, die zu einem erheblichen Teil den Staatshaushalt alimentieren. Erst wenn die staatlichen Instanzen in der Lage sind, solche ausgleichenden Maßnahmen zu ergreifen, könnte mit entsprechenden Freiheitsgraden den Turbulenzen externer Ereignisse entgegengetreten werden.

Die Versteigung des ökonomischen Wachstumsprozesses könnte auch insofern Vorteile zeitigen, als dadurch das Wachstum gesteigert und somit wiederum die Investitionsquote angehoben werden könnte. Ein Anstieg des »einheimischen Sparens« korreliert in der Regel mit einem geringeren Ausmaß von auswärtigem Kapitalzufluss. Die Rückverwandlung hoher Profite in Realinvestitionen wird allerdings durch die Anhebung der Zinsrate – wie sie in vielen Ländern Lateinamerikas zwecks Attraktion ausländischer Kapitale vorgenommen wurde – eher behindert. Investitionsentscheidungen werden vor allem durch die Existenz stabiler Regeln und die makroökonomische Umgebung bestimmt. »Maßnahmen, die die makroökonomische Volatilität einschränken sollen, haben darauf eine positive Wirkung, so wie auf komplementäre öffentliche

Investitionen, besonders im Infrastrukturbereich und bezüglich langfristiger ausländischer oder heimischer Anleihen.« (Ocampo, 1998: 16).

In einem weiteren Beitrag zum Thema »Finanzkrise«/»neue internationale Finanzarchitektur« unterstreicht Ocampo, dass mit den allgemeinen institutionellen Regelungsmechanismen und einer besseren Aufsicht sowie schnelleren und präziseren Informationen allein einige zentrale Aspekte der Krise noch nicht genügend kontrolliert bzw. vermieden werden können. Er plädiert für eine präventive, in Boom-Zeiten zu koordinierende makroökonomische Politik zwischen Ländern, Ländergruppen und den internationalen Institutionen. Die Zuweisung von Finanzressourcen seitens internationaler Institutionen müsse erfolgen *bevor* die nationalen Reserven erschöpft sind – eventuell auch für Länder mit akuten »Ansteckungsproblemen« -, und dies ist wesentlicher Teil einer präventiven Strategie, die die CEPAL vorschlägt. In einem solchen Falle müsse auch die traditionelle Konditionalität des Internationalen Währungsfonds aufgegeben werden. Zusätzliche Sonderziehungsrechte beim IWF in Krisensituationen könnten die tiefen Ausschläge in den konjunkturellen Zyklen ebenfalls verringern helfen; nur in solchen Konstellationen, in denen ausreichende Finanzressourcen zur Verfügung stehen, sind vertrauenswürdige Rettungsversuche möglich und damit als Dämpfungsmittel gegenüber privaten Spekulationsbewegungen einzusetzen (Ocampo, 1999: 16). Insgesamt sei eine wesentlich größere Partizipation der Entwicklungsländer in den internationalen Finanz- und Währungsinstitutionen anzustreben. Die Ausdehnung der multilateralen Leistungen, die als Ausgleich für die zurückgehenden öffentlichen, bilateralen Transfers fungieren könnten, wird von der CEPAL besonders betont. Das Prinzip der so genannten »Konditionalität« der Hilfeleistungen des IWF sei häufig ungenau und nicht situationsgerecht eingesetzt worden und außerdem gehe es über die ursprüngliche Zielsetzung des IWF-Beistands weit hinaus. Die Eigenständigkeit der nationalen Wirtschaftspolitik sei demgegenüber aus ökonomischen und politischen Gründen unverzichtbar. Nur eine demokratische und weithin akzeptierte Politik könne auch effizient und nachhaltig sein. »Dass der Konditionalität die Eigenständigkeit der Wirtschaftspolitiken eines Landes entgegengesetzt wird, ist für die breiteren Ziele der Entwicklung einer Demokratie auf Weltebene von fundamentaler Bedeutung. Es ist offensichtlich, dass es überhaupt keinen Sinn hat, die Demokratie zu unterstützen, wenn man nicht erlaubt, dass die repräsentativen und partizipativen Prozesse in einem Land durchgeführt werden und zur Bestimmung von Entwicklungs- und Sozialstrategien beitragen und die spezifische Kombination der Politiken zu einer makroökonomischen Stabilität führt.« (Ocampo, 1999: 22).

Im übrigen plädiert Ocampo stark für die Einrichtung von regionalen Währungs- und Reserveinstitutionen, da dies den tatsächlichen Regionalisierungstendenzen in der Weltwirtschaft entspricht und überdies erhebliche ökonomische Vorteile für die Länder (insbesondere die kleinen Länder) der jeweiligen Region habe. Damit sei aber keineswegs die Notwendigkeit einer angemessenen nationalen Wirtschafts- und Finanzpolitik relativiert, welche außer auf die makroökonomischen Gleichgewichte zu achten auch die Regulation der Kapitalzuflüsse und -abflüsse sowie die Entwicklung der Wechselkurse besonders im Auge zu halten habe (Ocampo, 1999: 26f.). Nur durch das Zusammenspiel von tiefgreifenden Reformen auf internationaler, regionaler und nationaler Ebene und durch Stärkung der supranationalen oder nationalstaatlichen Instanzen könne den desaströsen Folgen von Finanzkrisen in Zukunft begegnet werden. Die Dringlichkeit einer nationalen Kontrolle des Niveaus, der Zusammensetzung und der Anwendungsweise von Kapitalzuflüssen wird als eine der Hauptlektionen aus der so genannten Tequila-Krise und der Asien-Krise genannt. Die Regierungen müssen darauf achten, dass der Kapitalzufluss vornehmlich im Bereich der produktiven direkten Investitionen stattfindet und er keine Verzerrungen von makroökonomischen Indikatoren, wie z.B. der Zinsrate und der Wechselkurshöhe, in der Zusammensetzung der Konsumausgaben und der Investitionen etc. hervorruft. Eine weitere Lehre besteht darin, dass auf die Sequenzen der Reformschritte und die jeweilige Abstimmung der Ebenen, wie z.B. der Außenhandelsebene, der Ebene der Kapitalbewegungen, der Währungsrelationen etc. derart geachtet wird, dass extrem krisenhafte Entwicklungen, wie sie 1994/95 und 1998/99 in einigen Ländern stattgefunden haben, vermieden werden können (Ffrench-Davis, 2000: 213ff.; Griffith-Jones, 2000).

Ein weiteres wichtiges Feld der aktuellen Schwerpunktsetzung und Diskussion der CEPAL kreist um den Komplex Armut, Einkommensungleichheit, »zweite Generation der Reformen«. Es ist bekannt, dass die – auch im Vergleich zu anderen Entwicklungsländerregionen – extreme Ungleichheit der Sozialstrukturen in Lateinamerika eine zentrale historische Erbschaft darstellt und dass sich diese auf alle Lebensbereiche (Reichtum, Macht, Erziehung, Gesundheit, Wohnungsmöglichkeiten etc.) auswirkt. Es handelt sich hierbei also keineswegs um eine separate, bloß nebengeordnete Verteilungsproblematik, die sich durch diese oder jene Einzelmaßnahme bewältigen oder korrigieren ließe, sondern um den, wenn man so will, zentralen »Konstruktionsfehler« dieser Gesellschaften. Die Auffassung, dass die Armutsquote sich in Zeiten langanhaltenden ökonomischen Wachstums verringere und in Krisenperioden wieder zunehme, wird durch die lateinamerikanischen Erfahrungen während der letzten Jahrzehnte bestätigt (vgl. Kap. 6, Tab.6.2.). Dieser Befund muss jedoch in zweierlei Hinsicht differenziert und präzisiert werden: zum einen bezieht sich die Reduktion der Armut vor allem auf die urbanen Gebiete, während sie in den ländlichen Regionen konstant blieb bzw. sogar zunahm. Zum anderen muss analytisch vom Armutsproblem die Frage der Verteilung des Vermögens und der Einkommen unterschieden werden. Auch dort, wo die Armutsquote sich verringert hat, konnte die Einkommensverteilung konstant bleiben oder sich sogar verschlechtern, wie dies in den meisten Ländern Lateinamerikas während der letzten Jahrzehnte der Fall war. Zur Erklärung dieser Sachverhalte konkurrieren zwei Theorieansätze: zum einen die Wachstumszyklustheorie, zum anderen die Theorie der Polarisierungswirkung von ökonomischer Liberalisierung und Globalisierung. Die erstgenannte Theorie geht davon aus, dass die Einkommensungleichverteilung in Krisenperioden stärker zunimmt, aber in Wachstumsperioden nicht so stark wieder korrigiert werden kann wie sie zuvor verschlechtert worden ist. Daraus ergibt sich über verschiedene Zyklen hinweg eine Vergrößerung der Ungleichheit der Einkommensverteilung. Die andere Theorie zur Erklärung dieses Sachverhalts sieht vor allen Dingen durch die Liberalisierung der Märkte die ohnehin stärkeren, mobileren, qualifizierteren Marktteilnehmer gegenüber den weniger qualifizierten, immobilen etc. Kräften noch weiter zurückgesetzt. Auf diese Weise könnte auch erklärt werden, dass das Wachstum des informellen Sektors während der Krise der 80er Jahre sich im Laufe der 90er Jahre, in denen es zumindest über einige Jahre hinweg zu starken Wachstumsprozessen in den meisten Ländern Lateinamerikas gekommen ist, als nicht reversibel erwies. Neben diesem allgemeinen Erklärungsansatz existieren weitere, spezifischere Erklärungsversuche, die der allgemeinen Aussage keineswegs zu widersprechen brauchen. So wird u.a. ausgeführt, dass durch die Globalisierung die Asymmetrie zwischen Produktionsfaktoren, die die nationalen Grenzen leichter überschreiten können (Kapital und hochqualifizierte Arbeitskraft) und den weniger mobilen bzw. weniger qualifizierten Arbeitskräften akzentuiert wird. Die Möglichkeit, Produktionsmittel schnell zu verlagern, hat bewirkt, dass die Nachfrage nach Arbeit in allen Ländern elastischer und damit die Verhandlungsmacht von Arbeitern verringert worden ist, was zugleich eine größere Instabilität ihrer Einkommen bewirkt hat. Die Skaleneffekte im internationalen Handel und der Finanzwirtschaft in diesen Sektoren reflektieren auch den hohen Anteil transnationaler Firmen. Diese benutzen in stärkerem Umfang Kapital und höhere Anteile hochqualifizierter Arbeitskräfte. Der Transfer von Technologie, der mit dem Handel einhergeht, inkorporiert vor allem importierte Maschinen und Ausrüstungen, was in den Entwicklungsländern zur Folge hat, dass hochgradige Technologien und qualifizierte Arbeitskräfte in starkem Maße nachgefragt werden, während weniger qualifizierte Arbeitskräfte nur noch im so genannten informellen Sektor oder in Maquiladora-Betrieben unterkommen können. Diese auch in Regionen der entwickelten, industriellen Welt zu konstatierende Tendenz wirkt sich unter Bedingungen der strukturellen Heterogenität in unterentwickelten Ländern besonders stark aus. Hinzu tritt, dass der Liberalisierungs- und Öffnungsprozess in Lateinamerika während einer Dekade begann, in der die Sozialausgaben der Staaten deutlich reduziert wurden. Das heißt, dass die größere Nachfrage nach hochqualifizierten Arbeitskräften mit einem geringeren Angebot infolge der Vernachlässigung von Bildung, Ausbildung und Qualifizierung konfligierte. Die makroökonomische Politik der Öffnung und der Aufwertungstendenz infolge von Wechselkursfixierung führte häufig zu einem überproportionalen Wachstum von Importen, die wiederum von einem stark kapitalintensiven Profil geprägt waren. Auch hierdurch wurde die schon genannte Polarisierungstendenz im Arbeitskräftebereich und in der Nachfrage nach qualifizierten und nicht- oder wenig qualifizierten Arbeitskräften begründet.»Diese Überlegungen bedeuten, dass die Schuldenkrise, die Liberalisierung und Globalisierung – da sie auf eine bereits sehr ungleiche Struktur treffen – die Herausforderungen bezüglich des sozialen Ausgleichs bedeutend gesteigert haben. Eine der größten Herausforderungen, der sich die Region gegenübersieht, ist daher, zu zeigen, dass das neue Entwicklungsmodell mit sukzessiven Korrekturen der großen existierenden sozialen Ungleichheiten vereinbar ist. Falls dieses Ziel nicht erreicht wird, könnte dies die politische Basis weiterer Reformen unterminieren, obwohl diese bisher vernünftig waren, vor allem weil die Wiedererlangung der makroökonomischen Stabilität von der Bevölkerung insgesamt als positive Entwicklung wahrgenommen wurde.« (Ocampo, 1998: 23).

Mit der Konterkarierung der Zielsetzung des »sozialen Ausgleichs« könnten also der politische Konsens, die wiedererlangte Demokratie und in letzter Instanz auch die Versuche zur Schaffung »systemischer Wettbewerbsfähigkeit« bedroht sein. Daher ist diesem Ziel höchste Aufmerksamkeit zu schenken.

Unter Bezugnahme auf verschiedene Studien (z.b. Dan Rodrik), welche ergeben haben, dass in einer großen Anzahl von Staaten die Öffnung nach außen bzw. die Erhöhung der außenwirtschaftlichen Verflechtung mit der als Kompensation gedachten Aufstockung der staatlichen Sozialausgaben einherging, wird das Augenmerk auf die Steigerung der Sozialausgaben in Lateinamerika gelegt. Eine solche Steigerung hat es in Lateinamerika bislang nicht gegeben; im übrigen sind durch die differierende Wirkung unterschiedlicher Ausgabenkategorien die ärmsten Schichten von sozialpolitischen Maßnahmen in der Regel am wenigsten erreicht worden. Erhöhung der staatlichen Sozialausgaben – vor allem über die Steigerung der direkten Steuereinnahmen – und bessere Fokussierung der Verausgabung dieser Mittel zwecks Maximierung der distributiven Effekte sei mithin das vorrangige Ziel.

Mit dem Hinweis auf die Studie der Inter-American Development Bank über Ungleichheit und Bildungswesen bemerkt Ocampo zunächst, dass auf lange Sicht eine höhere Investition in das »Humankapital« am besten die strukturellen Faktoren der Einkommensverteilung beeinflusse, jedenfalls mehr als die kurzfristigen Umverteilungsmaßnahmen. Aber im selben Atemzug relativiert er in mehrfacher Hinsicht diesen Befund. Mit dem ökonomischen Wachstum ist auch ein »abnehmender Ertrag« der »Humankapitalinvestitionen« zu registrieren. Im übrigen gehe mit dem langfristigen Wachstumsprozess auch eine Erhöhung des allgemeinen Bildungsniveaus einher, was zu einer gewissen »Entwertung« der Bildungsausgaben auf dem Arbeitsmarkt führt; dies begrenzt die Fähigkeit, höhere Einkommen zu erzielen. Andere Studien haben ergeben, dass auch eine Erhöhung der durchschnittlichen Schulzeit in Lateinamerika bei mindestens der Hälfte der Kinder, die länger in der Schule gewesen sind als ihre Eltern, keine signifikante Verbesserung ihrer Einkommensposition bewirkt hat. Zum anderen wird auch darauf hingewiesen, dass selbst bei Gleichheit des Bildungskapitals es sehr darauf ankomme, welche soziale Positionen die Eltern besitzen. 30 bis 40% junger Leute einer Altersgruppe mit gleichen Bildungsabschlüssen hatten höhere Einkommen, weil auch ihre Eltern höhere Einkommen bezogen. Es kommt also durch die bloße Ausdehnung des Erziehungswesens in einem Kontext sozialer Ungleichheit keineswegs immer und automatisch zu einer Erhöhung der Chancengleichheit. Das allgemeine Ausbildungs- und Erziehungsniveau muss zwar angehoben und eine bessere Verteilung der Erziehungsmöglichkeiten erreicht werden, aber dies ist an sich noch keine ausreichende Maßnahme, um die Einkommensverteilung zu verbessern.»Es ist notwendig, gleichzeitig politische Maßnahmen im Bildungs- und Erziehungsbereich, im Beschäftigungssektor sowie in der Verteilung von Reichtum durchzuführen und insbesondere offensive Aktionen an allen diesen Fronten in ländlichen Gebieten und zurückgebliebenen Regionen zu ergreifen.« (Ocampo, 1999: 25).

In diesem Zusammenhang bemerkt Ocampo auch, dass im Bereich der Arbeitsbeziehungen zwar in mancherlei Hinsicht eine Flexibilisierung vonnöten sei, die Lösung der strukturellen Beschäftigungsprobleme in Lateinamerika aber »offensichtlich nicht in der radikalen Liberalisierung des Arbeitsmarktes« liege.

Eine weitere Effizienzsteigerung und Dezentralisierung der Sozialausgaben, bessere Partizipationsmöglichkeiten der Betroffenen sowie eine breite Palette von zusätzlichen Maßnahmen (z.B. zinsgünstige Kredite für Kleinunternehmer, Ladenbesitzer, Hilfe beim Wohnungsbau usw.) sind Elemente einer »zweiten Generation von Reformen«, die nur erfolgreich sein können, wenn sie mehr oder minder integral umgesetzt werden. Ocampo verspricht sich eine Effektivitätssteigerung von einer grundlegenden Umorganisation des gesamten Sozialsektors, der nach mikro-ökonomischen und quasi-Marktprinzipien (Wettbewerb zwischen Anbietern) gesteuert, aber auch ein ergebnisorientiertes öffentliches Management und partizipatorische Mechanismen sowie Kontrollmöglichkeiten der Betroffenen enthalten soll. Weder der Staatssektor in seiner herkömmlichen Gestalt, noch der Markt alleine seien in der Lage, den unteren Sozialschichten ausreichende soziale Dienste in hoher Qualität zur Verfügung zu stellen. Die traditionelle staatliche Nachfrageunterstützung der sozialen Dienste müsse unbedingt durch Instrumente ergänzt werden, die die Angebote an die unteren Sozialschichten entscheidend erhöhen. Da die staatlichen Sozialleistungen bei den besonders betroffenen Sozialschichten häufig nicht ankommen, besteht nach Ocampo die Notwendigkeit, die Teilnahme von neuen Trägern anzustreben, die im allgemeinen einen non-profit oder Gemeinschaftscharakter aufweisen.»Es muss bewusst bleiben, dass die neuen Modelle der privaten Teilnahme keineswegs als Ersatz für die öffentliche Zurverfügungstellung von Dienstleistungen in allen Sektoren gelten können. Aus diesem Grunde müssen die Anstrengungen, das öffentliche Angebot zu verbessern, durch Dezentralisierung, die Einführung der Autonomie der Dienstleistungseinheiten, die Einführung von Kriterien der Leistungskontrolle des öffentlichen Managements und der Kontrolle durch Bürger eingeführt werden, da diese zweifellos vitale Elemente für jegliche Reform der sozialen Dienstleistungen sind.« (Ocampo, 1998: 27).

Eine abschließende und angemessene Beurteilung der CEPAL-Positionen ist alles andere als einfach. Während sie selbst sich als Alternative zum Neoliberalismus als auch zum klassischen Strukturalismus der 40er und 50er Jahre verstehen, sind nicht wenige Autoren bemüht, den Vertretern des »nuevo cepalismo« einen verkappten oder sozial verkleideten Neoliberalismus nachweisen zu wollen (Müller-Plantenberg, 1993; Thielen, 1991). Meines Erachtens ist diese Lesart des »nuevo cepalismo« etwas zu einfach, da sie die aktuellen und spezifischen institutionellen Ausgangsbedingungen von wirtschaftspolitischen Alternativvorstellungen zu wenig in Rechnung stellt. Es dürfte klar sein, dass die CEPAL als eine von den lateinamerikanischen Regierungen gebildete Institution gegenwärtig keine antikapitalistischen Analysen und Strategieempfehlungen sowie keine Visionen einer alternativen, grundlegend anderen Weltwirtschaftsordnung entwerfen kann. Sie propagieren aber wohl – wahrscheinlich als Äußerstes, was gerade noch toleriert wird – einen gleichberechtigten, effizienteren, sozialeren, nachhaltigeren und demokratischeren Kapitalismus als den bisherigen in Lateinamerika. Dieser mag schon in sich unrealistisch sein und in der gegenwärtigen lateinamerikanischen Realität fast schon als utopisch wirken (Küblböck/ Strickner, 1996). Es kann aber kein Zweifel darüber bestehen, dass das CEPAL-Denken sehr wichtige Unterschiede zu dem Mainstream-Neoliberalismus aufweist (Fajnzylber, 1994: 205ff.). Und es kann auch unterstrichen werden, dass kurz- und mittelfristig die Realisierung von CEPAL-Forderungen einem radikalen Reformismus gleichkommt, der von den gegenwärtigen linken politischen Parteien und Bewegungen in ähnlicher Form programmatisch vorgebracht wird oder werden könnte. Insofern ist meines Erachtens einzuräumen, dass zumindestens in mittelfristiger Perspektive viele CEPAL-Positionen durchaus eine positive politische und ökonomische Rolle spielen können.

8. Regionale, wirtschaftliche Integrationsprojekte (MERCOSUR, NAFTA)

Es wurde bereits angedeutet, dass die CEPAL der regionalen Wirtschaftsintegration im Rahmen ihres dargestellten Konzepts einen hohen Stellenwert zumisst. Ähnlich wie auf anderen Feldern der Wirtschafts- und Gesellschaftspolitik distanziert sich der »nuevo cepalismo« auch auf integrationspolitischem Terrain von früheren Konzeptionen und Praktiken. Bekanntlich hat es seit Beginn der 60er Jahre verschiedene Integrationsprojekte in Lateinamerika gegeben (ALALC, MCCA, der Andenpakt, CARICOM etc.), die allerdings nach einer mehr oder weniger langen, halbwegs dynamischen Phase stagnierten oder sogar regredierten. Die Gründe dafür sind vielfältig und können hier nicht analysiert werden. Dass es sich um nicht-komplementäre Ökonomien handelte, die sich überdies teilweise auf sehr unterschiedlichen Entwicklungsstufen befanden und die ihre starke asymmetrische Abhängigkeit von externen Weltmarktbedingungen kaum verringern konnten, zählt zweifellos – neben den vielfältigen politischen Konflikten – zu den wichtigsten Gründen des Scheiterns (Frambes-Alzérreca, 1989).

Gegenüber den früheren Ansätzen eines eher »defensiven Regionalismus« auf der Basis der Importsubstituierenden Industrialisierungsstrategie sollen nun die neuen Integrationsimpulse von einem »offenen Regionalismus« (CEPAL) ausgehen. Das heißt, dass »Integration und intraregionale Kooperation zusammengehen sollten, um die weitreichendsten Ziele der Entwicklung zu realisieren, einschließlich – in Übereinstimmung mit dem Hauptanliegen dieses Dokuments – des Ziels, den Wandel der Produktionsstrukturen voranzutreiben. In diesem Kontext ... sollte die Integration an den spezifischen Zielen der Stärkung der Einbindung der Länder in die internationale Wirtschaft, der Förderung der Verbindung produktiver Strukturen und der Stimulierung der kreativen Interaktion zwischen öffentlichen und privaten Akteuren orientiert sein. Zur gleichen Zeit sollte die Integration – außer sich in Übereinstimmung mit den Zielen der nationalen Wirtschaftspolitiken und Entwicklungsstrategien zu befinden – erstens Netto-Gewinne für alle teilnehmenden Länder erbringen, zweitens durch nationale politische Projekte getragen und drittens von verschiedenen Schichten der Bevölkerung unterstützt werden.« (ECLAC, 1990: 158).

Regionale Wirtschaftsintegration und Weltmarktorientierung werden in diesem Sinne nicht mehr als Gegensätze, sondern als wechselseitig sich begünstigende und erfordernde Elemente verstanden. Die regionalen Wirtschaftsabkommen sollen auf keinen Fall zu einem regionalen Protektionismus oder Abkoppelungsprozess führen, sondern werden als Vorstufe und als Lernschritt im Hinblick auf eine gleichberechtigte Integration in den Weltmarkt begriffen. Die ökonomischen Vorteile der Großserienproduktion (economies of scale), die bessere Ausnutzung von Produktionskapazitäten, die breiter gestreute und intensivere Aneignung technologischen Know-hows sowie die gemeinsame Verbesserung der Transport- und Vermarktungsfähigkeiten etc. sollen wichtige Ziel- und Attraktionspunkte zunächst für regionale Freihandelsabkommen und Integrationsformen sein. Danach – in besonderen Fällen schon zeitlich parallel – könne der Sprung auf den extra-regionalen Weltmarkt gelingen. Als Ländergruppe könne man dann ein höheres politisches Gewicht und eine entsprechende Verhandlungsmacht auf internationalen Konferenzen, bei der WTO etc. in die Waagschale werfen. Nur die Orientierung am höchsten Weltniveau in bestimmten Produktionssparten und bei bestimmten Produkten garantiere, dass diese Projektion auf den Weltmarkt auch tatsächlich gelingen kann. Daher müsse dem entsprechenden Technologieimport aus den entwickelten Industrieländern und dem gemeinsamen Außenzoll und dessen sukzessiver Absenkung ein besonderes Augenmerk geschenkt werden. Die neuen Integrationsprojekte sind allesamt während der 80er Jahre entstanden und als Antwort auf die tiefgreifende Krise der vorherigen Entwicklungsmodelle und der Schuldenkrise zu begreifen. In politischer Hinsicht gingen sie nicht selten mit Demokratisierungsprozessen einher, wie z.B. die Annäherung zwischen Brasilien und Argentinien, die Mitte der 80er Jahre praktisch mit dem Übergang zur Demokratie in beiden Ländern zusammenfiel. Viel mehr als in den Integrationsversuchen der 60er Jahre sollten nunmehr die zentralen Träger der kapitalistischen Wirtschaft, die Unternehmer und ihre Verbände in die jeweiligen Integrationsprozesse einbezogen werden und diese aktiv mitgestalten (Lauth/Mols, 1993: 2f.).

Den veränderten Bedingungen entsprechend trugen die Freihandelsabkommen in Lateinamerika seit Beginn der 90er Jahre andere Charakteristika als die Abkommen in früheren Perioden. Sie waren im Vergleich zu den 60er und 70er Jahren nicht nur zahlreicher und gingen in ihren Inhalten wesentlich weiter (z.B. in der gänzlichen Abschaffung nicht tarifärer Handelshindernisse und auch in der quantitativen Zollreduktion), sondern enthielten nicht mehr wie früher eine positive Liste von zu befreienden Gütern; vielmehr sind die meisten Freihandelsabkommen heute mit einer Negativliste von Gütern ausgestattet, die von Zollsenkungen oder -befreiungen ausgeschlossen sind. Dies bedeutet, dass alle anderen Güter und Dienstleistungen in den Liberalisierungsprozess automatisch einbezogen sind. Sektorale Abkommen über gemeinsame industrielle Planungsprojekte, wie sie z.B. der Andenpakt enthielt, fehlen heute. Stattdessen sind nicht nur Handelsangelegenheiten geregelt, sondern auch die Konditionen wechselseitiger Investitionen und des Dienstleistungsaustauschs. Die gemeinsamen institutionellen Vorkehrungen sind aus Furcht vor nicht mehr kontrollierbaren Bürokratien hingegen schwach ausgebildet; informelle Kontakte zwischen unterschiedlichen Akteuren (Regierungsvertretern, Vertretern politischer Parteien, Repräsentanten von NGOs, von Gewerkschaften oder Unternehmensverbänden) sind viel bedeutender als die Einrichtung fester regionaler Institutionen mit einem größeren »Apparat« (Fuentes, 1998: 44ff.).

Sowohl die von den meisten lateinamerikanischen Regierungen verfolgte neoliberale Politik (insbesondere einseitige Handelsliberalisierung, Deregulierung und Privatisierung) wie auch die expliziten Abkommen, haben während des letzten Jahrzehnts die Anteile des intraregionalen Handels in der gesamten Region um ca. 10% erhöht. Für Lateinamerika und die Karibik insgesamt stiegen die Anteile der intraregionalen Exporte von ca. 13% (1990) auf 23,3% im Jahre 1997 an (vgl. die Tabelle 8.1).

Der MERCOSUR (Mercado Común del Sur) hat nicht nur den größten Anteil am gesamtlateinamerikanischen Export (gut ein Drittel), sondern weist mit knapp 25% – im Vergleich zu anderen lateinamerikanischen Regionalzusammenschlüssen – die stärkste intra-regionale Zentrierung auf. Dies ist mehr als das Doppelte dessen, was die »Anden-Gemeinschaft« aufweist, aber natürlich viel weniger als die entsprechenden Anteile bei der EU, in der ca. zwei Drittel aller Exporte innerhalb der EU abgewickelt werden (auch in der NAFTA sind ca. 50% der Exporte innerhalb der NAFTA registriert). Im Vergleich zu den anderen lateinamerikanischen Integrationsprojekten ist im übrigen das Tempo des Wachstums der intra-regionalen Exporte im MERCOSUR am größten. Sie wuchsen von 1990 (8,9%) auf fast 25% (1997) an. Bemerkenswert ist, dass die extra-MERCOSUR-Exporte/Importe sich seit Beginn der 90er Jahre stark divergierend entwickelt haben: Während die Antei-

Tabelle 8.1.: Intraregionale und Gesamtexporte 1990-1997
(in Mrd. US-Dollar und Prozentanteilen)

	1990	1991	1992	1993	1994	1995	1996	1997
Andine Gemeinschaft								
– Intraregional in US-$	1,3	1,8	2,2	2,9	3,5	4,8	4,7	5,6
– Welt in US-$	30,8	28,6	28,3	29,8	34,8	40,2	44,7	48,7
Andengruppe/Welt* (in %)	4,1	6,2	7,8	9,7	10,1	11,9	10,5	11,5
MERCOSUR								
– Intraregional	4,1	5,1	7,2	10,0	12,0	14,4	17,0	20,2
– Welt	46,4	46,9	50,5	54,2	62,1	70,3	75,0	82,4
MERCOSUR/Welt (in %)	8,9	11,1	14,3	18,5	19,3	20,5	22,7	24,4
MCCA								
– Intraregional	0,7	0,7	0,9	1,1	1,2	1,5	1,6	1,8
– Welt	4,0	4,0	4,7	5,1	5,5	6,9	7,3	8,2
MCCA/Welt (in %)	17,3	17,4	19,8	22,4	21,8	21,1	21,2	22,2
CARICOM[a]								
- Intraregional	0,3	0,2	0,2	0,3	0,3	0,4	0,5	–
- Welt	3,6	3,4	3,4	3,3	3,8	4,4	4,6	–
CARICOM/Welt (in %)	7,1	6,5	6,5	9,0	8,8	10,0	10,6	–
Lateinamerika und Karibik[b]								
– Intraregional	16,1	19,4	24,4	29,1	35,4	42,2	45,6	53,7
– Welt	122,7	121,0	126,5	133,9	154,6	189,0	209,5	230,7
Lateinamerika und Karibik/Welt (in %)	13,1	16,0	19,3	21,7	22,9	22,4	21,8	23,3

*Mit dieser Relation ist der Anteil der innerhalb der »Andinen Gemeinschaft« exportierten Waren an ihrem Gesamt- bzw. Weltexport gemeint. Analog verhält es sich mit den anderen regionalen Wirtschaftszusammenschlüssen.
[a] Dies schließt nur Barbados, Guyana, Jamaica, Trinidad und Tobago ein.
[b] Dies schließt LAIA, MCCA, Bahamas, Barbados, Belize, die Dominikanische Republik, Guyana, Haiti, Jamaica, Panama, Surinam, Trinidad und Tobago ein.

Quelle: Ffrench-Davis (2000): 182, auf der Basis von ECLAC und Inter-American Development Bank-Daten.

le der EU und der USA als Exportziele geringer geworden sind, haben sich umgekehrt die MERCOSUR-Importe aus diesen Regionen in den letzten 10 Jahren spürbar erhöht.»Die signifikante Steigerung der MERCOSUR-Importe aus Nordamerika, Europa und Asien spricht ... gegen die Kritik, die das Integrationsprojekt im südlichen Lateinamerika vor allem als Instrument eines regionalen Protektionismus sieht.« (Sangmeister, 1999: 71).

Wie bereits angedeutet, geht die Entstehung des MERCOSUR auf die Annäherung Brasiliens und Argentiniens seit Mitte der 80er Jahre zurück. Mit der Beilegung der traditionellen politischen, militärischen und ökonomischen Konflikte begannen bilaterale Liberalisierungsabkommen zwischen den beiden Ländern, in die eine gewisse Beschleunigungsautomatik eingebaut war. Seit Anfang der 90er Jahre schlossen sich Uruguay und Paraguay, die in ihrem Außenhandel stark von ihren großen Nachbarn abhängig sind, dem Integrations- bzw. Freihandelsabkommen an. Im Vertrag von Asunción (1991) wurde der MERCOSUR formell aus der Taufe gehoben. 1996 traten Chile und Bolivien zunächst als Beobachter, dann als »assoziierte Mitglieder« diesem Freihandelsabkommen näher (Sangmeister, 1994: 191-211). Obwohl der MERCOSUR, wie im Namen schon angedeutet, eigentlich ein gemeinsamer Markt sein möchte, scheint die Erreichung dieses Ziels wohl noch in relativ weiter Ferne zu liegen. Bisher kann er als Freihandelsabkommen und als unvollständige Zollunion qualifiziert werden, bei der aber eine Harmonisierung der Industrie-, Geld-, Wechselkurs- und Finanzpolitik noch völlig aussteht. Gerade aus diesen Diskrepanzen vor allem zwischen Brasilien und Argentinien ist im Jahre 1999 die bislang schwerste Krise des Integrationsprojektes hervorgegangen.»Offensichtlich ist vorerst die kurze Periode wieder zu Ende, während der sich der Integrationsraum im Cono Sur als eine der weltweit dynamischsten Wachstumsregionen präsentierte, und der MERCOSUR als das ökonomisch und politisch potenteste Projekt (sub-)regionaler Kooperation und Integration in Lateinamerika zunehmend auch für andere Staaten in der Region attraktiv wurde. Jetzt muss sich erweisen, ob der MERCOSUR mehr ist als ein ›Schönwettersystem‹, das nur funktioniert, solange es wirtschaftlich aufwärts geht, aber in wirtschaftlichen Krisenzeiten – wie so viele frühere Integrationsprojekte in Lateinamerika – zum Scheitern verurteilt ist.« (Sangmeister, 1999: 69).

In deutlicher Modifikation früherer Integrationsziele wird der MERCOSUR seit Anfang der 90er Jahre stärker auf die Handelsliberalisie-

Tabelle 8.2: MERCOSUR-Basisdaten

Land/Ländergruppe	Bevölkerung 1998 (Mio.)	BIP[a] 1997 (Mrd. US $)	BIP[a] pro Kopf 1998 (US $ von 1990)	Jährliches Wirtschaftswachstum[b] 1990-98 (in%)
Argentinien	36,125	322,730	6.720	4,7
Brasilien	165,473	786,466	3.214	2,0
Paraguay	5,223	10,180	1.465	2,0
Uruguay	3,239	18,180	3.504	3,1
MERCOSUR	210,060	1.137,556	3.778w	2,8g
Bolivien	7,957	8,108	964	3,3
Chile	14,822	74,292	4.099	6,2
MERCOSUR und assoziierte Staaten	232,839	1.219,956	3.702w	3,0g
Zum Vergleich: Lateinamerika	482,263	1.875,869	3.069w	2,8g

[a] Bruttoinlandsprodukt zu Marktpreisen.
[b] Durchschnittliche jährliche Wachstumsrate des realen Bruttoinlandsprodukts zu Marktpreisen.
g Mit dem Bruttoinlandsprodukt gewogener Mittelwert.
w Mit der Bevölkerungszahl gewogenes arithmetisches Mittel.

Quelle: Sangmeister, 1999: 70

rung (weniger z.B. auf Gemeinschaftsprojekte im industriellen und technologischen Bereich) bezogen. Im Freihandelsabkommen geht es vor allem um die »fortschreitende, lineare und automatische Zollsenkung«, danach um wesentliche Zollreduktionen gegenüber den Drittländern und schließlich um die Errichtung einer Zollunion mit ebenfalls tendenziell sinkenden Zollsätzen gegenüber der Außenwelt. In einem weiteren Schritt soll ein gemeinsamer Markt – mit einer Vereinheitlichung der Normen, Gesetze und Institutionen und nicht zuletzt auch der der Wirtschafts- und Finanzpolitik – erreicht werden (Schonebohm, 1997: 14ff.).

Der bereits erwähnte Fortschritt im intra-regionalen Handelsaustausch fiel vor allem auf die erste Hälfte der 90er Jahre. Er betraf insbesondere Industriegüter (Brasilien exportierte zu 70% Industriewaren nach Argentinien, dessen Exporte nach Brasilien zwar ebenfalls – in geringerem Umfang – Industriegüter umfassten, wobei aber der größere Teil der Exporte in landwirtschaftlichen Produkten oder leicht verarbeiteten landwirtschaftlichen Waren bestand). Dieses grundlegende Spezialisierungsmuster zwischen Brasilien und Argentinien am Anfang der 90er Jahre bestand im wesentlichen auch gegen Ende der 90er Jahre fort.
»Transnationale Konzerne spielten bei diesem Boom des intraregiona-

len Exports die Führungsrolle, da sie für 65% (4,2 Mrd. US-Dollar) des intraregionalen Exports von Industriegütern verantwortlich waren« (UNCTAD 1995: 83, zit. bei Becker, 1998: 127). Auch im Bereich der Direktinvestitionen zwischen den einzelnen Mitgliedsländern kamen Fortschritte zustande: so wird berichtet, dass die wechselseitigen Investitionen zwischen Argentinien und Brasilien bei ca. 300 Mio. US-Dollar liegen (vgl. Castro Escudero, 1999: 899). Trotz dieser Tendenzen blieb die ökonomische Interdependenz zwischen den beiden Hauptprotagonisten des MERCOSUR eher schwach und die tatsächliche Integration fragil. Die Fortsetzung und Vertiefung der angeführten Integrationsschritte harrt eigentlich seit 1995/96 ihrer weiteren politischen Bearbeitung. Über eine unvollständige und von vielen Ausnahmeregelungen durchsetzte Zollunion ist der MERCOSUR bislang nicht hinausgekommen. Bei der jüngsten und ersten ernsthaften Krise des MERCOSUR im Gefolge der Wirtschafts- und Finanzkrise Brasiliens und vor allem der Abwertung des brasilianischen Real wurde in verschiedenen Streitfällen sogar die WTO als Schlichter angerufen. Nichts kann wohl besser den defizitären Zustand dieses Integrationswerkes anzeigen.»Die alarmierende Abwesenheit von supranationalen Organen, die erlauben würden, die Konflikte – auf der Basis der Interessen der Gruppe und nicht eines einzelnen Mitgliedslandes – schnell und definitiv zu lösen« (Castro Escudero, 1999: 906f.), verweist auf die charakteristische Schwäche des Integrationswerks. Das Fehlen einer minimalen Koordination der Wirtschaftspolitiken hat die Ungleichgewichte kumuliert, die in der jüngsten Krise voll offenbar wurden. Auch das Fehlen einer entsprechenden Politik des Ausgleichs zwischen den einzelnen Mitgliedern des MERCOSUR verhindert eine zunehmende ökonomische Verflechtung. Der wachsende Bedeutungsverlust und die Diskriminierung der kleinen Ökonomien des MERCOSUR, der »Zwerge« des Integrationswerks, Paraguay und Uruguay, sind weitere Hemmnisse auf dem Weg zur Erreichung einer realen wirtschaftspolitischen Einheit. Die schweren und z.T. wachsenden sozialen und ökonomischen Probleme in jedem einzelnen Mitgliedsland können nicht durch Integrationsschritte gelöst werden; eine solche Erwartungshaltung wäre ganz unrealistisch. Die Voraussetzung für die Fortführung des Integrationsprozesses ist zunächst die Abmilderung von Problemen auf nationaler Ebene; erst auf diese Art und Weise könnten Integrationsfortschritte wieder positive Rückwirkungen auf bestimmte ökonomisch-soziale Problemfelder in den einzelnen Ländern erreichen.

Auch ist zu bedenken, dass bestimmte Bedingungen und Formen des Integrationswerks, das ja zunehmend mehr auf die gänzlich ungezügelten Marktkräfte setzt, regionale Verzerrungen hervorrufen können. »Der MERCOSUR ... wird von den Unternehmen mehr genutzt als er bislang von der Politik gestützt wird. Das hat auch damit zu tun, dass die Handelsbeziehungen zwischen dem südlichen Teil Brasiliens, dem Norden Argentiniens und den beiden kleinen Staaten Paraguay und Uruguay innerhalb des La Plata-Beckens traditionell vergleichsweise eng waren und sind und durch die Etablierung des gemeinsamen Marktes einen größeren Spielraum der Entfaltung erhalten haben. Zugleich ist damit aber eine gewisse Abkoppelung anderer Landesteile der beiden großen Partnerländer verbunden, so dass die politische Unterstützung der ökonomischen Integration von Politikern, die sich dem gesamten Elektorat stellen müssen oder Landesteile vertreten, die von den Vorteilen der Integration wenig haben, nicht ausgeprägt und vor allem nicht widerspruchsfrei und einhellig ist.« (Altvater/Mahnkopf, 1996: 470). Die Labilität des MERCOSUR-Wachstums wird auch dadurch unterstrichen, dass gerade durch die finanzielle Globalisierung der vergangenen Jahre sich der Spielraum für die Ausdehnung des intraregionalen Handels vergrößert hat. Der Zustrom von Kapital in Form von Direkt- und Portfolio-Investitionen konnte das jeweilige Handelsbilanzdefizit der einzelnen Länder finanzieren und ermöglichen, dass die Exporte nicht zum Erwerb von Hartwährungs-Devisen eingesetzt werden mussten. »So erklären sich die im Durchschnitt höheren Wachstumsraten des intraregionalen Handels im Vergleich zum gesamten Außenhandel. Damit waren, wie Ffrench-Davis (1995: 115) für ganz Lateinamerika resümiert, auch positive Effekte auf das Wachstum des BIP verbunden, die er mit einem Beitrag in der Größenordnung von 23,3% quantitativ beziffert« (Altvater/Mahnkopf, 1996: 491). Das bedeutet aber auch, dass diese positive Wirkungsweise von dem beständigen Zufluss externer Kapitale abhängt; bleiben diese aus, oder werden Kapitale in größerem Umfang abgezogen, kann dies tödliche Wirkungen für das Integrationsprojekt mit sich bringen.

Insgesamt fällt auf, dass das MERCOSUR-Projekt (vielleicht noch stärker als andere Integrationsvorhaben) an einer notorischen Diskrepanz zwischen Ankündigungen und programmatischen Entwürfen einerseits und der Verwirklichung derselben andererseits krankt. So wurde z.B. im Vertrag von Asunción festgelegt, dass bereits bis Ende 1995 ein gemeinsamer Markt hergestellt sein sollte, was, wie gezeigt wurde, längst nicht der Fall ist, da der MERCOSUR auch noch 5 Jahre später, nicht einmal als vollendete Zollunion, geschweige denn als gemeinsamer Markt zu qualifizieren ist. Die (zeitlich begrenzten) Ausnahmeregelungen für Zollreduktionen sind groß, sie belaufen sich auf über 2000 Warenposten für alle vier beteiligten Länder. Die geringe Institutionalisierung des Integrationsprojekts macht sich gerade in Krisenmomenten negativ bemerkbar. So ist z.b. die Frage der Arbeitsmigration zwischen den beteiligten Ländern nicht geklärt, es existieren kaum Regelungen für transnationale und wechselseitige Investitionen zwischen den Mitgliedsländern und auch die Freiheit des Dienstleistungsverkehrs, vor allem für Banken sehr wichtig, ist keineswegs gesichert.

Gerade angesichts dieser nun voll aufbrechenden Schwächen des Integrationsprojekts im »Cono Sur« von Lateinamerika, welches während der 90er Jahre eine erhebliche Attraktionskraft auf viele Anrainerstaaten ausübte, wird deutlich, dass die Stabilität und Perspektive des MERCOSUR häufig weit überschätzt worden ist (z.b. Eßer, 1997 und Roett, 1999).

Als weiteres Integrationsprojekt soll das »Nordamerikanische Freihandelsabkommen« (NAFTA) kurz vorgestellt werden, obwohl es mit Mexiko nur ein lateinamerikanisches Land einschließt, welches sich erst später (der Verhandlungsprozess dauerte von 1990 bis 1993) einem zunächst bilateralen Freihandelsvertrag zwischen den USA und Kanada anschloss. Aus us-amerikanischer Sicht stellt dieses Vertragswerk in gewisser Hinsicht einen Schritt in Richtung der Freihandelsinitiative von Präsident Bush (»Enterprise of the America's Initiative«, 1990) und des späteren Nord- und Südamerika insgesamt umfassenden Freihandelsprojekts von Präsident Clinton (»American Free-Trade Area«, AFTA, später »Free Trade Areas of the Americas«, FTAA) dar. Diese Entwürfe zielen darauf ab, Lateinamerika stärker an die USA zu binden und den Subkontinent tendenziell gegenüber einer europäischen und asiatischen Durchdringung abzuschirmen.

Die geographische Nähe und die traditionelle politische Dominanz ließ für die USA eine stärkere formelle Anbindung des als schwer kontrollierbar geltenden Nachbarlandes (z.b. auch hinsichtlich des Zuwandererstroms) als naheliegend und wünschenswert erscheinen. Ökonomisch war für die USA die Überziehung des Nachbarlandes mit us-amerikanischen Banken und Versicherungskonzernen, der Ausbau bestimmter Direktinvestitionen, die auf die Nutzung der großen Lohndifferenziale zwischen Mexiko und den USA (das Verhältnis bewegt sich fast zwischen 1:10) abstellen und der damit wahrscheinlicher werdende Zugriff auf die mexikanischen Erdölreserven interessant.

Trotz der enormen Unterschiede ökonomischer und kultureller Art schien NAFTA auch aus mexikanischer Sicht durchaus attraktiv. Einmal konnte dadurch ein erleichterter und gesicherter Zugang zu einem der größten Binnenmärkte der Welt realisiert werden. Ohnehin gingen schon mehr als zwei Drittel der Exporte Mexikos in das nördliche Nachbarland und fast ebensoviel wurde von dort importiert. Zweitens versprach man sich auf mexikanischer Seite eine zusätzliche Anziehungskraft für ausländische Direktinvestitionen in Mexiko, die nun ihre Produkte zollfrei auf den us-amerikanischen Markt werfen könnten. Und drittens war der NAFTA-Vertrag als externe institutionelle Absicherung der Politik der neoliberalen Öffnung anzusehen, was für die damalige Regierung von Salinas de Gortari ein weiterer wichtiger Beweggrund für die Betreibung des NAFTA-Projekts gewesen ist. Zwar wurde eingeräumt, dass das Integrationsprojekt auch Verlierer implizieren würde, jedoch seien die Vorteile für Mexiko per saldo als weit höher einzuschätzen. Der Vertrag sowie die von der Regierung Clinton nachgeschobenen Parallelabkommen über Umwelt- und Arbeitsnormen enthalten im wesentlichen folgende Elemente:

■ sukzessive und asymmetrische Senkung der Zölle zwischen Mexiko und den USA/ Kanada für immer größere Teile aller grenzüberschreitenden Waren und Dienstleistungen.

■ Liberalisierung des Kapitalverkehrs, partielle Liberalisierung des Niederlassungsrechts von Banken, Einräumung des Rechts für Versicherungen, nach 6 Jahren in den jeweiligen Partnerländern aktiv zu werden.

■ Völlige Gleichstellung ausländischer und inländischer Investoren.

■ Regelungen über Ursprungsbestimmungen, die festlegen, wann z.B. ein in Mexiko hergestelltes Produkt zollrechtlich als mexikanisches Produkt oder – falls ein zu großer Anteil von Vorprodukten und Bestandteilen aus dem Ausland stammt – als ein ausländisches Produkt zu klassifizieren ist.

■ Sonderbestimmungen über einzelne Branchen und Sektoren (so z.B. den Textilbereich und den Agrarsektor; Bestätigung der Weiterführung staatlicher Monopole im Elektrizitäts- und Erdölbereich in Mexiko).

■ Bestimmungen über die Liberalisierung des wechselseitigen Migrierens von hochqualifizierten Arbeitskräften; Probleme der Arbeitskraftmobilität wurden weitgehend ausgeklammert;

■ Detaillierte Vorstellungen zur institutionellen Lösung von Konflikten (vgl. Lavon, 1994: 43ff.), aber ansonsten ist die institutionelle Ausgestaltung kaum entwickelt.

Nach sieben Jahren des Bestehens von NAFTA kann der Eindruck entstehen, dass dieses Abkommen für Mexiko eindeutige Vorteile gebracht hat. Seit 1993 ist der Wert der Exporte von Mexiko in die USA fast um das Dreifache gestiegen, in einem ähnlichen – wenngleich deutlich geringeren – Wachstumsrhythmus sind die Importe Mexikos aus den USA über diesen Zeitraum um gut das Doppelte angewachsen. Vor allem die Krisenjahre 1995 und 1996 brachten für die Ausbreitung des gesamten Handelsaustausches Rückschläge, wobei die mexikanischen Exporte in die USA allerdings weiter zunahmen, die mexikanischen Importe aus den USA jedoch (infolge der Währungsabwertung und der Binnenmarktkontraktion in Mexiko) drastisch abnahmen und sich erst in den folgenden Jahren wieder erholten. Der Zufluss ausländischen Kapitals hat sich ähnlich positiv gestaltet; nach einem Höhepunkt 1994, allerdings unter Einbeziehung großer Anteile von Portfolio-Kapital, kam es im Gefolge der Peso-Krise 1995/96 zu einem fast vollständigen Verebben des Kapitalzuflusses.

In den darauf folgenden Jahren stiegen die externen Zuflüsse wieder an, und es stabilisierte sich der Zustrom ausländischer Direktinvestitionen bei ca. 12 Mrd. US-Dollar jährlich seit 1997 bis heute. So könnte man argumentieren, dass die hohen gesamtwirtschaftlichen Zuwächse der letzten Jahre in Mexiko, die Verringerung der Inflationsrate, der Anstieg der Devisenreserven etc. zu einem nicht unerheblichen Teil auf die Einbindung des Landes in das NAFTA-Projekt zurückzuführen ist. Wenngleich diese These eine gewisse Plausibilität aufweist, ist sie nicht eindeutig zu belegen, da entgegnet werden kann, dass die mexikanische Wirtschaftsentwicklung – aufgrund der Nähe zu den USA, der partiellen Komplementarität der Wirtschaftsstrukturen und der guten, langandauernden Konjunktur im Nachbarland sowie infolge der eigenen Wirtschaftspolitik – ähnlich günstig verlaufen wäre, wenn NAFTA nicht existiert hätte.

Wie dem auch sei, unabhängig von diesem Gedankenexperiment und der Problematik, ob es zu NAFTA grundsätzlich oder innerhalb des Vertragswerks eine Alternative gegeben hätte, muss die entwicklungspolitische Rolle und vor allem die in der Begründung und Legitimierung herangezogene Wohlstandssteigerung für das gesamte Land relativiert bzw. bezweifelt werden.

Die mexikanische Regierung hebt z.B. die positive Rolle der USA bei der »Rettungsaktion« in der Währungs- und Finanzkrise von 1994/ 95 hervor und unterstreicht die Bedeutung der in der Tat erheblichen, zumeist zweistelligen jährlichen Exportsteigerungen, wovon zuletzt sogar 85% in die USA gingen. Im übrigen wird auf das weiter wachsende ökonomische Gewicht des Maquiladora-Komplexes und die steigende Attraktivität für weiteres Auslandskapital, für das Mexiko als NAFTA-Mitglied besonders interessant sei, hingewiesen. Mittlerweile sind mit über 1 Mio. industriellen Arbeitsplätzen fast ein Drittel der mexikanischen Industriebeschäftigung dort konzentriert.

Dennoch bleibt die Stimmung in Mexiko gegenüber diesem Vertrag eher abgekühlt. Weder das so genannte Hilfspaket der USA und der internationalen Gläubiger noch der Exportaufschwung konnten verhindern, dass die Krise von 1994 bis 1996 die schwerste seit 60 Jahren wurde. Sie führte zum Abbau von 2 Mio. Arbeitsplätzen und brachte Lohneinbußen bis zu 40%, den Abbau sozialer Sicherungen und die Verschlechterung des gesamten sozialen Klimas mit sich. Die seit 1996 wieder beginnende wirtschaftliche Dynamik spielte sich zum Teil gewissermaßen »unter Ausschluß der Öffentlichkeit« ab: während einige makroökonomische Indikatoren, wie z.b. das BIP-Wachstum und die rückläufige Inflationsrate vorteilhafte und auf Erholung hindeutende Zahlen bescherten, sah es mit dem durchschnittlichen Reallohnniveau, das im Jahre 2000 immer noch unter dem Niveau von 1994 lag, keineswegs günstig aus. Der fabelhafte Wachstumsprozess der mexikanischen Exporte in die USA wird u.a. auch dadurch relativiert, dass ca. die Hälfte der »mexikanischen Exporte« in die USA bloß aus »Reimporten« transnationaler US-Konzerne der Maquiladora-Zone besteht. Das heißt, dass Mexiko von diesen Transaktionen ökonomisch kaum berührt wird, sieht man einmal vom Wertschöpfungsbeitrag der mexikanischen ArbeiterInnen ab. Der Durchsickereffekt ist und bleibt relativ gering. Die Befürchtung mancher Beobachter, dass die beschleunigte Zollsenkung im Kontext des NAFTA-Prozesses die spezifischen Vorteile des Maquiladora-Komplexes (zollfreies Importieren von praktisch allen Produktionselementen) aufheben würde, haben sich insofern nicht bestätigt, als die Ausdehnung von Maquiladora-Betrieben an der Grenze (und zunehmend auch im nördlichen Landesinneren Mexikos) bis heute weiter rasch fortgeschritten ist.

Vom Jahr 2001 an werden die Maquiladora-Betriebe nicht mehr in der Lage sein, ihre Inputs zollfrei von außerhalb des NAFTA-Raums zu importieren, obwohl einige Ausnahmen, wie z.B. für elektronische Produkte, ausgehandelt worden sind. Zum anderen werden die Maquiladora-Betriebe einige ihrer Steuervorteile verlieren, da Mexiko sie, gemäß dem NAFTA-Vertrag, als normale ausländische Investoren behandeln wird.

Obwohl diese Perspektive einige Unsicherheit unter den Maquiladora-Investoren hervorruft, hat sich dies bislang in keiner Weise auf den weiter zweistelligen Wachstumsprozess von Maquiladora-Unternehmen und den Beschäftigungszuwachs niedergeschlagen (Financial Times Survey, Mexico, vom 5. Okt. 1999: II). Die Annahme einer mit der jüngsten Entwicklung verbundenen Erhöhung des mexikanischen Wertschöpfungsanteils durch schrittweise Öffnung des mexikanischen Binnenmarktes für Maquiladora-Produkte und für mexikanische Zulieferbetriebe, also einer verstärkten Rück- und Vorwärtsverkettung der Maquiladora-Industrie mit ihrem mexikanischen Umfeld hat sich nur teilweise verwirklicht. Trotz partiell rasanter Veränderungen in diesem Bereich werden die entsprechenden Inputs der Maquiladora-Industrie immer noch nur zu 10-25% aus Mexiko selbst bezogen (ebd.).

In gewisser Hinsicht ist ein langfristig wirkender Prozess des Aufeinanderzubewegens von Maquiladora-Industrie und Nicht-Maquiladora-Industrie ausländischer Herkunft zu beobachten. Einerseits greifen die Maquiladora-Unternehmen, wie angedeutet, auf einheimische Inputs (Rohmaterialien, Einzelteile etc.) zurück; entsprechend wächst auch ihr Absatz im Landesinneren. Einige Maquiladora-Unternehmen haben im Inneren Mexikos zusätzliche Investitionen vorgenommen und bauen diese als Exportbasis sowohl für Nordamerika wie auch für Südamerika aus. Umgekehrt exportieren nun früher fast ausschließlich auf den Binnenmarkt orientierte transnationale Konzerne, z.B. aus der Automobilbranche, ihre Produkte nach Nordamerika. VW de México in Puebla beispielsweise exportiert von den jährlich hergestellten 400 000 Pkws mittlerweile fast 80%, während noch in den 80er Jahren die Exporte vernachlässigenswert gering gewesen sind.

So zutreffend es einerseits ist, dass durch NAFTA und den us-amerikanischen Markt die Exporte während der Krise von 1994/95 stark gesteigert werden konnten und damit ein Faktor vorhanden war, der zur Krisenüberwindung beigetragen hatte, so sehr ist umgekehrt darauf hinzuweisen, dass erst durch die auf die NAFTA vorbereitende Wirtschaftspolitik Mexikos (einseitige Liberalisierungsschritte, Wechselkursfixierung, Überbewertung der eigenen Währung) maßgeblich die zur Krise treibende Schwächung und besondere Verletzlichkeit der mexikanischen Wirtschaft hervorgerufen wurde. Im übrigen dürfen nicht nur die besseren Exportmöglichkeiten für Mexiko gesehen werden, sondern es sind auch die negativen Folgen ungehinderter Importe zu berücksichtigen. Während die potentiell positiven gesamtwirtschaftlichen Folgen von exportorientierten Unternehmen, wenn überhaupt, längerfristig zu Buche schlagen, wird der ungehinderte, konkurrenzüberlegene Importstrom aus den USA gewissermaßen sofort fühlbar, wenn z.b. Betriebe geschlossen werden, Bauern ihre teureren Agrarprodukte (gegenüber der billigeren US-Konkurrenz) nicht absetzen können.»Da sich diese Entwicklung offenbar auch geographisch ausdrückt, verschärft sich die entwicklungspolitische Teilung des Landes in einen relativ dynamischen Norden und einen unterentwickelten Süden. Aufgrund seines niedrigen Entwicklungsniveaus und seiner kleineren Volkswirtschaft spürt Mexiko die Auswirkungen der NAFTA stärker als die USA.« (Schirm, 1999: 11).

Auf einen weiteren gefährlichen Mechanismus für die mexikanische Ökonomie, der durch NAFTA verstärkt wurde, ist in diesem Zusammenhang hinzuweisen: Während der Krisenphasen der mexikanischen Wirtschaft, die häufig mit einem Abwertungsschnitt einhergingen, stiegen die Exporte (vor allem in die USA an), die von dort kommenden Importe gingen zurück, was zu einer positiven Handelsbilanz führte. Immer, wenn sich die Konjunktur in Mexiko wieder verbesserte, verkehrte sich die Situation. Bei hohen Wachstumsraten und einer überschäumenden Konjunktur wurde eine mehr oder minder ausgeprägte Passivierung der Handelsbilanz fast unvermeidlich, da die Angebotselastizität der mexikanischen Wirtschaft gering geblieben ist und die Nachfragesteigerung sich auf besondere Konsum- oder Investitionsgüter richtet, die in Mexiko in der gewünschten Quantität/Qualität kurzfristig nicht zur Verfügung stehen. Infolge der starken Liberalisierung des Außenhandelsverkehrs und in Konsequenz – in dieser Hinsicht – nicht wesentlich veränderter ökonomischer Strukturen scheint sich dieser Mechanismus eher noch verstärkt zu haben. Bei der so genannten Peso-Krise von 1994/95 hat er jedenfalls eine erhebliche Rolle gespielt, da ein Handelsbilanzdefizit in der Größenordnung von 8% des BIP zu den krisenauslösenden Faktoren gehörte (Boris, 2000: 21ff.).

Dort, wo mexikanisches Kapital teilweise selbst vom NAFTA-Prozess profitieren möchte, z.B. im ländlichen Bereich, im Transportsektor etc., stößt es gelegentlich auf nicht unerhebliche Barrieren. Die nun annähernd 7 Jahre dauernde Existenz von NAFTA ist angefüllt mit zahlreichen Klagen darüber, dass z.B. mexikanische Tomaten oder Zitrusfrüchte die Grenze nach Norden nicht passieren durften, dass mexikanische Erdbeeren wegen angeblicher Verursachung von Hepatitis unter US-Schulkindern zeitweise vom Import ausgeschlossen wurden, dass mexikanische Lastwagen den Sicherheitsvorschriften der USA nicht entsprechen und deshalb zurückkehren müssen. Interessanterweise schaltet sich immer häufiger die – dafür eigentlich nicht zuständige – US-Bundesregierung mit derartigen Bremsmanövern ein, was als mehr als eine bloß zeitweilige wahlpropagandistische Aktion eingestuft werden kann. Diese alltäglichen Misshelligkeiten, kombiniert mit einer Verschärfung der Einwanderergesetze in einigen grenznahen Bundesstaaten der USA etc., haben das NAFTA-Projekt in Mexiko aus verständlichen Gründen nicht populärer machen können. Von P. Andreas wurde zu Recht darauf hingewiesen, dass die nur z.T. sichtbare Verschlechterung des politischen Klimas zwischen den USA und Mexiko vor allem damit zusammenhängt, dass die Liberalisierung nur für bestimmte Bereiche vorgenommen wurde, für andere hingegen eine stärkere Abschottung angestrebt und durchgesetzt wird, wobei Mexiko gerade für letztere Bereiche (z.B. Drogen- und Arbeitskräfteexport) gewissermaßen einen »komparativen Vorteil« besitzt (Andreas, 1996: 55).

Nicht zuletzt im Gefolge der so genannten Peso-Krise von 1994/95 wurde das bis dahin vom NAFTA-Prozess weitgehend ausgenommene Transport- und Infrastrukturwesen in Mexiko beschleunigt liberalisiert, privatisiert und d.h. auch an ausländische Kapitaleigner veräußert. So konnten z.B. alle Marktführer des us-amerikanischen Straßengütertransportes eine Präsenz in Mexiko aufbauen, die weit über die NAFTA-Regelungen hinausgeht (Plehwe, 1997: 451ff.), ein Prozess, der ähnlich z.B. bei der Veräußerung von mexikanischen Häfen, Luftfahrtslinien, Eisenbahnen etc. zu registrieren ist. Zu Recht resümiert Dieter Plehwe: »Die Modernisierungsstrategien in Mexiko opferten gesellschaftlich integrative Funktionen des Verkehrssystems, um den Anforderungen der transnationalen Operationsweise, zumindest in ersten Ansätzen, gerecht zu werden. Dieser Gesamttenor des NAFTA-Integrationsprozesses hat in Mexiko zur schärfsten Form der Polarisierung auf dem nordamerikanischen Kontinent geführt. Die fehlende Absicherung des nationalen Sozialgefüges bei der Öffnung gegenüber dem nordamerikanischen Privatkapital resultierte in einer dualen Ökonomie und zunehmender Fragmentierung der Gesellschaft. Der wachsenden Dollarökonomie, für welche das neue Transportsystem in vielen Bereichen funktional adaptiert wurde, steht eine schrumpfende und ständig prekärer operierende interne Peso-Ökonomie gegenüber, der das neue Gütertransportsystem zumindest nichts nutzt.« (Plehwe, 1997: 484).

Die häufig genannten Implikationen von ausländischen Direktinvestitionen, wie die Übertragung neuester Technologie und die Erlernung von entsprechendem Know-how, die Zuführung zusätzlicher Akkumulationsmasse etc. – werden angesichts dieses Beitrags der Direktinvestitionen zur Desartikulation der mexikanischen Ökonomie häufig sehr überschätzt. Denn bei genauerem Hinsehen ergibt sich für Mexiko das Dilemma, »dass es aufgrund seines niedrigen Entwicklungsniveaus und seiner Kostenvorteile für arbeitsintensive Produktion interessant ist, weniger aber für technologie- oder kapitalintensive Herstellung. Da es sich in dieser Situation aber auch vor der NAFTA befand, verschlechterte sich seine Lage nicht, sondern es weitet seine Exportproduktion aus – wenn auch bisher auf niedrigem technologischem Niveau. Das Risiko einer Zementierung des Entwicklungsunterschieds bei gleichzeitigem Wachstum besteht nach wie vor.« (Schirm, 1999: 11). Dass diesen Tendenzen – auch in ihren Implikationen für den Arbeitsprozess – sogar durch internationale Abkommen nicht wirksam entgegengearbeitet werden kann, ist mittlerweile mehrfach deutlich belegt worden (Dombois/Hornberger, 1999: 44ff.). Auch dies relativiert ein weiteres Mal die mit dem NAFTA-Projekt angekündigte und versprochene Wohlstandssteigerung für Mexiko. Dass diese regionalen Integrationsmodelle den Zustand der Unterentwicklung aufheben können und in der Lage sind, Aufholprozesse und Homogenisierungstendenzen in den jeweiligen Gesellschaften Lateinamerikas hervorzubringen, muss nach alledem bezweifelt werden.

9. Perspektiven für das 21. Jahrhundert

Blickt man zurück auf die letzten ca. 130 Jahre, in denen Lateinamerika mehr oder minder intensiv in die Weltwirtschaft eingebunden wurde und resümiert man die seither vollzogene ökonomisch-soziale Entwicklung des Subkontinents, so sind Momente tiefgreifender Veränderungen und Fortschritte neben Momenten von Kontinuität, Stagnation, ja Rückfall, gleichermaßen zu registrieren. Während offenkundig im technischen Bereich, in der Stadt-Land-Proportionierung (der Urbanisierung), der infrastrukturellen Erschließung, dem Gesundheits- und Erziehungswesen und anderem eine im Vergleich zu 1870 frappierende Weiterentwicklung (durchaus vergleichbar mit der in den heutigen industriellen Metropolen), zu konstatieren ist, gibt es andererseits nicht wenige gesellschaftlich-ökonomische Bereiche, in denen man typische Merkmale fortdauernder Unterentwicklung diagnostizieren kann. Hier ist zu allererst die krasse Ungleichverteilung von Einkommens-, Vermögens- und Machtpositionen zu nennen, ein im Kern kaum verändertes Armutsproblem und eine massenhafte gesellschaftliche Marginalisierung/Prekarisierung der Lebensverhältnisse, welche den heutigen Beobachtern auffallen. Es wäre z.B. reizvoll zu untersuchen, ob – in historischer Relation – um 1900 die Armutsquote in Ländern wie Argentinien, Uruguay oder Venezuela z.B. größer oder kleiner gewesen ist als heute. Das heißt auch, ob die Diskrepanz zwischen historisch möglichen und tatsächlich verwirklichten Lebenschancen nicht in mancherlei Hinsicht – trotz der genannten Fortschrittsmomente – größer geworden ist. Auch die Frage nach Fortschritt oder Rückschritt (zwischen damals und heute) hinsichtlich der institutionellen Strukturierung der Gesellschaft (im Sinne von mehr oder minder akzeptierten gesellschaftlichen Normen und Regelungsmechanismen) scheint keineswegs eindeutig beantwortbar zu sein. Ohne die alte Ordnung des liberal-oligarchischen Staates romantisch verklären zu wollen, scheint doch in vielen Gesellschaften um 1900 weniger Anomie, d.h. Werte- und Normenzerfall vorgeherrscht zu haben, als in manchen Ländern heute. Natürlich gab es auch zu diesen Zeiten vor 100 oder 150 Jahren lokale Auseinandersetzungen, bürgerkriegsähnliche Konflikte, Kriminalität, Übergriffe von »unten« und noch häufiger von »oben«; aber wenn dies heute ganz ähnlich ist und die Alltagskriminalität als Lebensbewältigungsstrategie vielleicht sogar noch zugenommen hat, so muss das doch an dem Faktum gemessen werden, dass gerade angesichts der ungeheueren Weiterentwicklung dieser Gesellschaften mittlerweile theoretisch und praktisch ganz andere Möglichkeiten bestehen, um diese Probleme des 19. Jahrhunderts zu bewältigen. Die Zwiespältigkeit des Fortschritt/Rückschritt-Komplexes in Bezug auf Lateinamerika haben Enrique Iglesias (Präsident der Inter-American Development Bank) und Manuel Marin (Vizepräsident der Europäischen Kommission) festgehalten, wenn sie konstatieren, dass während des vergangenen Jahrhunderts in Lateinamerika das Pro-Kopf-Einkommen sich zwar verfünffacht habe, es aber heute dennoch weiter entfernt ist von dem Pro-Kopf-Einkommen der Industriestaaten Nordamerikas und Europas als damals. Dass enorme Infrastrukturen im Laufe des vergangenen Jahrhunderts geschaffen wurden und der Anteil der Industrie von 5 auf 25% der gesamtwirtschaftlichen Wertschöpfung anstieg, der Anteil der Region am Welthandel sich aber von 7 auf 3% mehr als halbiert hat, ist gleichfalls Ausdruck dieser Ambivalenz. Die Indikatoren der Lebenserwartung und des Alphabetismus haben sich deutlich verbessert, aber die Ungleichheit und die Armut haben sich zugleich verschlimmert. (Iglesias/Marin, 1998: XI).

Dies gilt auch für das eigentliche Thema dieser Schrift, die sich mit den unterschiedlichen Formen und Epochen der Einbindung der lateinamerikanischen Gesellschaften in die Weltwirtschaft befasste und versuchte, den jeweiligen Grad der Außendetermination der nationalen Ökonomien zu bestimmen. Gewiss haben stets interne Faktoren bzw. Klassen oder Klassenfraktionen mit externen Faktoren und Klassengruppierungen zusammengewirkt und eine bestimmte Art von Einbindung in kapitalistische Verwertungszusammenhänge hervorgebracht: seien diese in der Produktion, in der Zirkulation, im Bank- und Versicherungswesen oder im Reproduktionsbereich angesiedelt. Und natürlich waren je nach Kräfterelationen zwischen internen und externen Faktoren der Grad der Selbststeuerung, der nationalen ökonomischen Einflussnahme auf Wirtschaftspolitik und Wirtschaftsprozesse unterschiedlich: Ein karibischer Kleinstaat war sicherlich auch in damaligen Zeiten in einem ganz anderen Ausmaß abhängig und verletzlich gegenüber Weltmarktereignissen als ein großer Flächenstaat wie Brasilien. Aber insgesamt, so meine These, hat die Möglichkeit der Selbststeuerung ökonomischer Prozesse von den jeweiligen lateinamerikanischen Schauplätzen aus gerade unter den gegenwärtigen neoliberalen Bedingungen offensichtlich abgenommen. Wenn um 1900 eine Finanzkrise beispielsweise in London ausbrach und eine Reihe von Banken in Buenos Aires bankrott gingen, so hatte das sicherlich enorme Auswirkungen auf den urbanen Bereich der Ökonomie, vielleicht auch auf die Finanzierungsmöglichkeiten von Infrastrukturen gehabt, aber insgesamt ist dadurch langfristig z.b. die Arbeitslosenquote nicht dauerhaft in die Höhe geschnellt. Gerade durch den Umstand, dass die Penetration der lateinamerikanischen Gesellschaften von kapitalistischen Arbeits- und Verwertungsverhältnissen, kommerzialisierten Beziehungen auf allen Ebenen in diesen Perioden wesentlich weniger intensiv gewesen ist, waren die gesamtwirtschaftlichen Implikationen von weltwirtschaftlichen Krisenprozessen weit weniger spürbar als dies heute der Fall ist.

Wegen der erhöhten Volatilität der Finanzströme und der gesteigerten Abhängigkeit makroökonomischer Resultate von diesen ist die Anfälligkeit und Verletzlichkeit der lateinamerikanischen Ökonomien – trotz (bzw. wegen) der durchgeführten »neoliberalen Reformen« – gewachsen; dies scheint eine eindeutige Lehre aus der ökonomischen Entwicklung der 90er Jahre zu sein: die mexikanische Peso-Krise (1994/95), die Asien- und Russland-Krise (1997/98) und die Brasilien-Krise (1999) haben tiefe Spuren in Lateinamerika hinterlassen.

Im Übergang zum 21. Jahrhundert stellt sich die Frage, mittels welcher wirtschaftspolitischer Strategievarianten eine nachhaltige und soziale Kohäsion einschließende wirtschaftliche Entwicklung zu realisieren ist. Nach der Verfolgung unterschiedlicher Strategien im Laufe der skizzierten wirtschaftlichen Entwicklung, der Analyse ihrer Stärken und Schwächen scheint dies eine, ja vielleicht die zentrale Zukunftsfrage, keineswegs nur für Lateinamerika, zu sein. Eine bloße Rückkehr zu früheren Strategien und wirtschaftspolitischen Empfehlungen, wie z.B. der Importsubstitutionsstrategie und der protektionistischen Abschirmung, ist unter heutigen Bedingungen kaum möglich. Eine radikale, nicht-kapitalistische Alternative ist sowohl im internationalen Bereich wie auch auf nationaler Ebene gegenwärtig nicht denkbar. Weder objektiv noch subjektiv-politisch sind kurz- und mittelfristig (d.h. in den nächsten 10 bis 15 Jahren) radikale Alternativen zur kapitalistischen Weltwirtschaft sichtbar. Auf der anderen Seite ist eine schlichte Fortschreibung der Entwicklung der letzten zwei Jahrzehnte, in denen eine tendenziell marktradikale, neoliberale Programmatik umzusetzen versucht wurde, ebenfalls mit großen Problemen behaftet. Mittlerweile distanzieren sich sogar bisherige »Hardliner« einer neoklassisch-neoliberalen Orientierung vom herrschenden Diskurs: »Es ist ... nicht zu übersehen, dass der Versuch, gesamtgesellschaftliche Entwicklungsprozesse in Lateinamerika ausschließlich unter ökonomischen Effizienz- und Renditegesichtspunkten steuern zu wollen – unter Vernachlässigung sozialer Wertmaßstäbe und menschlicher Dimensionen von Entwicklung -, in eine entwicklungspolitische Sackgasse zu führen droht.« (Sangmeister, 2000: 117).

Im Anschluss an viele kritische Einzelstimmen, zu denen auch der ehemalige Chef-Ökonom der Weltbank Joseph Stiglitz gehört, wird nun von der Inter-American Development Bank der letzte Jahresbericht unter das Motto »Entwicklung jenseits der Ökonomie« (»Desarrollo más allá de la economía«) gestellt. Die ausschließliche Orientierung auf ökonomische Reformen und dieser wiederum auf betriebswirtschaftliche, mikroökonomische Dimensionen wird hier tendenziell zugunsten einer weitergehenden gesellschaftspolitischen und gesellschaftstheoretischen Perspektive verlassen, welche vor allem die sozialen Institutionen und staatliche Interventions- und Steuerungsmöglichkeiten wieder in den Blick nimmt. Diese Tendenzen, die auch mit dem Diskurs über die »zweite Generation der Reformen« (siehe Kap. 6.1.) einhergehen, verweisen darauf, dass eine bloße Fortschreibung der bisherigen Entwicklung selbst in diesen Kreisen für nicht möglich bzw. letztlich für kontraproduktiv gehalten wird (IDB, 2000).

Aus all diesen Rahmenbedingungen und aktuellen Entwicklungstendenzen kann meines Erachtens die Schlussfolgerung gezogen werden, dass für die nahe Zukunft Lateinamerikas mindestens drei verschiedene Szenarios der weiteren Entwicklung entworfen werden können. Vor allem fünf Ebenen scheinen (in Anlehnung an Naím, 2000: 523ff.) für die einzelnen Szenarios bzw. für die weitere Entwicklung in Lateinamerika von herausragender Bedeutung zu sein:

a) Die externen wirtschaftlichen Beziehungen bzw. die außenwirtschaftliche Flanke. Hier geht es vor allem um die Verringerung externer Instabilitätsfaktoren einerseits und um die Sicherung eines minimalen Produktivkapitalzuflusses, welcher staatlichen Auflagen folgt, andererseits. Überdies wird eine Verbesserung der Verhandlungsposition des Landes bzw. der Ländergruppe im Ringen um die Ausgestaltung weltwirtschaftlicher Regelungen vor allem durch erfolgreiche regionale Integrationsprozesse gefördert.

b) Investitionen und dauerhaftes Wachstum. Zu einem erheblichen Teil hängt die Wachstumsrate von der Quantität und Qualität der getätigten Investitionen und der technischen Entwicklung eines Landes ab.

Eine große Bedeutung hat die Frage, in welchem Maße diese Investitionen vornehmlich der Binnenmarktexpansion gelten bzw. hierauf antworten und sie zugleich vorantreiben, oder ob es sich vorrangig um außenorientierte Investitionstypen handelt.

c) Soziale und ökonomische Ungleichheit. Hier geht es darum, die krassen Polarisierungstendenzen auf allen gesellschaftlichen und ökonomischen sowie kulturellen Ebenen in Lateinamerika zumindestens zu verringern, wenn nicht gänzlich abzubauen. Dazu ist ein Kranz unterschiedlicher Teilpolitiken notwendig, angefangen von einer entsprechenden Steuer-, Bildungs- und Gesundheitspolitik, der Einrichtung entsprechender sozialer Infrastrukturen etc. Aber es ist damit nicht getan, dass solche Politiken gewissermaßen »von oben« in Angriff genommen werden. Wichtig scheint, dass die benachteiligten Bevölkerungsgruppen selbst in den Stand gesetzt werden, ihre Forderungen entsprechend zu vertreten (»empowerment«).

d) Institutionen. Hier geht es um den Aufbau bzw. die Konsolidierung politischer, rechtlicher und sozialer Institutionen, die die Rechtssicherheit, die Menschenrechte, die Artikulationsmöglichkeiten auf zivilgesellschaftlicher Ebene sichern helfen. Pluralismus und Demokratie können nur auf dieser Ebene dauerhaft verankert werden.

e) Staatliche Rahmenbedingungen. Der staatliche Aktionsradius muss nach dessen rigoroser Verringerung und qualitativer Schwächung wieder erweitert werden, was viele Bereiche betrifft: Von einer verbesserten Aufsicht des Banken- und Finanzwesens bis hin zu einer staatlich bzw. gesetzlich kontrollierten Ordnung der Arbeitswelt bedürfen alle möglichen öffentlich-gesellschaftlichen Aktivitäten einer Wiederaufwertung.

Diese Ebenen stehen zueinander in einem gewissen Komplementaritätsverhältnis: Ausfälle oder Negativposten in einem Bereich reproduzieren sich nicht selten auch in anderen Bereichen, wenngleich selbstverständlich keine totale und automatische Kongruenz der Maßnahmen in den einzelnen Bereichen denkbar ist.

Die drei wahrscheinlichen Szenarien für die unmittelbare Zukunft Lateinamerikas bzw. seiner einzelnen Gesellschaften können wie folgt kurz bezeichnet werden:

1. Die katastrophische Variante
2. Die Status quo-Erhaltungsvariante
3. Die Variante grundlegender, qualitativer Reformen

Ad 1.: Die katastrophische Variante zukünftiger Entwicklung ist Resultat der bloßen Fortschreibung der bisherigen polarisierenden und äußerst instabilen ökonomisch-gesellschaftlichen Entwicklung. – Das »worst case«-Szenario, das soziale Katastrophen, Chaos, bürgerkriegsähnliche Auseinandersetzungen, Anomie und Staatszerfall einschließen kann, ist gekennzeichnet durch eine sehr wechselhafte und gesamtwirtschaftlich wenig positive Relation zum Weltmarkt. Makro-ökonomische Rahmenbedingungen können infolge staatlicher Machtlosigkeit kaum gesetzt werden. Ökonomisches Wachstum und Investitionen sind aufgrund der hohen Unsicherheit bestenfalls als erratisch oder negativ zu qualifizieren. Verringerung oder gar nur Aufhebung sozialer Ungleichheiten kann unter diesen Bedingungen nicht stattfinden, weil kollektive und dauerhafte Umverteilungspraktiken undenkbar sind. Institutionalisierungen und Garantie von Menschenrechten und Rechtsstaatlichkeit, sozialstaatliche Sicherungen, zivilgesellschaftlicher Pluralismus etc. können sich selbstredend in einem solchen Gesamtklima nicht entfalten. Möglich sind höchstens isolierte Enklaven alternativer Selbstorganisation und relativer Stabilität, die aber gesamtgesellschaftlich nicht ins Gewicht fallen und sich zudem machtpolitisch in einem prekären und stets bedrohten Zustand befinden. Die Gefahr autoritärer Regressionen oder der Rückkehr zu Diktaturen ist in diesem Szenario sehr groß. Militärische und/oder paramilitärische Verbände sowie private Macht ausübende Organisationen werden in diesem Kontext an Einfluss gewinnen.

Eine derartige Entwicklungsvariante scheint sich bereits seit einigen Jahren in Ländern wie Haiti und vor allem Kolumbien abzuzeichnen.

Ad 2.: Das zweite Szenario, welches den Status quo durch kleine ad hoc-Korrekturen zu erhalten sucht, scheint aus heutiger Sicht die wahrscheinlichste Entwicklungsvariante zu sein. Sie folgt dem Prinzip, immer kurz vor dem Chaos die notwendigsten kleinen Reformschritte und/oder Konzessionen einzuräumen, um den Status quo, wenn nötig unter Einsatz verstärkter Repressionsmittel, zu sichern. – Die außenwirtschaftliche Abhängigkeit und Verletzbarkeit wird hier nur von Fall zu Fall eingedämmt werden können, auf eine langfristig angelegte Strategie wird verzichtet, nicht zuletzt schon weil die staatlichen Regulierungsmöglichkeiten dazu fehlen. Der Zufluss von Auslandskapital wird in Bereichen erfolgen, die keineswegs immer entwicklungskonform zu sein brauchen. Aufgrund nicht wesentlich gesteigerter eigener (endogener) Akkumulationsanstrengungen bleibt die Abhängigkeit von externen Kapitalzuflüssen relativ groß, obwohl deren Motivation, das jeweilige Land aufzusuchen, von entsprechenden besonders günstigen Bedingungen gesteuert ist (kostenlose Infrastrukturnutzung, langandauernde Steuerbefreiung, »Gewerkschaftsfreiheit« in besonderen Produktionszonen, Zinshöhe etc.). An ein dauerhaftes, wesentlich von einer Binnenmarktexpansion getragenes Wachstum ist in dieser Konstellation nicht zu denken. Eine gezielte Industriepolitik und ausgleichende Maßnahmen des Staates in Richtung eines Abbaus von extremen Ungleichheiten werden hier fehlen. Das schließt nicht aus, dass da und dort ein auf kleine Bevölkerungsgruppen fokussiertes Sozialprogramm existiert, das teilweise eine Förderung des Sekundar- und Hochschulwesens erfolgt etc.. Vielleicht gibt es auch Hilfsmaßnahmen für einzelne Gruppen oder Bereiche (z.b. verbilligte Kredite für bestimmte Angehörige bzw. Kategorien des informellen Sektors). Solche partikularen, überwiegend »nachsorgenden« Einzelmaßnahmen, die allerdings den Gesamtzustand der krassen Ungleichheit kaum verändern werden, sind in diesem Typus durchaus denkbar. Eine ausdrückliche Ermunterung unterer sozialer Schichten, sich zu organisieren, sich »zu ermächtigen«, ihr Gewicht der bloßen Zahl oder ihre potentiell große politische Bedeutung zu aktualisieren, wird es hier nicht geben. Entsprechend ist nicht zu erwarten, dass die genannten Institutionen auf rechtlicher oder politischer Ebene ausgebaut und konsolidiert werden. Eher sind in dieser Entwicklungsvariante neopopulistische Experimente und andere Ausprägungen von »defekten Demokratien« im politischen System wahrscheinlich. Der Staat bleibt weitgehend von den gesellschaftlichen Sphären zurückgezogen. Vielleicht gibt es einzelne Reformen, die die immanente Systemlogik und deren Funktionieren verbessern bzw. aufrechterhalten, wie z.B. eine effektivere Bankenaufsicht. Eine durch staatliche Mittel mitunterstützte Machtumverteilung in nennenswertem Ausmaß wird jedoch in diesem Typus von Entwicklung nicht eintreten.

Ad 3.: Das dritte Zukunftsszenario könnte als radikal-reformerische Entwicklungsvariante bezeichnet werden. Angesichts der gegenwärtigen Machtrelationen – international und national – und der aktuellen Kräfteverhältnisse in den meisten lateinamerikanischen Gesellschaften scheint das Eintreffen dieses Szenarios – im Vergleich zu den vorgenannten – leider am wenigsten wahrscheinlich zu sein. Allerdings darf es auch nicht als völlig ausgeschlossen und utopisch im schlechten Sinne qualifiziert werden. Auch diese auf eine nachhaltigere und sozialere Entwicklung hinzielende Variante räumt natürlich nicht alle Krisenphänomene und Defizite kapitalistischer Gesellschaften aus dem Wege. Vielmehr würde es sich eher um eine Annäherung an sozialstaatliche Modelle handeln.

Diese, wenn man so will, optimistische Zukunftsvision impliziert weder eine bloße Fortschreibung der aktuellen Entwicklung mit kleinen Korrekturen, noch eine Ergänzung der bisherigen »Reformen« im Sinne des oben behandelten Diskurses der »zweiten Generation von Reformen«. Es ist eine Entwicklungsvariante, die vor allem eine weitgehende Verschiebung der Machtrelationen und der politischen Kultur mit sich bringt. Die – trotz allem – günstigen Ausgangspunkte für die Realisierung eines derartigen Projekts sind einmal zu sehen in der von der Mehrheit der Bevölkerung gewünschten Beibehaltung und Vertiefung der Demokratie. Diese schließt verstärkte Selbstorganisierung und Artikulation größerer Bevölkerungsteile ein, was angesichts der zunehmenden Kluft zwischen dem objektiv Möglichen und dem tatsächlich Verwirklichten nicht unmöglich sein sollte. Eine starke Selbstbestimmung der Zivilgesellschaft und entsprechende staatliche Institutionen, die deren Aufträge umzusetzen haben, ist der allgemeine Hintergrund dieses Entwicklungsmodells. Dies schließt eine Aufwertung staatlicher – demokratisch kontrollierter – Funktionen notwendig ein. Eine neue Qualität staatlichen Eingreifens in die Ökonomie und die gesellschaftlichen Prozesse muss angestrebt werden.[1] Es liegt auf der Hand, dass auch eine langfristig angelegte Politik der Nachhaltigkeit, die den vielfältigen ökologischen Bedrohungen des Subkontinents energisch entgegenarbeitet, nur innerhalb dieser dritten Entwicklungsvariante denkbar ist. Sozialer Ausgleich, demokratische Partizipation und Schonung der Umwelt bzw. Kontrolle des gesellschaftlichen Stoffwechsels mit der Natur kann offenkundig nicht blinden, atomisierten Marktkräften überlassen werden.

Zweifellos stellt die seit Ende der 70er Jahre erfolgte Etablierung von formellen Demokratien in praktisch allen Ländern Lateinamerikas

---

[1] Nur in dieser Richtung kann der Widerspruch bei vielen zeitgenössischen Beobachtern aufgelöst werden, wenn sie auf der einen Seite einen weiteren Rückzug des Staates aus der Wirtschaft und Gesellschaft, auf der anderen Seite aber eine Zunahme der staatlichen Verantwortung für gesellschaftliche Probleme fordern. Vgl. als Beispiel hierfür: Hurtado, 1999: 15f. und 19ff..

einen erheblichen Fortschritt gegenüber den vormaligen Militärdiktaturen dar. Aber zahlreiche, schwerwiegende Defizite, die das, was mit Demokratie versprochen worden ist, konterkarieren, sind wie ausgeführt, ebenfalls zu registrieren. Von diesen Defiziten stellt erstens die soziale Verelendung eines erheblichen Teils der LateinamerikanerInnen und die damit verbundene Marginalisierung ein Negativum dar, das für sich schon die Teilhabe an politischen und gesellschaftlichen Entscheidungen beschneidet. Die mangelnde Rechtssicherheit, die sich in steigender Kriminalität, weit um sich greifender Straflosigkeit, der geringen Effizienz und mangelnder Unabhängigkeit der Justiz etc. manifestiert, gehört – zweitens – zu dem anderen zentralen Defizit, das in der neueren demokratischen Entwicklung zu verzeichnen ist. Beide Aspekte zählen sicherlich zu den wichtigsten Faktoren der Unterprivilegierung und Verweigerung von Partizipation und sind wohl nicht durch einzelne Veränderungen, Gesetze oder Dekrete bzw. singuläre institutionelle Innovationen zu beheben. Es sind in letzter Instanz strukturelle Mängel, die aus der Herrschaftsordnung der lateinamerikanischen Gesellschaften resultieren.

Damit bleiben aber die Demokratien, auch wenn sie sich auf elektoraler Ebene tatsächlich oder scheinbar stabilisiert haben, immer gefährdet, labil und prekär, da systematische Unterprivilegierung per se undemokratisch ist – auch wenn Institutionalisten und auf die prozeduralen Aspekte von Demokratie abhebenden Autoren die »Eigenlogik« der demokratischen Institutionen unterstreichen und diesen eine herrschaftsbegrenzende Funktion zutrauen (kritisch hierzu neuerdings: Mansilla, 2000: 62ff.). Dies mag zwar in gewissen Grenzen durchaus zutreffen, darf aber als zentrale These in der Beurteilung der Qualität der lateinamerikanischen Demokratien und ihrer Perspektive keinesfalls überdehnt werden. Die Gefährdung lateinamerikanischer Demokratie resultiert auch daraus, dass mit dem neoliberalen Wirtschaftsmodell kein spezifisches Entwicklungsziel einhergeht und dessen offenkundigen Defizite letztlich nur durch ad-hoc-Reparaturen kompensiert werden sollen. Die durch Marktintensivierung und Atomisierung gesellschaftlicher Verbände und Milieus sich auch in Lateinamerika vollziehende »Entstrukturierung der Gesellschaft« stellt ebenfalls eine Gefahr für die zukünftige Entwicklung dar. Denn in Lateinamerika wird diese Entstrukturierung vor allen Dingen auch durch zunehmende regionale Disparitäten und noch stärkere soziale Polarisierungen begleitet, so dass einige Autoren – wie schon Osvaldo Sunkel vor mehr als zwanzig Jahren es getan hat – von einem integrierten und einem desintegrierten Teil der Gesellschaft in Lateinamerika sprechen. Damit ist vor allem gemeint, dass der integrierte moderne Pol in die internationalen Prozesse und Wirtschaftsabläufe eingebunden ist, während der quantitativ größere desintegrierte Teil der lateinamerikanischen Gesellschaften, die hier verortete Ökonomie, Bevölkerung, gesellschaftliche Aktivitäten etc. vom Weltmarkt und den modernen Prozessen (z.b. im Finanzbereich) zunehmend abgeschnitten sind. Gegenüber diesen die Demokratie in Lateinamerika gefährdenden Polarisierungen stellt meines Erachtens ein »empowerment« und eine kontinuierliche Politisierung der Basis und die Konzipierung einer von ihr getragenen alternativen Wirtschafts- und Sozialpolitik die entscheidende (potentielle) Gegenkraft dar. Das heisst, dass die in letzter Instanz extrem polarisierte Herrschaftsordnung nur durch Gegengewichte, Gegenhegemonie und verstärkte, systematische Opposition modifiziert werden kann. Hierzu gibt es durchaus vereinzelte Ansätze, wenn man die positiven Neuanfänge im kommunalen Bereich, der in manchen Ländern seit einigen Jahren durch mehr Autonomie und demokratische Prozesse gekennzeichnet ist, veranschlagt. Auch die vielfältigen sozialen Bewegungen auf unterschiedlichen Feldern haben zwar mit der Demokratisierung einen gewissen Rückschlag erleben müssen, sind aber in vielen Ländern keineswegs stillgestellt, sondern üben eine z.T. beträchtliche Rolle auch im politischen Prozess aus. Nicht zuletzt auch einige Parteikonstellationen in manchen Ländern veranlassen dazu anzunehmen, dass Oppositionsorientierungen gegenüber dem herrschenden und scheinbar übermächtigen neoliberalen Trend durchaus Erfolgschancen besitzen.

Damit sind auch die o.g. Ebenen c) bis e) des hier zugrundegelegten Kriterienkatalogs bereits grob umschrieben: Breite Institutionalisierung im Sinne von Rechtsstaat und Etablierung zivilgesellschaftlicher Strukturen bei gleichzeitiger Aufwertung staatlicher Funktionen, allerdings in einer neuen Art und Weise, welche vor allem durch eine geringere Distanz zur Gesellschaft zu charakterisieren wären. Die Mittel der gesellschaftlichen und staatlichen Ausgleichspolitiken weisen ein breites Spektrum auf. Sie reichen von einer entsprechenden neuen Steuerpolitik bis hin zu einer demokratischen Bildungspolitik.

Der neuralgische Punkt dieses Szenarios besteht natürlich in der Behandlung der Kapitalseite, d.h. in dem politischen Agieren auf den Ebenen a) und b). Da keine totale Unterwerfung unter deren Wünsche Bestandteil dieses Szenarios ist (wie es mehr oder minder weitgehend bei den beiden anderen Szenarien der Fall war), andererseits aber keine radikale Umwälzung der Wirtschaftsweise möglich erscheint oder geplant werden dürfte, kommt es auf eine kompromisshafte Balance zwischen allgemeinen-gesellschaftlichen und partikular-kapitalistischen Interessen an, die in zeitaufwendigen und schwierigen Aushandlungsprozessen jeweils anzustreben ist. Natürlich ist die Drohung des Investitionsboykotts, der Kapitalflucht etc. in einer derartigen Konstellation allgegenwärtig und erst recht treten die allmächtigen »abstrafenden internationalen Finanzmärkte« entsprechend in Aktion, die von vielen Autoren als die unumstößliche, allein seligmachende Kontrollinstanz für die »richtige Wirtschaftspolitik« akzeptiert und akklamiert werden. Es ist richtig, in diesem Szenario muss die Kapitalseite auf schnelle und sehr hohe Profite ebenso verzichten wie auf autokratische, selbstherrliche Verhaltensweisen in der Gesellschaft und im Betrieb. Aber es gibt durchaus auch Attraktionspunkte innerhalb dieses Modells, die zumindestens einen Teil der Kapitaleigner zum Bleiben veranlassen könnten: Rechts- und Kalkulationssicherheit (was bei einer sich auswuchernden Kriminalität, sich konsolidierender »Entführungsindustrie« und deren ansteigende Kosten nicht wenig wäre!), gut ausgebildete Arbeitnehmer, expandierende Binnenmärkte, zufriedenstellende und verlässliche allgemeine Infrastrukturen etc.. Gewiss, dies ist kein Unternehmerparadies, aber es lässt sich – wenn nicht Höchstprofite und strikte shareholder-Maximen als oberstes Gebot erscheinen – durchaus darin und damit leben. Die Investitionsquoten könnten steigen, ergänzt übrigens durch wieder angehobene öffentliche Investitionen, denn deren Höhe ist ja nicht nur Ergebnis des »vorherigen Sparens« oder der »Ersparnisse«, sondern hängt seinerseits zu einem wesentlichen Teil vom wirtschaftlichen Entwicklungs- und Akkumulationstempo ab. Entsprechend könnten unter diesen Bedingungen auch die außenwirtschaftlichen Einbindungsverhältnisse jeweils kontrolliert werden und eine selektive Integration in den Weltmarkt in einer für das Land vorteilhaften Art und Weise angestrebt werden. Der Ausbau regionaler Wirtschaftsgemeinschaften würde helfen können, den Nutzen dieser Verflechtung in die internationale Arbeitsteilung für das Land bzw. die Mehrheit der Bevölkerung zu optimieren.

Natürlich hängt die Chance der Verwirklichung eines derartigen Szenarios stark von den internationalen politischen und wirtschaftlichen Bedingungen ab. Wenn es gelänge, eine neue internationale Finanzarchitektur zu etablieren, die die aggressivsten und zerstörerischsten Aspekte des gegenwärtigen Globalisierungsprozesses vermeidet, so wäre dies zweifellos eine große Hilfe bzw. beträchtliche Unterstützung jener Kräfte, die an der Verwirklichung eines solchen Entwicklungstypus arbeiten.

Abkürzungen

AFTA	American Free Trade Area
ALADI	Asociación Latinoamericana de Integración
ALALC	Asociación Latinoamericana de Libre Comercio
BIP	Bruttoinlandsprodukt
CARICOM	Caribbean Community and Common Market
CARIFTA	Caribbean Free Trade Association
CBI	Caribbean Basin Initiative (der USA)
CEPAL	Comisión Economica para América Latina y el Caribe, (UN-Wirtschaftskommission)
EAI	Enterprise for the American Initiative
ECLAC	Economic Commission of Latin America and the Caribbean
EU	Europäische Union
FTA	Free Trade Association
FTAA	Free Trade Area of the Americas
GATT	General Agreement on Tariffs and Trade
IDB (BID)	Inter-American Development Bank (Banco Interamericano de Desarrollo)
ISI	Industrialisierung zur Substitution von Importen
IWF	Internationaler Währungsfonds (International Monetary Fund)
LAIA	Latin American Intergration Association
MCCA	Mercado Común Centro América/Mittelamerikanischer Markt
MERCOSUL	Mercado Comum do Sul
MERCOSUR	Mercado Común del Sur
NAFTA	North American Free Trade Agreement
OAS	Organisation Amerikanischer Staaten
OECD	Organization for Economic Cooperation and Development
PRI	Partido Revolucionario Institucional, Mexico
PRONASOL	Programa Nacional de Solidaridad
UNCTAD	United Nations Conference on Trade and Development
UN	United Nations/Vereinte Nationen
WTO	World Trade Organization

Literatur

Altvater, Elmar (1988): Von der Schuldenkrise zum finanziellen Krach, in: Schönig, Gabriele/Andreas Wulf (Red.): Soll und Haben. Strategien und Alternativen zur Lösung der Schuldenkrise, Hamburg, S. 55-69
Altvater, Elmar (1993): Die Schuldenkrise zehn Jahre danach, in: Massarrat, Mohssen u.a. (Hg.): Die Dritte Welt und wir. Bilanz und Perspektiven für Wissenschaft und Praxis, Freiburg, S. 10-16
Altvater, Elmar/Birgit Mahnkopf (1996): Grenzen der Globalisierung. Ökonomie, Ökologie und Politik in der Weltgesellschaft, Münster
Andreas, Peter (1996): U.S.-Mexico open markets, closed border, in: Foreign Policy, No. 103, S. 51-70
Barbera, Mattia (1990): Latin America's place in world trade, in: CEPAL Review, No. 41 (august), S. 73-105
Barrera, Manuel (1998): Macro-economic adjustment in Chile and the politics of the popular sectors, in: Oxhorn, Philip D./Graciela Ducatenzeiler (Hg.): What Kind of Democracy? What Kind of Market? Latin America in the Age of Neoliberalism, Pennsylvania, S. 127-149
Becker, Joachim (1998): EU und MERCOSUR im Vergleich, in: Journal für Entwicklungspolitik, 14. Jg., H. 2, S. 119-138
Bernecker, Walther L./Hans-Werner Tobler (1996): Staat, Wirtschaft, Gesellschaft und Außenbeziehungen Lateinamerikas im 20. Jahrhundert, in: dies. (Hg.): Lateinamerika im 20. Jahrhundert, Handbuch der Geschichte Lateinamerikas, Bd. 3, Stuttgart, S. 4-227
Bethell, Leslie (Hg.) (1994): Latin America since 1930. Economy, society and politics (The Cambridge History of Latin America, Vol. 6), Cambridge u.a.
Beyhaut, Gustavo (1965): Süd- und Mittelamerika II. Von der Unabhängigkeit bis zur Krise der Gegenwart (Fischers Weltgeschichte, Bd. 23), Frankfurt/M. u.a.
Bielschowsky, Ricardo (1998): Evolución de las ideas de la CEPAL, in: Revista de la CEPAL – numero extraordinario, S. 1-27 (Internet-Ausgabe)
Boeckh, Andreas/Monica Rubiolo (1999): Finanzkrisen, Steuerblockaden und Finanzreformen in Lateinamerika, in: Peripherie, 19. Jahrgang, Nr. 73/74 (April), S. 53-76
Boris, Dieter (1998): Soziale Bewegungen in Lateinamerika, Hamburg
Boris, Dieter (1991): Sechs Thesen zur alternativen Zukunft Lateinamerikas, in: Zeitschrift für Lateinamerika, Wien, Nr. 40/41, S. 55-67
Boris, Dieter (2000): Die »Peso-Krise« in Mexiko 1994/95: »Marktversagen« versus »Politikversagen« – oder beides?, in: Dosch, Jörn/Jörg Faust (Hg.): Die ökonomische Dynamik politischer Herrschaft. Das pazifische Asien und Lateinamerika, Opladen, S. 21-48
Boris, Dieter u.a. (Hg.) (1987): Schuldenkrise und Dritte Welt. Stimmen aus der Peripherie, Köln
Boris, Dieter/Peter Hiedl (1978): Argentinien. Geschichte und politische Ge-

genwart, Köln
Buitelaar, Ruud/Pitou van Dijck (Hg.) (1996): Latin America's new insertion in the world economy. Towards systemic competitiveness in small economies, Houndmills u.a.
Bulmer-Thomas, Victor (1994): The Economic History of Latin America since Independence, Cambridge/New York
Bulmer-Thomas, Victor (Hg.) (1996): The New Economic Model in Latin America and its Impact on Income Distribution and Poverty, Basingstoke/London
Calcagnotto, Gilberto (1993): Integrationstempo, wirtschaftliche Anpassung und gesellschaftliche Partizipation – das Dilemma des MERCOSUR, in: Lateinamerika. Analysen, Daten, Dokumentation, 10. Jg., Nr. 22, S. 7-10
Calderón, Fernando (2000): La nueva cuestión social bajo la mirada del desarrollo humano. Una fundamentación sociologica, in: Nueva Sociedad, Nr. 166 (marzo/abril), S. 76-95
Cardoso, Eliana/Albert Fishlow (1992): Latin American economic development: 1950-1980, in: Journal of Latin American Studies, Vol. 24, Supplement, S. 197-218
Cardoso, Eliana/Ann Helwege (1992/1995): Latin America's economy. Diversity, trends and conflicts, Cambridge u.a.
Cardoso, Fernando H. (1977): The originality of a copy: CEPAL and the idea of development, in: CEPAL-Review, 2nd half of 1977, S. 7-40
Cardoso, Fernando H./Enzo Faletto (1976): Abhängigkeit und Entwicklung in Lateinamerika, Frankfurt/M.
Castro Escudero, Alfredo (1999): MERCOSUR: Nuevo fracaso integracionista de América Latina?, in: Comercio Exterior, Vol. 49, No. 10 (octubre), S. 898-907
CEPAL (1990): Transformación productiva con equidad. La tarea prioritaria de América Latina y el Caribe en los años noventa, Santiago de Chile
CEPAL (1991): El desarrollo sustentable: transformación productiva, equidad y medio ambiente, Santiago de Chile
CEPAL (1992): Equidad y transformación productiva: un efoque integrado, Santiago de Chile
Coatsworth, John H./Alan M. Taylor (Hg.) (1998): Latin America and the world economy since 1800, Cambridge, Massachusetts u.a.
Devlin, Robert (1989): Debt and crisis in Latin America: the supply side of the story, Princeton, N.J.
Devlin, Robert/Ricardo Ffrench-Davis (1999): Hacia una evaluación de la integración reginal en América Latina, in: Comercio Exterior, Vol. 49, No. 11 (noviembre), S. 955-966
Díaz Alejandro, Carlos F. (1984): Latin America in the 1930s, in: Thorp, Rosemary (Hg.): Latin America in the 1930s. The role of the periphery in the world crisis, London, S. 17ff.
Dietz, James L. (Hg.) (1995[2]): Latin America's economic development. Confronting crisis, Boulder/London
Dombois, Rainer/Erhard Hornberger (1999): Auf dem Weg zu »international governance«? Internationale Arbeitsregulierung am Beispiel des NAFTA-

Nebenabkommens zum Arbeitsrecht, in: Peripherie, 19. Jg., Nr. 75 (Sept.), S. 44-65

Dornbusch, Rüdiger/Sebastian Edwards (Hg.) (1991): Macroeconomic populism in America, Chicago

ECLAC (1990): Changing production patterns with social equity. The prime task of Latin American and Caribbean Development in the 1990s, Santiago de Chile

ECLAC (1994): Open regionalism in Latin America and the Caribbean. Economic integration as a contribution to changing production patterns with social equity, Santiago de Chile

ECLAC (1995): Latin America and the Caribbean: Policies to improve linkages with the global economy, Santiago de Chile

ECLAC (1997): Economic survey of Latin America and the Caribbean 1996-1997, Santiago de Chile

ECLAC (1999): Economic survey of Latin America and the Caribbean 1998-1999, Santiago de Chile

ECLAC (1999): Social panorama of Latin America 1998, Santiago de Chile

Edwards, Sebastian (1995): Crisis and reform in Latin America. From despair to hope, Oxford u.a.

Emmerij, Louis (Hg.) (1997): Economic and social development into the XXI. century, Washington, D.C.

Eßer, Klaus (1975): Militärherrschaft und Industrialisierung in Lateinamerika, in: Sotelo, Ignacio u.a.: Die bewaffneten Technokraten. Militär und Politik in Lateinamerika, Hannover, S. 79-164

Eßer, Klaus (1994): Neue Konzepte zum Erfolg: Die wirtschaftlichen Herausforderungen Lateinamerikas in den 90er Jahren, in: Junker, Detlef u.a. (Hg.): Lateinamerika am Ende des 20. Jahrhunderts, München, S. 170-190

Eßer, Klaus (1997): MERCOSUR – Sprungbrett zum Weltmarkt?, in: Sevilla, Rafael/Ruth Zimmerling (Hg.): Argentinien. Land der Peripherie?, Unkel/Rh., S. 227-237

Estrella Faria, Luiz Augusto (1998): Regionale Integration und Entwicklung im Cono Sur, in: Journal für Entwicklungspolitik, 14. Jg., H. 2, S. 167-191

Fajnzylber, Fernando (1987): La industrialización en América Latina: especifidades y perspectivas, in: Martner, Gonzalo (Hg.): El desafio latinoamericano, Caracas, S. 229-259

Fajnzylber, Fernando (1994): ECLAC and neoliberalism (an interview with Fernando Fajnzylber), in: CEPAL-Review, No. 52 (april), S. 205-208

Ffrench-Davis, Ricardo (2000): Reforming the reforms in Latin America. Macroeconomics, trade, finance, Oxford

Ffrench-Davis, Ricardo u.a. (1994): The Latin American economies 1950-1990, in: Bethell, Leslie (Hg.): Latin America since 1930. Economy, society and politics (The Cambridge History of Latin America, Vol. 6), Cambridge u.a., S. 159-249

Frambes-Alzérreca, Aline (1989): Der Andenpakt. Wandlungen eines Integrationsprozesses, Marburg

Fuentes, Juan Alberto (1998): The prospects for open regionalism in Latin America, in: Oxhorn, Philip D./Graciela Ducatenzeiler (Hg.): What kind of democracy? What kind of market? Latin America in the age of neo-liberalism, University Park, Pennsylvania, S. 43-57

Green, Duncan (1995): Silent revolution. The rise of market economics in Latin America, London

Griffith-Jones, Stephany (2000): International capital flows to Latin America, Santiago de Chile

Griffith-Jones, Stephany/Osvaldo Sunkel (1986): Debt and development crises in Latin America. The end of an illusion, Oxford/New York

Guldimann, Tim (1975): Lateinamerika. Die Entwicklung der Unterentwicklung, München

Gwynne, Robert N. (1999): Globalization, neoliberalism and economic change in South America and Mexico, in: ders./Cristobal Kay (Hg.): Latin America transformed. Globalization and modernity, London/New York, S. 68-97

Gwynne, Robert N./Cristóbal Kay (1999): Latin America transformed: changing paradigms, debates and alternatives, in: dies. (Hg.): Latin America transformed. Globalization and Modernity, London/New York, S. 2-29

Gwynne, Robert N./Eduardo Silva (1999): The political economy of sustainable development, in: Gwynne, Robert N./Cristóbal Kay (Hg.): Latin America transformed. Globalization and Modernity, London/New York, S. 153-179

Halperin Donghi, Tulio (1991): Geschichte Lateinamerikas von der Unabhängigkeit bis zur Gegenwart, Frankfurt/M.

Hartlyn, Jonathan/Samuel Morley (1986): Bureaucratic-authoritarian regimes in comparative perspective, in: dies. (Hg.): Latin American political economy, financial crisis and political change, Boulder/London, S. 38-53

Held, Gunther/Raquel Szalachman (1998): External capital flows in Latin America and the Caribbean in the 1990s: Experiences and policies, in: CEPAL Review, No. 64 (april), S. 29-47

Hofman, André (1993): Economic development in Latin America in the 20th century – A comparative perspective, in: Szirmai, Adam u.a. (Hg.): Explaining economic growth. Essays in honour of Angus Maddison, Amsterdam u.a., S. 241-266

Hofman, André A. (2000): The economic development of Latin America in the twentieth century, Cheltenham u.a.

Hurtado, Osvaldo (1999): Lateinamerika im 21. Jahrhundert. Probleme und Herausforderungen, in: Konrad Adenauer-Stiftung/Auslandsinformationen, Nr. 12 (Dez.), S. 4-37

Iglesias, Enrique V./Manuel Marin Gonzales (1998): Foreword, in: Thorp, Rosemary: Progress, poverty and exclusion. An economic history of Latin America in the 20th Century, Washington D.C., S. XI-XII.

Imbusch; Peter (1999): Chile: Die politische Konstituierung von Märkten und die Dynamisierung unternehmerischen Handelns als Zwangsprojekt, in: Peripherie, Nr. 73/74, 19. Jg. (April), S. 29-52

Inter-American Development Bank (1997): Latin America after a decade of reforms. 1997 Report, Washington, D.C.

Inter-American Development Bank (1998): Facing up to inequality in Latin America. 1998/1999 Report, Washington, D.C.
Inter-American Development Bank (2000): Development beyond economics. 2000 Report, Washington, D.C.
Koch, Max (1998a): Die Kehrseite der „Modernisierung". Sozialstruktureller Wandel in Chile, in: Asien, Afrika, Lateinamerika, Jg. 26, Nr. 2, S. 195-223
Koch, Max (1998b): Unternehmen Transformation. Sozialstruktur und gesellschaftlicher Wandel in Chile, Frankfurt/M.
Körner, Peter u.a. (1984): Im Teufelskreis der Verschuldung. Der Internationale Währungsfonds und die Dritte Welt, Hamburg
Korzeniewicz, Roberto Patricio/William C. Smith (Hg.) (1996): Latin America in the world economy, Westport u.a.
Kosacoff, Bernardo/Adrian Ramos (1999): El debate sobre política industrial, in: Revista de la CEPAL, Nr. 68 (agosto), S. 35-60
Küblböck, Karin/Alexandra Strickner (1996): Neo-Cepalismo: eine Alternative jenseits des Neoliberalismus?, in: Becker, Joachim (Hg.): Die Zukunft der Dritten Welt. Weder Revolution noch Reform?, Wien, S. 39-48
Lauth, Hans-Joachim/Manfred Mols (1993): Anmerkungen zum Stand der Integration und Kooperation auf dem amerikanischen Kontinent, eine Einleitung, in: Dies. (Hg.): Integration und Kooperation auf dem amerikanischen Kontinent. Lateinamerikanische Perspektiven in den 90er Jahren, Mainz, S. 1-15
Lavon, Eva (1994): Das Nordamerikanische Freihandelsabkommen (NAFTA): Weltmarktorientierte Entwicklung gegen die Gewerkschaften, Marburg
Maddison, Angus (1985): Two Crises: Latin America and Asia, 1929-38 and 1973-83, Paris
Mansilla, H.C.F. (2000): Los limites de la democracia contemporánea y de las teorías de la transición, in: Nueva Sociedad, Nr. 166 (marzo/abril), S. 62-75
Messner, Dirk (1997): Wirtschaftsreformen und gesellschaftliche Neuorientierung in Lateinamerika: Die Grenzen des neoliberalen Projekts, in: Dombois, Rainer u.a. (Hg.): Neoliberalismus und Arbeitsbeziehungen in Lateinamerika, Frankfurt/M., S. 43-67
Mettenheim, Kurt von/James Malloy (1998): Introduction, in: dies. (Hg.): Deepening democracy in Latin America, Pittsburgh, S. 1-20
Moguillansky, Graciela (1996): The macroeconomic context and investment: Latin America since 1980, in: CEPAL Review, No. 58 (april), S. 79-94
Morales, Isidro (1999): NAFTA: the institutionalization of economic openness and the configuration of Mexican geo-economic spaces, in: Third World Quarterly, Vol. 20, No. 5, S. 971-993
Müller-Plantenberg, Urs (1993): Die CEPAL und der Neoliberalismus, in: Dirmoser, D. u.a. (Hg.): Lateinamerika. Analysen und Berichte 17, Bad Honnef, S. 17-35
Müller-Plantenberg, Urs (1997): Lateinamerikanische Beiträge zur Entwicklungsdebatte – Vom alten zum neuen Cepalismus, in: Schulz, Manfred (Hg.): Entwicklung. Die Perspektive der Entwicklungssoziologie, Opladen, S. 111-126

Muñoz, Humberto u.a. (Hg.) (1977): Migración y desigualdad social en la ciudad de México, Mexico, D.F.
Naím, M. (2000): Fads and fashion in economic reforms, Washington Consensus or Washington confusion?, in: Third World Quarterly, Vol. 21, No. 3 (june), S. 505-528
Ocampo, José Antonio (1998): Beyond the Washington Consensus: an ECLAC perspective, in: CEPAL-Review, No. 66 (december), S. 7-28
Ocampo, José Antonio (1999): La reforma financiera internacional: Una agenda ampliada, in: Revista de la CEPAL, No. 69 (diciembre), S. 7-31
Ocampo, José Antonio u.a. (Hg.) (2000): Financial globalisation and the emerging economies, Santiago de Chile
O'Donnell, Guillermo A. (1977): Corporatism and the question of state, in: Malloy, James M. (Hg.): Authoritarianism and corporatism in Latin America, Pittsburgh, S. 47-87
O'Donnell, Guillermo A.(1994): Delegative Democracy, in: Journal of Democracy, Vol. 5, No. 1, S. 55-69
Oliveira, Orlandina de/Bryan Roberts (1994): Urban growth and urban social structure in Latin America, 1930-1990, in: Bethell, Leslie (Hg.): Latin America since 1930. Economy, society and politics (The Cambridge History of Latin America, Vol. 6), Cambridge u.a., S. 253-324
Pastor, Manuel Jr./Carol Wise (1999): The politics of second generation reform, in: Journal of Democracy, Vol. 10, No. 3 (July), S. 34-48
Petras, James/Henry Veltmeyer (1999): Latin America at the end of the millennium, in: Monthly Review (july/august), S. 31-52
Philip, George (1998): The new populism, presidentialism and market oriented reform in Spanish South America, in: Government and Opposition, Vol. 33, No. 1, S. 81-97
Plehwe, Dieter (1997): Deregulierung und transnationale Integration der Transportwirtschaft in Nordamerika, unveröff. philosophische Dissertation, Marburg
Ramos, Joseph (1997): Neo-liberal structural reforms in Latin America: The current situation, in: CEPAL Review, No. 62 (August), S. 15-39
Roett, Riordan (Hg.) (1999): MERCOSUR. Regional integration, world markets, Boulder u.a.
Rosales, Osvaldo (1988): An assessment of the structuralist paradigm for Latin American development and the prospects for its renovation, in: CEPAL Review, No. 34, S. 19-36
Rothermund, Dietmar (1993): Die Welt in der Weltwirtschaftskrise, 1929-1939, Münster u.a.
Sangmeister, Hartmut (1994): Auf dem Weg in den Weltmarkt: Regionale Wirtschaftsintegration im Cono Sur, in: Junker, D. u.a. (Hg.): Lateinamerika am Ende des 20. Jahrhunderts, München, S. 191-211
Sangmeister, Hartmut (1999): Der MERCOSUR in der Krise? Das Integrationsprojekt im südlichen Lateinamerika steht vor schwierigen Herausforderungen, in: Brennpunkt Lateinamerika, 1. Jg., Nr. 9 (18. Mai), S. 67-74
Sangmeister, Hartmut (2000): Entwicklung – mehr als nur Wirtschaftswachs-

tum. Für Lateinamerika werden neue Entwicklungsstrategien gesucht – Jenseits des »Washingtoner Konsensus«, in: Brennpunkt Lateinamerika, 2. Jg., Nr. 11 (16. Juni), S. 109-120

Schirm, Stefan A. (1997): Kooperation in den Amerikas. NAFTA, MERCOSUR und die Dynamik regionaler Zusammenarbeit, Baden-Baden

Schirm, Stefan A. (1999): Chancen und Risiken ökonomischer Nord-Süd-Kooperation: eine Zwischenbilanz der NAFTA, in: Lateinamerika. Analysen, Daten, Dokumentation, Nr. 39 (April), S. 1-12

Schonebohm, Dieter (1997): Auf dem Weg zu einem gemeinsamen Markt? Der MERCOSUR und seine Institutionen, in: Lateinamerika. Analysen, Daten, Dokumentation, 14. Jg., Nr. 34/35 (Aug.), S. 11-28

Silva, Eduardo (1999): Authoritarianism, democracy and development, in: Gwynne, Robert N./Cristóbal Kay (Hg.): Latin America transformed. Globalization and modernity, London/New York, S. 32-50

Silva, Patricio (1999): The new political order in Latin America: towards technocratic democracies?, in: Gwynne, Robert N./Cristóbal Kay (Hg.): Latin America transformed. Globalization and modernity, London/New York, S. 51-65

Skidmore, Thomas E. (1977): The politics of economic stabilisation of postwar Latin America, in: Malloy, James M. (Hg.): Authoritarianism and corporatism in Latin America, Pittsburgh, S. 149-190

Smith, William C./Roberto Patricio Korzeniewicz (Hg.) (1997): Politics, social change, and economic restructuring in Latin America, Miami

Stallings, Barbara/Wilson Peres (2000): Growth, employment, and equity: the impact of the economic reforms in Latin America and the Caribbean, Santiago de Chile (ECLAC).

Starr, Pamela K./Philip Oxhorn (1999): Introduction: The ambigous link between economic and political reform, in: dies. (Hg.): Markets and democracy in Latin America. Conflict or convergence?, Boulder/London, S. 1-9

Sunkel, Osvaldo (Hg.) (1993): Development from within. Toward a new structuralist approach for Latin America, Boulder – London

Suter, Christian (1999a): Weltwirtschaft und Globalisierungskrise in Lateinamerika: Ursachen, Folgen, Überwindungsstrategien, in: Feldbauer, Peter u.a. (Hg.): Von der Weltwirtschaftskrise zur Globalisierungskrise. Wohin treibt die Peripherie?, Frankfurt/M., S. 145-159

Suter, Christian (1999b): Gute und schlechte Regimes: Staat und Politik Lateinamerikas zwischen globaler Ökonomie und nationaler Gesellschaft, Frankfurt/M.

Teitel, Simon (Hg.) (1992): Towards a new development strategy for Latin America. Passways from Hirschman's thought, Washington, D.C.

Thielen, Helmut (1991): Alternative Überlegungen der UN-Wirtschaftskommission für Afrika (ECA) und für Lateinamerika (CEPAL), in: Zeitschrift für Lateinamerika, Wien, Nr. 40/41, S. 39-54

Thiery, Peter (1991): Entwicklungsvorstellungen in Lateinamerika – eine Neuauflage des Cepalismo?, in: Mols, Manfred/Peter Birle (Hg.): Entwicklungsdiskussion und Entwicklungspraxis in Lateinamerika, Südostasien und Indi-

en, Münster/Hamburg, S. 5-56
Thorp, Rosemary (1992): A reappraisal of the origins of import-substituting industrialisation 1930-1950, in: Journal of Latin American Studies, Vol. 24, supplement, S. 181-195
Thorp, Rosemary (1998): Progress, poverty and exclusion. An economic history of Latin America in the 20th century, Washington, D.C.
Töpper, Barbara (1994): Die Bedeutung politischer Demokratie im Rahmen des CEPAL-Konzepts einer 'Transformación productiva con equidad', in: Töpper, Barbara/Urs Müller-Plantenberg (Hg.): Transformation im südlichen Lateinamerika, Frankfurt/M., S. 68-88
Tussie, Diana (1983): Latin America in the world economy: new perspectives, Aldershot
Urrutia, Miguel (Hg.) (1991): Long-term trends in Latin American economic development, Washington, D.C.
Varas, Augusto (1989): Military autonomy and democracy in Latin America, in: ders. (Hg.): Democracy under siege. New military power in Latin America, New York u.a., S. 1-15
Vellinga, Menno (Hg.) (1998): The changing role of the state in Latin America, Boulder
Werz, Nikolaus (1991): Das neuere politische und sozialwissenschaftliche Denken in Lateinamerika, Freiburg
Weyland, Kurt (1999): Populism in the age of neo-liberalism, in: Conniff, Michael L. (Hg.): Populism in Latin America, Tuscaloosa/London, S. 172-190
Whitehead, Laurence (1994): State organisation in Latin America since 1930, in: Bethell, Leslie (Hg.): Latin America since 1930. Economy, society and politics, The Cambridge History of Latin America, Vol. 6, Cambridge u.a., S. 3-95
Wise, Carol (Hg.) (1998): The post-NAFTA political economy. Mexico and the Western hemisphere, University Park, Pennsylvania